DIRK SCHNEIDER

GESCHMACKS-EXPLOSION

Der Weg zum Genuss- und Geschmacksexperten

KURKUMI
GESCHMACKSEXPERTE

azafran

DISCLAIMER

Die Ratschläge und das Wissen in diesem Buch sind sorgfältig erwogen worden. Bitte nehmen Sie diese jedoch keinesfalls als Ersatz für kompetenten medizinischen Rat.

Alle gemachten Angaben verstehen sich selbstverständlich ohne Gewähr und ohne jegliche Form von Haftung. Alle etwaigen Schäden auf Personen, Sach- und Vermögenswerte sind ausgeschlossen.

Dazu gilt für alle Worte und Bilder das Urheberrecht von ©Dirk Schneider und der Firma Azafran GmbH®

IMPRESSUM

Azafran GmbH
Rosenstr. 9
25365 Klein Offenseth-Sparrieshoop

Autor: Dirk Schneider
Feinschliff: Ninja Wolski, Angela Porfirio, Maike Doege, Christiane Paschke
Lektorat: Maud Roßdeutscher
Rezeptentwicklung: Azafran GmbH – Justyna Szamocka, Dirk Schneider
Rezeptfotografie: Azafran GmbH – Justyna Szamocka
ISBN: 978-3-00-070156-6
Umschlagkonzept: Yinin Got
Umschlaggestaltung: Yinin Got und Ninja Wolski
Buchsatz: Anika Ackermann
Druck und Bindung: RieckDruck GmbH – 25436 Tornesch

www.azafran.de

Bei Fragen und Anregungen kontaktieren Sie uns gerne unter:
info@azafran.de

Printed in Germany

Für Oma, Mama, Papa und
meine liebsten Schätze Fine & Lott.

INHALT

Vorwort   **6**

Einleitung – Was ist Geschmack? 14

Umami 15

Weitere Geschmacksempfindungen 16

Aromen in der Lebensmittelindustrie 17

Unsere Nase – der „Geschmacksbooster" Nummer 1 18

Weitere Einflussfaktoren auf den Geschmackssinn 19

Der Hörsinn und sein Einfluss auf den Geschmack 22

Der Darm und sein Einfluss auf unseren Geschmack 22

Externe Einflussfaktoren auf den Geschmack 23

Das sensorische Gedächtnis 24

Kurzer Einblick in die Wein-Sensorik 25

Weinprobe in der Praxis 29

Mit speziellem Riechtraining die Sinne schärfen 30

Übernehmen Sie Eigenverantwortung für ein genussvolles Leben 33

Achtsamkeitstraining für mehr Genuss 34

Eine kurze Zusammenfassung dieses Kapitels 34

Die Jugend (Alter 14-21) 36

Genießen Sie vielseitig 39

Konzentrieren Sie sich nicht auf monotone Geschmacksrichtungen 40

Weniger süß ist mehr 41

Meine 7 Lieblingsrezepte in dieser Zeit 42

Eine kurze Zusammenfassung dieses Kapitels 43

Die zwanziger Jahre (Alter 21-28) 58

Seien Sie neugierig 62

Kochen Sie mit hochwertigen Zutaten 63

Machen Sie sich bewusst, dass Fast Food nicht die Lösung ist 64

Meine 7 Lieblingsrezepte in dieser Zeit 66

Eine kurze Zusammenfassung dieses Kapitels 66

Ein Leben im Ausland (Alter 28-35) 82

Die Zeit nach der Gründung 86

Nehmen Sie Essen bewusst wahr 93

Genießen Sie neue Geschmäcker und Aromen 95

Jede Krankheit möchte Ihnen auch etwas mitteilen 96

Meine 7 Lieblingsrezepte in dieser Zeit 96

Eine kurze Zusammenfassung dieses Kapitels 97

Vom Keller-Start-up zum erfolgreichen Unternehmen (Alter 35-42) _____112

Die kleinen Feinheiten machen die Unterschiede _____123

Vergleichen Sie Essen _____124

Hinterfragen Sie Ihre Essgewohnheiten _____124

Meine 7 Lieblingsrezepte in dieser Zeit _____125

Eine kurze Zusammenfassung dieses Kapitels _____125

Die Zukunft von Azafran (Alter 42-49) _____140

Fragen Sie den Koch nach unbekannten Zutaten _____143

Mit Meditation zu mehr Bewusstheit _____144

Nutzen Sie die Bewusstheit auch für Ihren Körper _____145

Meine 7 Lieblingsrezepte in dieser Zeit _____145

Eine kurze Zusammenfassung dieses Kapitels _____145

Geschmackstraining für Best Ager (Alter 49-56) _____160

Geschmacks- und Duftbeispiele für Gewürze _____161

Ihre eigenen Gewürzmischungen herstellen _____164

Mehr Aroma beim Kochen _____167

Weitere Möglichkeiten, um Aromen in Ihr Essen zu zaubern _____180

Food Pairing _____181

Die richtige Getränkewahl _____183

Genießen Sie wenn möglich zu zweit _____184

Treiben Sie Sport _____185

Meine 7 kulinarischen Highlights für alle in den fünfziger Jahren _____186

Eine kurze Zusammenfassung dieses Kapitels _____186

Was man im Alter eigentlich erreichen will? (Alter 56-63) _____202

Tipps, falls Ihre Familie unverantwortlich mit Essen umgeht _____204

Ein schönes Ambiente fördert den Genuss _____205

Das Auge isst mit _____206

Umsetzung _____207

Meine 7 Rezeptideen für die über 56-Jährigen _____208

Eine kurze Zusammenfassung dieses Kapitels _____209

Extrakapitel: Geschmackstraining für Kinder _____224

Extrakapitel: Geruchs- und Geschmacksverlust bei Krankheiten _____234

Nachwort **238**

Danksagung **242**

Rezeptregister **246**

GLAUBEN SIE EIGENTLICH, DASS MAN SEINEN GESCHMACK SCHÄRFEN KANN?

Glauben Sie eigentlich, dass man seinen Geschmack schärfen kann? „Geschmäcker sind bekanntlich verschieden" – dies ist zumindest eine der Hauptaussagen vieler Menschen, die sie im Zusammenhang mit dem Wort „Geschmack" treffen. Dass Geschmack jedoch weitaus mehr ist, können Sie sich bestimmt bereits denken. Für mich zum Beispiel besteht Geschmack aus geheimnisvollen Noten, Duft und Leidenschaft. Dazu ist Geschmack für mich in erster Linie Lebensqualität.

Damit auch Sie ein Gefühl dafür bekommen, was Geschmack alles in einem auslösen kann, stellen Sie sich Ihre erste kulinarische Erinnerung in Ihrem Leben vor und lassen Sie diesen Gedanken etwas auf sich wirken.

Bei mir kommen nun Erinnerungen an einen warmen Sommertag in den 1980er-Jahren mit dem fruchtig-süßen Duft von Omas frisch gebackenem Apfelkuchen, aromatischem Zimt und außerdem einem extra großen Klecks selbst geschlagener Sahne ins Gedächtnis.

Sie erahnen bestimmt schon, dass man tatsächlich lernen kann, seinen Geschmackssinn gezielt zu trainieren und diesen dadurch merkbar zu verbessern. Sind Sie sich darüber bewusst, was Ihnen das für neue, wunderbare Möglichkeiten schenken kann, Ihr Leben in vollen Zügen zu genießen?

Ich nehme Sie in diesem Buch deswegen mit auf eine kulinarische Lebensreise, die Sie inspirieren soll, Ihre Sinne zu schärfen, und Ihnen Bewusstheit für hochwertiges Essen schenken wird. Lassen Sie sich in die bunte Welt des Geschmacks, der Aromen und des Genusses entführen, stärken Sie mit praktischen Tipps Ihr Bauchgefühl und heben Sie dadurch Ihr Wohlbefinden auf ein ganz neues Level!

Dieses Buch heißt „Geschmacksexplosion – Der Weg zum Genuss- und Geschmacksexperten" und damit Sie sich beim Lesen auch als echter Geschmacksexperte fühlen können, möchte ich Sie gleich zu Beginn mit einem ganz besonderen Titel auszeichnen: „Kurkumi-Geschmacksexperte".

Das Wort Kurkumi habe ich extra für Sie kreiert., Es ist abgeleitet aus dem deutschen Wort „Kurkuma" und dem japanischen Begriff „Kokumi" (was übersetzt „Vollkommenheit" bedeutet). Für mich steht diese Wortschöpfung für den vollkommenen Geschmack und erinnert gleichzeitig an eines der wohl wertigsten Gewürze auf dieser Erde – die Kurkumawurzel.

***

In der anthroposophischen Philosophie wird davon ausgegangen, dass ein Mensch in seinem Leben mehrere Lebensphasen durchläuft, die in etwa jeweils 7 Jahre andauern. Dieser 7-Jahres-Zyklus spiegelt sinnbildlich die verschiedenen Stufen der menschlichen Entwicklung wider – angefangen von der Körperzelle, über die Geburt und die Kindheit, die Jugend und das mittlere Erwachsenenalter bis hin ins (hohe) Alter als betagter Mensch.

In all diesen Lebensphasen begegnen wir Menschen mit den unterschiedlichsten Erlebnissen und Prägungen. Ob privater, beruflicher, gesundheitlicher oder auch kulinarischer Natur – das „Abenteuer Leben" bietet dabei immer wieder Höhen und Tiefen. Diese können äußerst herausfordernd und schmerzlich sein, aber auch unfassbar schön und bereichernd.

Jedoch beschreiben diese Emotionen nicht nur unumgängliche Gefühlsmomente bereits vergangener Zeiten, sondern ebenso die Möglichkeit, den Ehrgeiz für neue Perspektiven und Veränderung voranzutreiben. Sie fordern uns täglich neu dazu auf, uns auszuprobieren und weiterzuentwickeln.

Auch im Geschmackssinn eines jeden Menschen lässt sich dieser zyklische Wandel wiederfinden. Das glauben Sie mir nicht? Wie würden Sie dann erklären, dass jemand mit 30 Jahren auf einmal Dinge essen mag, die er in seiner Jugend abgelehnt hat? Oder warum das Geschmacksempfinden mit zunehmendem Alter bei den meisten Menschen nachlässt?

Gerne möchte ich mein Wissen mit Ihnen darüber teilen, wie man seinen Gaumen sowohl in jungen Jahren als auch im hohen Alter stets verfeinern und sein Leben somit insgesamt genussvoller und vitaler gestalten kann. Dazu nehme ich Sie ein Stückchen mit auf meine Reise zum Kurkumi-Geschmacksexperten.

Da ich dieses Buch möglichst vielen, kochbegeisterten Menschen und Kunden unterschiedlichen Alters widmen möchte, habe ich es in insgesamt 7 dieser verschiedenen Lebensphasen aufgeteilt. Abgerundet habe ich das Buch mit 49 köstlichen Rezepten zum Nachkochen – abgestimmt auf jede der sieben Lebensphasen. Mithilfe dieser Rezepte können Sie Ihr neu erworbenes Wissen verfeinern und direkt praktisch anwenden.

Eventuell kommen Ihnen jetzt Zweifel, wie ein junger Mensch mit Anfang 40 über Lebensphasen jenseits seiner eigenen schreiben kann. Diese möchte ich Ihnen jedoch direkt wieder nehmen, denn ich habe mich intensiv durch viele Bücher gebildet sowie mit meinen Eltern und vielen meiner lebenserfahrenen Kunden, Freunde und Mentoren darüber austauschen dürfen.

Aufgrund dieser umfangreichen Bücher und Gespräche und der daraus so vielseitig vermittelten Erfahrungen habe ich bereits einen intensiven Einblick in zukünftige Lebensphasen erhalten können und dadurch bereits jetzt eine Menge erkennen und lernen dürfen. Heute, mit Anfang 40, weiß ich, dass meine Lebensgeschichte bereits jetzt schon von den Zielen und Visionen von morgen bestimmt wird. Und das ist eine wertvolle Erkenntnis, die man eigentlich gar nicht früh genug verinnerlichen kann.

Eines ist mir ebenfalls sehr wichtig zu erwähnen: Auch, wenn es auf den folgenden Seiten viel um Essen und Trinken gehen wird, ist dieses Buch sicherlich kein klassischer Ernährungs- oder Diätratgeber. Hauptziel ist es, Ihnen zu helfen, Ihre Sinne zu schärfen und Ihnen Bewusstheit über die Wichtigkeit hochwertiger Lebensmittel zu vermitteln. Bitte haben Sie aber Nachsicht mit mir, dass einige Rezepte im Widerspruch zu meinen heutigen gesünderen Ernährungsgewohnheiten stehen.

Jeder Mensch hat seine eigenen Ansichten, Einstellungen und (kulinarischen) Vorlieben. Genau deswegen werden unsere Meinungen, an manchen Stellen in diesem Buch, mit Sicherheit auch einmal unterschiedlich ausfallen. Ich möchte Ihnen meine Sichtweisen und Erfahrungen keinesfalls auferlegen, aber trotzdem intensiv und informativ auf viele Bereiche eingehen. In diesem Sinne – und um noch einmal kurz zu unserem Sprichwort vom Anfang zurückzukehren: Geschmäcker sind und bleiben bekanntlich verschieden. Und das ist auch vollkommen gut und in Ordnung so. Das wäre ansonsten ja auch irgendwie langweilig …

★★★

Ich sitze an einem Sommertag im Juni 2021 in meinem Büro, genieße eine Tasse frisch aufgebrühten Grüntee Sencha Uchiyama mit Safran und erfreue mich für einen Moment an seinem feinen, exotischen Duft. Freudig gestimmt beginne ich in Erinnerungen zu schwelgen und lasse die vergangenen Jahre vor meinem inneren Auge Revue passieren:

Meine Firma Azafran Gewürze feiert in diesen Tagen zehnjähriges Bestehen und ich merke, wie mir bei dem Gedanken daran warm ums Herz wird. Besonders, wenn ich an die Anfangszeit der Firma zurückdenke, muss ich unweigerlich schmunzeln. Was wurde ich damals doch von manchen belächelt! Mit einem Online-Unternehmen erfolgreich werden – noch dazu mit einem Safranhandel? Das hörte sich für viele wahrscheinlich eher nach einer verträumten Illusion als nach einer zielgerichteten Vision an.

Rückblickend betrachtet kann ich es teilweise sogar verstehen. Der Safranhandel war durchaus eine sehr kleine Nische und ich mag zu dieser Zeit außerdem auch noch etwas jung und blauäugig gewesen sein. Ob Sie es glauben oder nicht, konnte ich damals sogar weder richtig kochen, noch kannte ich die Vielfalt und Bedeutung der zahlreichen bunten Gewürze, Kräuter und Teesorten. Als ich zwei Jahre später mit einer anderen Geschäftsidee scheiterte, war ich pleite und musste mit Mitte 30 wieder bei meinen Eltern einziehen.

Auch gesundheitlich war ich ein Wrack, was zu einer hohen Wahrscheinlichkeit einem unentdeckten Burn-out und einem Nährstoffmangel geschuldet war.

Doch zu meinem Glück, trug ich damals wie heute zwei besondere Stärken in mir: „Umsetzung" und „Fokussierung". Zudem war ich stets bescheiden, konnte mich auch an den vermeintlich „kleinen" Dinge im Leben erfreuen und war generell dankbar für alles, was ich hatte.

Heute – 10 Jahre später – habe ich mit Azafran eine Gewürzfirma mit Millionenumsatz geschaffen. Bei uns arbeiten über 30 fleißige Helfer/innen und ich gelte in der Öffentlichkeit als „Gewürz- und Geschmacksexperte". Zudem ist das wohl wertvollste und größte Geschenk in meinem Leben, dass ich mit meiner wunderbaren Frau Josephina und meiner zauberhaften Tochter Charlotte eine kleine, glückliche Familie habe. Das wunderbare Extra daran:

Dank meiner Selbstständigkeit habe ich die Zeit, meine Rolle als Vater voll und ganz zu genießen!

Hätte ich einige Dinge anders entschieden, wäre die Firma heute möglicherweise noch größer. Ein Angebot für die Expansion in die USA hatte ich vor 3 Jahren abgelehnt. Doch auch heute noch bin ich mir sicher, dass dies die richtige Entscheidung war. Immer nur auf Wachstum abzielen – ohne Rücksicht auf Verluste und angewiesen auf Finanzinvestoren –, das entsprach nie meinem Interesse. Ich habe schließlich nur ein Leben. Und dieses Leben begreife ich als unfassbar kostbares Geschenk.

Aus diesem Grund spielt die Erhaltung meiner Gesundheit heutzutage ebenfalls eine sehr wichtige Rolle für mich. Denn ich weiß zu gut, wie es sich anfühlt, über Jahre hinweg an Erschöpfung, Müdigkeit und unentdecktem Asthma zu leiden und wie sehr dies die Lebensqualität beeinträchtigen kann. Außerdem habe ich durch die schweren Krebserkrankungen meines Vaters und meiner Tante viel Leid innerhalb meiner Familie erlebt.

Ich erzähle Ihnen in diesem Buch deshalb zwei ganz bestimmte Geschichten: Zum einen, wie Sie Ihren Geschmack gezielt schärfen und zum anderen, wie Sie Ihr Leben insgesamt bewusster, schöner und vitaler gestalten können. Denn was nützt ein trainierter Geschmackssinn, wenn man ihn aufgrund von Krankheiten oder anderem Leid gar nicht richtig genießen kann?

Wie Sie die nötige Energie erlangen können, um damit Höhen richtig zu genießen und vor allem Tiefen kraftvoll zu durchleben, möchte ich Ihnen anhand meiner persönlichen Geschichte zeigen. Sie werden dadurch merken, dass Aufgeben niemals eine Option darstellt, wenn Sie sich Chancen und Herausforderungen sowie Kampf und Hingabe stets vor Augen führen. Ich möchte Ihnen zudem Mut machen, einen unerschütterlichen Glauben in sich selbst zu entwickeln und Ihr Leben selbst zu bestimmen.

Auch, wenn es zunächst nicht so aussieht, können bereits viele kleinere Dinge aus Kindheitstagen zu einem Erfolg werden, den man teilweise erst Jahrzehnte später ernten kann. Und auch anhand meiner Reise werden Sie sehen, dass es sich lohnt, beständig an sich zu arbeiten, fleißig zu sein und vor allem – neugierig, offen und geduldig zu bleiben!

Natürlich musste auch ich erst einmal meinen Geschmackssinn über Jahrzehnte hinweg trainieren. Weit über 1.000 Restaurantbesuche habe ich bereits genießen dürfen und mir dabei eine wirklich große Vielfalt an kulinarischen Highlights im Munde zergehen lassen dürfen.

Heute bin ich trotzdem kein ausgebildeter Sommelier oder Profikoch, dennoch konnte ich mir über die Jahrzehnte fundierte Kenntnisse im Umgang mit Gerüchen und Geschmäckern von diversen Speisen und Weinen aneignen. Vielleicht ist eben auch genau das mein klarer Vorteil, denn ich bin unbefangen und somit ohne große, externe Faktoren in der Thematik zu Hause.

Ich weiß, dank meiner Frau Josephina – Eventmanagerin und passionierter Hobby-Gourmet –, heute sehr genau, was einen guten oder mittelmäßigen Koch von einem leidenschaftlichen Spitzenkoch unterscheidet. Wie köstlich ein Essen schmecken kann, das mit viel Liebe zubereitet wurde. So oft kommt es nämlich auf die kleinen und feinen Details an, die den maßgeblichen Unterschied bestimmen. Das können zum Beispiel ein besonders feines Gewürz oder ein gut ausgewählter und zum Gericht passender Wein sein. Zudem sollte niemals die Optik der Speisen und Getränke, das Ambiente und auch der Service vernachlässigt werden. Das Auge isst ja bekanntlich immer mit.

Deswegen werden wir in einem unserer nächsten Leben sicherlich irgendwann einmal als Restauranttester durch die Welt reisen.

Ihren Geschmackssinn schärfen – das können auch Sie! Erst recht, wenn Sie die in diesem Buch beschriebenen Tipps und Methoden einüben und fest in Ihren Alltag integrieren. Drei meiner liebsten Powertipps möchte ich Ihnen dazu gleich vorab mit an die Hand geben:
1. Riechen Sie an allem!
2. In der Wiederholung liegt der Schlüssel!
3. Auch Gerüche, die nicht im Zusammenhang mit Essen stehen, schärfen Ihre Sinne!

Bevor ich auf diese Punkte im Detail eingehen werde, möchte ich Ihnen und unseren aktuell über ½ Millionen Kunden aus tiefstem Herzen Danke sagen.

Danke, dass Sie dieses Buch in den Händen halten und dass ich auf den nächsten Seiten Ihr „Genuss- und Geschmackscoach" sein darf. Ich hoffe und wünsche mir, dass Sie daraus viel Wertvolles für sich mitnehmen können!

Sollte Ihnen dieses Buch gefallen, würde ich mich über eine liebe Rezension auf Amazon freuen. Vielleicht wird dadurch auch ein echter Verlag auf mich aufmerksam und ich werde zusätzlich zu meinem wunderbaren Leben als Gewürzhändler auch noch ein erfolgreicher Buchautor.

Dazu möchte ich Sie auch einladen, mit mir in den Austausch zu gehen. Wir haben eine wunderbare Kochgruppe mit aktuell mehreren Tausend Mitgliedern auf Facebook: *https://www.facebook.com/groups/azafran.de/*

Vielen Dank und herzliche Grüße

Ihr Dirk Schneider

WORTE VON FREUNDEN UND GESCHÄFTSPARTNERN AUS DER „FOOD-SZENE"

Bevor ich mit meiner Geschichte starte, verraten Ihnen ein paar unserer Freunde und Geschäftspartner aus der „Food-Szene", was für sie Geschmack und Genuss bedeuten:

Manuela und Joëlle Herzfeld: Gründerinnen von food with love und Bestseller-Kochbuchautorinnen
Der Food-Blog von den beiden Düsseldorferinnen Manuela und Joëlle Herzfeld zählt zu einem der größten und reichweitenstärksten Thermomix®-Blogs im deutschsprachigen Raum. Neben dem erfolgreichen Blog betreiben sie eine Koch-App und schreiben Bestseller-Kochbücher. Zusammen haben wir die exklusive Produktserie food with love by Azafran entwickelt, die hochwertige Gewürze und erlesene Tees beinhaltet. Nähere Informationen zu Manuela und Joëlle Herzfeld erfahren Sie unter: *www.foodwithlove.de*

Was bedeutet für Euch Genuss?
Richtig genießen bedeutet für uns, dass alle Sinneseindrücke beim Essen mit einbezogen werden. Wie sieht es aus? Wie riecht es? Wie fühlt es sich im Mund an? Und welche Temperatur hat es? Erst wenn alles harmonisch aufeinander abgestimmt ist, kann sich der wahre Geschmack entfalten und Freude und Wohlbehagen mit sich bringen. Herrlich, dieses Gefühl.

Habt Ihr einen Tipp, wie man seinen Geschmack schärfen kann?
Wichtig ist es, nicht immer nur die gewohnten Rezepte zu kochen bzw. die immer gleichen Zutaten zu verwenden. Man sollte mutig und aufgeschlossen neuen Geschmacksrichtungen gegenüber bleiben. Auch ein „Entzug" von Lebensmitteln kann helfen. Geschmäcker, an die wir uns gewöhnt haben, schmecken dann plötzlich wieder viel intensiver, es kommt zu einer wahren Geschmacksexplosion.

Was macht mich Eurer Meinung nach zum Geschmacksexperten?
Besonders die Liebe und Leidenschaft für die unterschiedlichsten Food-Themen sowie die Begeisterung für sinnliche Erfahrungen machen Dirk zum echten Geschmacksexperten. Durch unsere langjährige Freundschaft wissen wir, dass es schon immer sein Traum war, sich in die große Welt des guten Geschmacks zu begeben. Er ist zudem ein leidenschaftlicher Koch, der den Genuss hochwertiger Nahrungsmittel zu schätzen weiß und einen hohen Qualitätsanspruch an sich und andere hat.

Mandy-Kay Bart: Ehemalige Schauspielerin, bekannte Influencerin und erfolgreiche Persönlichkeitstrainerin
Mandy-Kay ist eine Freundin von Josephina und trat 2018 in unser Leben. Sie war damals noch eine Schauspielerin in einem Reality-Format sowie zeitgleich bereits eine bekannte Influencerin. Heute ist sie außerdem eine erfolgreiche Persönlichkeitstrainerin und betreibt ihren eigenen Podcast unter #bepeerless. Nähere Informationen über Mandy-Kay Bart erfahren Sie unter: *www.bepeerless.de*

Warum ist ein guter Geschmackssinn wichtig?
Für mich ist ein ausgeprägter Geschmackssinn ein absolutes Lebensgefühl. Durch die Fähigkeit,

vollkommenen kulinarischen Genuss zu empfinden, haben wir unzählige Möglichkeiten, die Welt anders zu erleben.

Hast Du einen ultimativen Tipp, wie man seinen Geschmack schärfen kann?

Der Schlüssel zu einem komplexen und sinnesscharfen Geschmack ist, bestenfalls komplett oder zumindest weitestgehend auf Zucker zu verzichten. Nur natürliche Produkte und Zutaten ohne Geschmacksverstärker sollten verwendet werden. Achten Sie also immer darauf, was Sie konsumieren.

Was macht mich Deiner Meinung nach zum Geschmacksexperten?

Dirk macht seine Fachkenntnis, die jahrelange Erfahrung und sein ständiges Weiterentwickeln sowie Fortbilden auf vielen verschiedenen Gebieten zu einem absoluten Geschmacksexperten. Er weiß genau, wovon er spricht, auch durch die Liebe zum Detail.

Jörg und Heike Tatje: Gründer der Eis-Kette „Nordmanns Eisfabrik" aus Düsseldorf

Jörg und Heike sind seit 2015 treue Kunden von Azafran. Ihre Eis-Kette „Nordmanns Eisfabrik" haben sie 2010 in Düsseldorf gegründet. Heute gilt es als das beste Eis in Düsseldorf aufgrund der hohen Qualität der verwendeten Rohstoffe sowie ihrer außergewöhnlichen und ständig wechselnden Eiskreationen.
Mehr Infos zu ihrer Kette finden Sie hier: *www.nordmanns-eisfabrik.de*

Was macht für Euch Genuss aus?

Wir lieben gutes Essen. Der perfekte Geschmack ist für uns die Kombination aus reinen, natürlichen Zutaten und dem perfekten Mundgefühl.

Habt Ihr einen Tipp, wie man seinen Geschmack schärfen kann?

Man sollte unbedingt vielseitig genießen. Dazu sind Überraschungen auf der Zunge immer ein Hochgenuss der Gefühle.

Riad Lampert: Gründer der Restaurant-Kette „Hala" aus Hamburg

Riad ist ein sehr alter Freund von Josephina und trat 2015 in mein Leben. Er ist Inhaber der beiden gehobenen orientalischen Restaurants „Hala" und „Hala mignon" in Hamburg. Mit dem arabischen Wort für „Herzlich willkommen" lädt Riad seine Gäste auf eine kulinarische Reise in den Libanon ein. In einer attraktiv gestalteten Atmosphäre genießt man die traditionelle libanesische Küche kombiniert mit mediterranen Einflüssen. Das „Hala" gehört dabei seit Jahren zu den bestbewerteten Restaurants auf vielen Internetplattformen. Nähere Information über seine Restaurants finden Sie unter: *www.restaurant-hala.de*

Was bedeutet Geschmack für Dich?

Geschmäcker sind bekanntlich unterschiedlich. Geschmackssinne kann man jedoch durch eine Vielfalt von Speisen, Kräutern und Gewürzen trainieren, um dadurch den Speisen eine individuelle Note geben zu können.

Hast Du einen Tipp, wie man seinen Geschmack schärfen kann?

Ein altes indisches Sprichwort besagt: „Gewürze sind nicht zum Essen da, sondern zum Abschmecken." Sie geben die Richtung vor und so kann man dann seine eigenen Geschmackssinne erziehen …

Was macht mich Deiner Meinung nach zum Geschmacksexperten?

Die umfangreiche Auswahl, Qualität, Intensität und Reinheit seiner Gewürze sowie die Leidenschaft, mit der Dirk das Unternehmen betreibt, das alles spricht für Dirk.

WAS IST GESCHMACK – UND WELCHE GESCHMACKSSINNE GIBT ES EIGENTLICH?

„Geschmack ist die Kunst, sich auf Kleinigkeiten zu verstehen."

Jean-Jacques Rousseau (französischer Schriftsteller 1712 - 1778)

Als *Geschmack* wird in der Literatur ein hochkomplexer Sinneseindruck verstanden, der bei der Aufnahme von Nahrung entsteht. Es handelt sich um ein Zusammenspiel von Geschmacks-, Geruchs-, Hör-, Seh- und Tastsinn sowie Temperatur- und Schmerzempfinden. In der Fachsprache fällt häufig auch der Begriff „gustatorische Wahrnehmung", worunter Sie das subjektive Empfinden während des Schmeckens verstehen können.

Wir kennen vor allem fünf Hauptgeschmacksrichtungen, die in folgende fünf Bereiche kategorisiert werden:
- süß
- salzig
- sauer
- bitter
- umami *(was genau damit gemeint ist, erkläre ich Ihnen ein paar Zeilen später)*

Darüber hinaus wird noch ein sechster Geschmackssinn diskutiert, mit dem sich Fette wahrnehmen lassen.

Neben den fünf Hauptgeschmacksrichtungen spielt zudem die Intensität der Reize eine wichtige Rolle für den Geschmack: So kann etwas beispielsweise „leicht salzig", „normal salzig" bis „extrem salzig" schmecken.

Rechnerisch betrachtet sind durch unsere fünf Hauptsinne und einer Intensitätsskala mit zehn verschiedenen Abstufungen über 100.000 Geschmacksempfindungen auf der Zunge möglich. Ganz schön verrückt, oder?

Tipp: Spielen Sie mit der Intensität der fünf Geschmackssinne – hieraus können Sie ein persönliches vollkommenes Geschmackserlebnis bestimmen. Am einfachsten funktioniert es mit einer Suppe oder einem Smoothie. Beides können Sie nach und nach in alle Geschmacksrichtungen anpassen.

An dieser Stelle könnte ich jetzt auch noch auf die genaue Anatomie (Aufbau der Geschmacksknospen und Sinneszellen) und die chemischen Reizübertragungen im Körper eines Menschen eingehen. Um den Rahmen des Buches jedoch nicht zu sprengen, betrachten wir diese Bereiche lieber nur etwas oberflächlich. Wer sich dafür im tieferen Sinne interessiert, findet mit den beiden Büchern „Geschmack – Gebrauchsanleitung für einen vernachlässigten Sinn" von Bob Holmes und „Aroma - Die Kunst des Würzens" von Thomas Vilgis und Thomas Vierich gute Nachschlagewerke.

Auch die These, dass die unterschiedlichen Geschmacksrichtungen an verschiedenen Bereichen der Zunge wahrgenommen werden, möchte ich nur kurz aufgreifen. Denn heute weiß man, dass die Geschmacksknospen überall auf der Zunge verteilt sind und nicht nur an einzelnen Stellen wie zum Beispiel der Zungenspitze sitzen. Ausprobieren können Sie dies selbst, indem Sie beispielsweise Ihre Zunge mit einem in Zitronensaft oder Salzwasser getränkten Wattestäbchen abtasten.

Übrigens: Wissen Sie, warum wir überhaupt etwas schmecken? Und zwar diente der hochkomplexe Sinneseindruck für Geschmack den Steinzeitmenschen in erster Linie dem Schutz vor Vergiftungen.

UMAMI

Die bereits angesprochene fünfte Geschmacksrichtung *Umami* wurde zum ersten Mal 1909 von dem japanischen Forscher Kikunae Ikeda beschrieben.

Als Umami definiert man einen *fleischigen*, *würzigen* oder auch *herzhaften Geschmack*, den die meisten Menschen als besonders wohlschmeckend empfinden. Dies kann sowohl bei tierischen als auch bei pflanzlichen Lebensmitteln der Fall sein. Typische Beispiele, bei deren Verzehr wir den Umami-Geschmack besonders stark wahrnehmen, sind etwa Fleisch und Wurstwaren, vollreifer Käse (z.B. Parmesan), getrocknete Tomaten, grüner Tee, (gebratene) Pilze sowie Würzmittel und Soßen (z.B. Sojasauce, Fonds und Brühen).

Die Empfindung von Umami im Mund entsteht, wenn die Geschmacksrezeptoren von Zunge und Gaumen auf Glutaminsäure reagieren. Diese zählt zu den Aminosäuren, welche für den Aufbau von Protein in unserem Körper verantwortlich sind. Lebensmittel mit starkem Umami-Geschmack geben demnach unserem Körper den Hinweis auf lebenswichtige Aminosäuren und eine besonders proteinreiche Mahlzeit. Ob das Protein tierischer oder pflanzlicher Natur ist, ist dabei eher unerheblich.

Die Tatsache, dass wir so positiv auf Glutaminsäure ansprechen, hat sich die Lebensmittelindustrie zunutze gemacht. So finden sich in vielen industriell hergestellten Produkten und Fertiggerichten geschmacksverstärkende Zusatzstoffe, die künstlich gewonnen werden, wie z.B. Glutamat und Hefeextrakt.

WEITERE GESCHMACKSEMPFINDUNGEN

Neben den bereits beschriebenen Geschmacksrichtungen kann der Mensch über seinen Trigeminusnerv auch z.B. **Schärfe** im Mund wahrnehmen. Dabei ist Schärfe an sich kein Geschmack, sondern gilt als Schmerz.

Darüber hinaus sind wir durch unseren Trigeminusnerv in der Lage, noch ein paar andere, geschmackliche Feinheiten zu unterscheiden. Diese wären zum Beispiel:

Kühle: Einige Substanzen können die Kälterezeptoren im Mund auslösen. Dazu zählt beispielsweise Pfefferminze, die für ein frisches Gefühl im Mund sorgt.

Taubheit: In Südamerika und China schätzt man das Gefühl einer angenehm-prickelnden Taubheit auf der Zunge. Diese entsteht z.B. durch den Genuss von Szechuan-Pfeffer.

Trockenheit: Einige Lebensmittel, wie etwa unreife Früchte, enthalten sogenannte Tannine oder Calciumoxalat, welche geschmacklich als trocken, rau oder herb beschrieben werden. Konkrete Beispiele sind etwa Tee, Rotwein oder Rhabarber.

Temperatur: Auch die Temperatur eines Essens kann sich auf das Geschmacksempfinden auswirken. So ermöglicht ein perfekt temperiertes Essen ein besonders wohliges Erlebnis, während es im abgekühlten Zustand schon mal an Aroma und Vielseitigkeit verliert.

Weitere mögliche Geschmacksempfindungen über unsere Geschmacksrezeptoren sind:

Metall: Als metallischer Geschmack wird im Grunde ein Fehlgeschmack definiert, welcher zum Beispiel durch (Amalgam-)Zahnfüllungen, Medikamente und bestimmte Süßstoffe hervorgerufen werden kann.

Herzlichkeit (Kokumi): Unter dem japanischen Begriff *Kokumi* verstehen wir das Empfinden einer gewissen Vollmundigkeit, die zum Beispiel zustande kommen kann, wenn tierische und pflanzliche Proteine in Kombination mit Fett zusammentreffen. Natürlich enthalten ist es beispielsweise in umamireichen und fermentierten Lebensmitteln oder es kommt auch hervor, wenn proteinreiche Lebensmittel lange gekocht werden (z.B. Rinderfond). Im Grunde verstärkt „Kokumi" salzige und umamireiche Nahrungsmittel im Geschmack. Ein gutes europäisches Beispiel für „Kokumi" ist neben Rinder- oder Hühnerfond auch Tomaten-Pesto, bei dem getrocknete Tomaten, Knoblauch, Kapern, Basilikum, Parmesan, Olivenöl, Meersalz und Pfeffer zusammen püriert werden. Ansonsten kann man „Kokumi" sogar als Pulver konzentriert in Asien kaufen, welches durch Zugabe ein besonders reichhaltiges, beinahe *vollkommenes Geschmackserlebnis* in Kombination mit Lebensmitteln erzeugt.

Stärke: Laut Studienlage existieren Hinweise darauf, dass Menschen auch *Stärke* durch Geschmacksrezeptoren schmecken können.

AROMEN IN DER LEBENSMITTELINDUSTRIE

Da dieses Buch von Geschmack handelt, möchte ich an dieser Stelle noch eine kleine Exkursion in die aromatische Welt der Lebensmittelindustrie machen:

Der deutsche Lebensmittelverband schreibt als Definition auf seiner Webseite Folgendes: *„Die Aromenverordnung (EG) Nr. 1334/2008 definiert Aroma als ein Erzeugnis, das als solches nicht zum Verzehr bestimmt ist und Lebensmitteln zugesetzt wird, um ihnen einen besonderen Geruch und/oder Geschmack zu verleihen oder diese zu verändern.“*

„In der Dosierung werden die Aromastoffe in der Regel im Verhältnis 1:1000 dosiert (sprich 1 g auf 1 kg Lebensmittel), wobei die aromatisierenden Bestandteile 10-20% ausmachen und der Rest aus anderen Zutaten wie z. B. Lösungsmittel oder Trägerstoffe wie Stärke oder Milchzucker bestehen.“
(Quelle Deutscher Lebensmittelverband: https://www.lebensmittelverband.de/de/lebensmittel/inhaltsstoffe/aromen)

Dazu finden Sie auf Wikipedia u.a. diese Aussage:
„In der Industrie werden diese ‚Aromen‘ oftmals dazu verwendet, um aus Kostengründen die Verwendung natürlicher Produkte zu umgehen oder um ein aromakonstantes Produktideal trotz natürlicher Schwankungen zu erreichen. Wenn das Eigenaroma des Erzeugnisses nicht ausreicht, werden deshalb natürliche oder naturidentische Aromastoffe als Lebensmittelzusatzstoff verwendet.“
(Quelle Wikipedia: https://de.wikipedia.org/wiki/Aroma).

Ich kann mir Ihren schockierten Gesichtsausdruck bestens vorstellen und dieser ist aufgrund der eben aufgeführten Definition zur Anwendung von Aromastoffen in der Lebensmittelindustrie absolut nachvollziehbar. Dies ist für mich sogar einer der Hauptgründe, warum ich persönlich sehr genau auf die Etiketten im Supermarkt achte und mir die Zutatenliste darauf aufmerksam durchlese.

Heute erwirtschaften die eher „geheim" agierenden Aromen- und Riechstoffhäuser wie die deutsche Firma Symrise und der Schweizer Weltmarktführer Givaudan einen Jahresumsatz von ca. 10 Milliarden Dollar.

Nichtsdestotrotz muss man fairerweise ebenfalls erwähnen, dass einige Aromen äußerst wichtig für die Intensität und den Charakter des Geschmacks bei Lebensmitteln sind. Denn was wäre beispielsweise ein Earl-Grey-Tee ohne sein leckeres Bergamotte-Aromaöl? Es kommt allerdings darauf an, dass die Aromen natürliche und konzentrierte Stoffe sind und man auf die synthetische Form von Aromen verzichtet. Das kostet zwar zu Beginn in der Umsetzung ein paar Euro mehr, gibt Ihnen als Verbraucher jedoch die Sicherheit, neben einem guten und gesunden Endprodukt auch ein qualitativ hochwertiges Lebensmittel zu erhalten, was diesen Namen auch verdient hat.

Ich empfehle auch weiter hinten im Buch, sich gezielt mit Lebensmittelaromen beim Kochen zu beschäftigen. Sie können durch wenige Tropfen konzentrierter Aromen Ihr gesamtes Kocherlebnis auf ein neues geschmackliches Level bringen.

Im Grunde muss man die Flavoristen von Givaudan und Co als die wahren Geschmacksexperten bezeichnen, denn diese prägen durch ihre Arbeiten einen Großteil der Geschmäcker, die wir heute kennen, und sind Experten in der Zusammensetzung und Bestimmung von Aromen.

UNSERE NASE – DER „GESCHMACKSBOOSTER" NUMMER 1

Da die Wahrnehmung im Mund auf die oben beschriebenen Dinge beschränkt ist, gibt es noch ein anderes Organ, welches sogar bis zu **80%**(!) an unserem Geschmacksempfinden beteiligt ist: **unsere Nase**.

Ausgestattet mit ca. 30 Millionen Riechzellen und 350-400 Rezeptoren, sind wir durch sie nämlich in der Lage, ca. 10.000 Düfte wahrzunehmen. Daher ist unsere Nase ein sehr entscheidender Faktor für die Deutung unterschiedlicher Nuancen und ein regelrechter Geschmacksbooster!

Sie können das nicht glauben? Dann testen Sie es doch ganz einfach selbst, indem Sie sich beim Essen die Nase zuhalten. Sie werden überrascht sein, wie schnell Sie plötzlich deutlich weniger schmecken. Vielleicht konnten Sie diese Erfahrung bereits ganz unfreiwillig während eines Schnupfens machen, der Ihren Geruchssinn vorübergehend außer Kraft setzte.

Mit anderen Worten heißt das: Wer über einen guten Geschmackssinn verfügt, besitzt meist auch einen ausgeprägten Geruchssinn.

Generell wird der Geruchssinn beim Thema Geschmack durch zwei Umstände aktiviert. Zum einen ist es selbstverständlich relevant, wie das Essen vor Ihnen auf dem Teller riecht. Aber auch die Aromadüfte während eines regulären Kauvorgangs werden im Mund durch den Geruchssinn wahrgenommen. So schmeckt eine Mohrrübe einzeln im Mund intensiver, als wenn Sie den zweiten Bissen zusammen mit einem Schluck Wasser im Mund zerkauen.

Die Aromadüfte des Kauens gelangen dabei in erster Linie durch Ausatemluft in die Nase. Aus diesem Grund sollten Sie auch immer mit geschlossenem Mund kauen, um die Gerüche bzw. den Geschmack intensiver wahrzunehmen.

Wie wichtig der Geruchssinn für den Menschen ist, erklärt zudem folgendes Beispiel: Und zwar ist es wissenschaftlich erwiesen, dass beinahe 1.000 Gene im menschlichen Körper Geruchsrezeptor-Gene sind, wovon ca. die Hälfte auch aktiviert ist. Stellt man nun das gesamte menschliche Genom mit seinen 20.000 Genen dieser Zahl gegenüber, merkt man, dass 1/20(!) all unserer Gene nur mit dem Geruchssinn zu tun haben.

Leider nimmt unser Geschmackssinn mit zunehmendem Alter auf natürliche Weise ab. So verringern sich ab ca. 50 Jahren die Geschmacksknospen auf unserer Zunge und auch der Speichelfluss wird weniger. Wir verlieren dadurch die Fähigkeit, geschmackliche Feinheiten im Mund wahrzunehmen. Ich weiß, dass das nicht besonders erfreulich klingt, aber machen Sie sich keine Sorgen – Sie können dieser Entwicklung gezielt entgegenwirken, indem Sie Ihre Nase und Ihren Geschmackssinn aktiv trainieren. Wie Sie das genau tun können, verrate ich Ihnen später.

Wie bereits erwähnt, ist unsere Nase bis zu 80% an unserem Geschmacksempfinden beteiligt. Wie wichtig in diesem Zusammenhang aber dennoch die 20% unseres Geschmackssinnes auf der Zunge sind, können Sie durch einen kleinen Selbstversuch herausfinden. Gehen Sie dazu einmal in ein indisches Restaurant und bestellen Sie sich ein scharfes Essen. Sie werden nach dem ersten oder zweiten Bissen bereits bemerken, dass der Geruch eines Essens nicht unbedingt alleine ausschlaggebend für Ihre Empfindungen ist und die Geschmacksknospen auf Ihrer Zunge mehr zum Ganzen beitragen, als eben ein Wert von 20% vermuten lässt.

Lediglich durch die Beeinträchtigung eines der fünf Hauptsinne auf Ihrer Zunge (beispielsweise aufgrund von Medikamenten, Mundspülungen oder Rauchen) kann das gesamte Geschmackserlebnis negativ beeinflusst werden. Verzichten Sie als Test dazu einmal bewusst auf das Salz in Ihrer Suppe. Sie werden die ansonsten so perfekt zubereitete Suppe als „nicht abgerundet" empfinden.

Im Grunde nehmen wir also als Geschmack in erster Linie flüchtige Aromastoffe durch unseren Geruchs- und Geschmackssinn, in Kombination mit einem Mundgefühl, wahr. Diese Aromastoffe werden hauptsächlich durch das Kauen und Zerkleinern der Speisen im Mund freigesetzt.

Zurzeit kommen in der Natur ca. 10.000 verschiedene, identifizierte Aromastoffe vor, wobei 2.500 davon von der Lebensmittelindustrie verwendet werden. Eingeteilt werden diese in natürliche (z.B. natürliches Vanillin aus Vanilleschoten) und synthetische Aromen (z.B. synthetisches Vanillin aus vanilleähnlichen Produkten).

Kurz gesagt ist Geschmack eine multisensorische Erfahrung, bei der mehre unterschiedliche Sinneswahrnehmungen wie Geschmacksinn, Geruchssinn, Sehsinn, Tastsinn und Hörsinn einen perfekten Gesamteindruck erzeugen.

WEITERE EINFLUSSFAKTOREN AUF DEN GESCHMACKSSINN

Im Zuge der Sinneswahrnehmung spielt auch der Tastsinn eine nicht zu unterschätzende Rolle, der die Konsistenz und Textur eines Essens gewissermaßen *erfühlt*: Ist das Gericht knusprig, weich, fest oder schmilzt es förmlich auf der Zunge?

Im Grunde spiegelt sich der Tastsinn im Mundgefühl wider und wird ebenfalls durch den Trigeminusnerv gesteuert. Wie wichtig dieser Sinn ebenfalls ist, können Sie daran erkennen, was passiert, wenn Sie frische Pommes mit älteren vergleichen. Oder stellen Sie sich eine ofenfrische Pizza vor: Beißen Sie hinein und spüren Sie, wie die herrlich krosse Kruste zwischen den Zähnen cruncht.

Dann ertastet Ihre Zunge den herrlich zerlaufenen seidigen Mozzarella – der Saft der noch leicht knackigen Paprika zerläuft im Mundraum. Und jetzt denken Sie an diese Pizza am nächsten Tag: einfach nur noch weich und gummiartig – von dem herrlichen Mundgefühl ist kaum noch etwas da. Essen wird in nicht frischem Zustand oft eher als weniger genießbar anstelle von schmackhaft empfunden.

Selbst die Schnitttechnik der Lebensmittel kann Einfluss auf den Geschmack nehmen. Ein gutes Beispiel hierfür sind Zucchini. Sind diese fein gewürfelt (ohne mittleren Kernstrunk), gerieben oder in Scheiben geschnitten? Alle Varianten werden auf der Zunge unterschiedlich wahrgenommen und führen demnach auch zu einer anderen Geschmackserfahrung.

> **Tipp:** Falls Sie noch nicht mit den unterschiedlichen Schnitttechniken vertraut sind, sollten Sie diese unbedingt lernen. Die gängigsten sind Julienne (Stifte), Brunoise (kleine Würfel), Paysanne (nach Bauernart Stäbe/Scheiben) und Vichy (Scheiben).

Zudem werden in manchen wissenschaftlichen Studien die genetischen Faktoren im Zusammenhang mit dem Geschmacksempfinden einzelner Menschen untersucht. Eines dieser Gene, die unseren Geschmackssinn beeinflussen, ist das „T2R38-Gen", welches über den T2R38-Geschmacksrezeptor vermehrt „Bitterkeit" wahrnehmen kann. Die Menschen mit diesem ausgeprägten Gen mögen zu einer hohen Wahrscheinlichkeit z.B. keinen taurinhaltigen Wein.

Ähnliche Studien führen auch das „Mögen" von Korianderblättern auf die Gene zurück. Hier kommt es bei betroffenen Personen zu Geschmacksempfindungen in Richtung „alter Seife" etc.

Auch gesundheitliche oder anatomische Aspekte wie eine individuell ausgeprägte Über- oder Unterempfindlichkeit der fünf Hauptgeschmackssinne sowie bestimmte Erkältungs- und Grippeviren (z.B. das Coronavirus) können Einfluss auf den Geschmackssinn nehmen. Darauf gehe ich später noch einmal intensiver in einem Extrakapitel auf Seite 234 ein. Gerade bei überempfindlichen Menschen spricht man von sogenannten „Supertastern", die laut Linda Bartoshuk, der Wissenschaftlerin, die den Begriff 1991 prägte, Salz salziger, Zucker süßer, Gurken saurer, Mangold bitterer und Worcestershire-Sauce umami-er schmecken können. Diese Menschen haben ein erhöhtes Maß an Geschmackspupillen auf der Zunge. Zu den „Supertastern" gehören ca. 25 Prozent der Menschen.

Ansonsten gibt es noch die „Normalschmecker" mit einem Anteil von 50% und die „Unterempfindlichen", die die restlichen 25 Prozent ausmachen. Ich denke, dass ich persönlich zur Gruppe der „Normalschmecker" gehöre. Wer es genau wissen möchte, kann die Pupillenanzahl auf der Zunge entweder zählen lassen oder bestimmte Tests mit Geschmacksforschern machen.

Allein dadurch sieht man, wie die Intensitätsskala der Geschmackssinne einen großen Einfluss auf den Gesamtgeschmack haben. Kombiniert man dieses Wissen noch mit der Tatsache, dass auch der Geruchssinn bei jedem Menschen anders genetisch gesteuert ist (es sind nur 50% der 400 Geruchsrezeptoren bei jedem Menschen aktiv, die andere Hälfte nicht bis unterschiedlich aktiv), lässt sich erahnen, warum wir Menschen Geschmack so unterschiedlich wahrnehmen. Haben Sie deswegen gegebenenfalls auch Verständnis dafür, wenn ein Familienmitglied nicht unbedingt Ihren Geschmack teilt.

Das erklärt auch, warum es Menschen gibt, die keinen Wein mögen, denn wenn man Bitterkeit, Säure und Alkohol intensiver schmecken kann, dann kann Ihnen ein facettenreicher Wein mit hohem Säure- und Alkoholanteil einfach zu geschmackvoll sein.

Dass man trotz hoher Pupillenanzahl auf der Zunge oder der Gene eventuell trotzdem Dinge durch Gewohnheit genießen kann, zeigt ein anderes Beispiel:

Wenn zum Beispiel ein Kind in Mexiko aufwächst und als Kleinkind anfängt, Chilischoten zu essen, wird es sich daran gewöhnen und wahrscheinlich sogar lernen, sie zu genießen, unabhängig davon, ob es anfangs empfindlich auf Capsaicin reagiert oder nicht.

Nutzen Sie dieses Wissen, um sich Neuem zu öffnen, gerade wenn Sie ein sogenannter „verschlossener Supertaster" sind, der sich mit dem Punkt abgefunden hat, dass nur Süßes für ihn schmackhaft ist.

Deshalb gehe ich davon aus, dass selbst ein Mensch mit „Unterempfindlichkeit" seinen Geschmackssinn trainieren kann. Solch unterempfindliche Menschen müssen dann jedoch sehr wahrscheinlich intensiver würzen, während die „überempfindlichen Supertaster" eher dezent würzen.

Auch können Sie an dieser Stelle lernen, Überempfindlichkeiten zu kontrollieren, indem Sie bei der Zubereitung mit anderen Geschmackssinnen gegensteuern. Ein Beispiel dazu wäre Bitterkeit mit salzig zu neutralisieren. Probieren Sie es aus, indem Sie einmal eine Grapefruit mit etwas Salz essen.

Es ist ebenfalls interessant zu wissen, dass bereits ein ungeborenes Baby im Bauch der Mutter und auch später nach der Geburt über die Muttermilch von den entsprechenden Nahrungsvorlieben der Mutter mit geprägt wird.

Bei älteren Menschen können z.B. Zahnprothesen und die Einnahme von Medikamenten zu Störungen des Geschmacksempfindens führen.

DER HÖRSINN UND SEIN EINFLUSS AUF DEN GESCHMACK

Auch der Hörsinn spielt bei der Wahrnehmung von Knack-Geräuschen, während des Bei-ßens und Kauens, eine wichtige Rolle im gesamten Geschmacksempfinden. Die Geräusche werden direkt vom Kieferknochen an das Innenohr geleitet. Knackige Kekse oder Gemüse, die knackige Brotkruste, der Biss in Reiswaffeln oder kohlensäurehaltige Getränke können unsere Sinneswahrnehmung beeinflussen und positiv den Geschmack beeinflussen.

Falls Sie mir diesen Punkt nicht glauben sollten, empfehle ich Ihnen, sich einmal mit den Versuchsergebnissen von Charles Spence von der Oxford University zu beschäftigen. Spence hat in Versuchen nachgewiesen, dass wir bei Knack-Geräuschen Chips intensiver schmecken oder auch, dass wir ein und denselben Kaffee mit dem Hintergrundgeräusch einer hochwertigen Kaffeemaschine im Vorwege als wertiger empfinden. Die Experi-mente ließen sich sogar so weit ausweiten, dass man Austern bei Meeresgeräuschen nachweislich intensiver schmeckt.

Auch für das Thema „Sensorisches Gedächtnis" (Näheres dazu ab Seite 24) möchte ich noch auf die Sinneswahrnehmung „Hörsinn" eingehen. Denn dieser kann ebenfalls Ein-fluss auf unser sensorisches Gedächtnis haben. Wie wäre es auch hier mit einem Selbst-versuch, um es nachzuprüfen? Hören Sie sich einmal das Lied „La donna è mobile" von Luciano Pavarotti an und achten Sie darauf, was Sie im Inneren geschmacklich empfinden.

DER DARM UND SEIN EINFLUSS AUF UNSEREN GESCHMACK

Wer einmal das Buch „Darm mit Charme" von Giulia Enders gelesen hat, kennt noch einen dritten, vielleicht etwas überraschenden Einflussfaktor auf unseren Geschmack: ja genau, unseren Darm – mitsamt seinen unzähligen Mikroorganismen.

Forscher sprechen auch vom sogenannten *Mikrobiom*, das von über 100 Billionen Bakterienzellen und anderen Mikroben dicht besiedelt wird. Ein anderer, häufig ge-brauchter Begriff ist *Darmflora*.

Ganz bestimmt ist Ihnen schon die folgende Aussage begegnet: „Unser Immunsystem sitzt im Darm." Sie macht den engen Zusammenhang zwischen unserer Gesundheit und dem Zustand unseres Darms deutlich und bietet Wissenschaft und Medizin jede Menge Forschungsmaterial.

Ich möchte an dieser Stelle aber gar nicht zu sehr ins Detail gehen. Dennoch ist aus meiner Sicht wichtig zu erwähnen, dass insbesondere unsere geschmacklichen Vor-lieben und Abneigungen durch unseren Darm entscheidend mitbestimmt werden.

So weiß man heute, dass unsere Darmbakterien das menschliche Gehirn dahingehend be-einflussen, welche Lebensmittel wir mögen und essen wollen. Und andersherum: Das, was wir besonders häufig essen, „züchtet" vereinfacht ausgedrückt eine bestimmte Kolonie an Darmbakterien heran, weil sich unsere kleinen Mikroben davon ernähren. Unsere Darmflora passt sich also immer dem an, was wir ihr über die tägliche Nahrung zuführen.

Verzichten Sie einmal gezielt sechs Wochen lang auf Kohlenhydrate in Form von Brot, Zucker, Nudeln, Reis und Kartoffeln. Nach diesen sechs Wochen werden Sie merken, dass das Verlangen nach kohlenhydratreichen Lebensmitteln nachlässt. Der Hintergrund ist unter anderem, dass sich in dieser Zeit das Verhältnis der vorhandenen Darmbakterien leicht verschiebt und die kohlenhydratliebenden Bakterien zugunsten anderer Bakterienstämme abnehmen. Auch in zahlreichen Tierstudien konnten diese Tendenzen bereits nachgewiesen werden.

Dieses Wissen können Sie natürlich immer dann gezielt nutzen, wenn Sie Ihre Ernährungsweise in eine andere, gesündere Richtung verändern wollen.

Außerdem ist wissenschaftlich erwiesen, dass wir auch im Darm Geschmacksrezeptoren haben, die an dieser Stelle mit dem Gehirn in Verbindung stehen.

EXTERNE EINFLUSSFAKTOREN AUF DEN GESCHMACK

Nachdem wir uns gemeinsam die internen Faktoren angesehen haben, die unseren Geschmack beeinflussen, lassen Sie uns noch einen kurzen Blick auf externe Faktoren werfen:

Rauchen

Bitte denken Sie jetzt nicht, ich möchte Ihnen mit dem moralischen Zeigefinger kommen. Wenn Sie rauchen, sollten Sie sich nur darüber im Klaren sein, dass Essen und Getränke für Sie immer anders schmecken werden als für jemanden, der eben nicht raucht. Wer wiederum mit dem Rauchen aufhört, kann nach einiger Zeit Geschmäcker meist wieder viel besser und intensiver wahrnehmen.
Wenn Sie Ihren Geschmack trainieren möchten, könnte dies vielleicht ein Anreiz sein, um mit dem Rauchen aufzuhören.

Süßes und Kaffee

Süße Limonaden oder auch Kaffee haben einen dominanten und prägenden Einfluss auf den Geschmackssinn. So haben Wissenschaftler der dänischen Universität Aarhus herausgefunden, dass das Essen nach einem Schluck Kaffee süßer schmeckt bzw. weniger bitter. Auch süße Limonaden oder Fruchtsäfte beeinflussen den Geschmackssinn und sorgen durch ihren hohen Zuckeranteil unter Umständen für ein klebriges Mundgefühl, was die Aromen des Essens verfälschen kann.

Seien Sie vorsichtig mit scharfem Essen

Zusätzlich sollten Sie auch darauf achten, was Sie sich zu Essen bestellen. Wer schon einmal in einem guten indischen Restaurant gegessen hat, weiß, was scharfes Essen bedeuten kann und, dass man sein Gericht dort am besten mild bestellen sollte. Ansonsten wäre es möglich, dass man mit Pech nur einen ersten köstlichen Bissen wahrnehmen kann, bevor der Schmerz in Form von Schärfe einem den Geschmackssinn für die nächsten Minuten lahmlegt. Das ist natürlich eher als Redewendung gemeint, da er dies selbstverständlich nicht macht – aber durch die Ablenkung und den Schmerz der Schärfe nehmen wir das Essen danach deutlich weniger intensiv wahr.

So stellen Sie Ihren Geschmackssinn auf neutral
Auf einen wunderbaren Gaumenschmaus kann man seinen Geschmackssinn am besten mit natürlichem Mineralwasser und einem Stück Baguette oder leicht gesalzenen Kräckern einstellen. Zudem sollten Sie keine akute Erkältung oder Grippe durchmachen, da solche Erkrankungen den Geschmackssinn beeinträchtigen können.

DAS SENSORISCHE GEDÄCHTNIS
Im Zusammenhang mit unserem Geschmacksempfinden möchte ich noch auf einen weiteren Punkt zu sprechen kommen: Das sogenannte *sensorische Gedächtnis*.

Mit diesem Begriff werden die in unserem Gehirn gespeicherten Erinnerungen sowie Erfahrungswerte im Umgang mit Lebensmitteln und Getränken bezeichnet und beurteilt. Besonders unsere Augen und unsere Nase sind hier stark beteiligt: Das Gehirn speichert ab, wenn Lebensmittel beispielsweise nicht gut riechen oder aussehen, weil sie Schimmel enthalten oder verdorben sind.

Dass sich das Gehirn schon vorab auf gewisse Dinge einstellt, die wir essen wollen, kennen Sie bestimmt aus Ihrem Alltag: Wenn Sie beispielsweise in eine Zitrone beißen, weiß der Körper bereits vorher, dass es jetzt sehr sauer werden wird.

Das sensorische Gedächtnis spielt außerdem bei der Farbgebung eines Lebensmittels eine wichtige Rolle. So erwartet unser Körper bei einem orangefarbenen Brei in der Regel auch den Geschmack typisch orangefarbener Lebensmittel wie Karotten, Kürbis oder Süßkartoffeln, obwohl die Originalkonsistenz in Form einer echten Karotte gar nicht mehr wahrnehmbar ist. Gerade für Menschen mit Kau- und Schluckproblemen sind diese Dinge enorm wichtig, um ihnen ein Gefühl der Sicherheit im Umgang mit Nahrung zu geben.

Auch auferlegte Glaubenssätze nahestehender Bezugspersonen, wie z.B. der Eltern, oder die Werbung können Einfluss auf das sensorische Gedächtnis haben. Denn die vermittelten Sätze speichert ein Mensch unbewusst im Gedächtnis ab. So kommt es nicht selten vor, dass man auch Jahrzehnte später gewisse Dinge nicht mag, weil sie von Mutter oder Vater früher mit Sätzen wie „Eklig... das mag ich nicht!" kanoniert wurden, obwohl Ihr Körper diese sonst niemals abgelehnt hätte.

Mit unserem sensorischen Gedächtnis kommt also ein uralter, teilweise angeborener Schutzmechanismus des Menschen zum Tragen, der uns durch Erfahrungswerte vor schlechten Dingen bewahrt.

Dass diese schützende Wahrnehmung allerdings nicht nur Vorteile bringt, können Sie zum Beispiel an dem chinesischen Gericht „Tausendjährige Eier" sehen. Dieses sieht aufgrund der schwarz-gräulichen Färbung optisch unappetitlich aus und riecht außerdem nicht wirklich köstlich. Dennoch gilt es in China als absolute Delikatesse.

Sie merken schon: Unser sensorisches Gedächtnis kann uns also durchaus daran hindern, neue, zum Teil vielleicht auch äußerst positive kulinarische Erfahrungen zu machen. Was besonders schade ist, wenn man seinen Geschmackssinn schärfen möchte.

Schaffen Sie sich deshalb unbedingt Bewusstheit über Ihre persönlichen (negativen sowie positiven) Glaubenssätze im Umgang mit Ernährung und versuchen Sie, sich Neuem gegenüber zu öffnen. Neugier wird oft belohnt – das müssen Sie Ihrem sensorischen Gedächtnis einfach glaubhaft machen.

> **Tipp:** Sehr hilfreich, um sich auf neue und unerwartete Geschmäcker einzulassen, kann ein sogenanntes „Dinner in the Dark" sein – ein Essen, das in vollkommener Dunkelheit serviert wird. Es gibt Ihnen die Chance, sich ganz bewusst auf Unbekanntes einzulassen und fordert neben Ihren Geschmackssinnen auch alle anderen Sinne heraus. Eine interessante Erfahrung, die viele Überraschungen und neue Erkenntnisse für Sie bereithalten kann!

KURZER EINBLICK IN DIE WEIN SENSORIK

Da man Geschmack auch durch eine IHK-Ausbildung erlernen kann, möchte ich an dieser Stelle kurz auf das Thema Wein-Sensorik für Sommeliers eingehen.

Die Wein-Sensorik ist ein hervorragendes Beispiel, um zu demonstrieren, wie sich Geschmack gezielt trainieren lässt. Hierbei geht es darum, die vielen Facetten unterschiedlicher Weine mit allen Sinnen zu erforschen und sie anhand bestimmter Kriterien zu beurteilen.

In der Weinkunde werden vor allem folgende Geschmacksrichtungen wahrgenommen:
- Säure
- Alkoholgehalt
- Frucht (Konzentrat)
- Süße (Zucker)
- Gerbstoffe (Tannine)

Diese Sinne werden gezielt dazu verwendet, in Harmonie und Einklang mit dem Essen zu stehen.

Ein guter Wein sollte das Essen harmonisch begleiten, anstatt den Geschmack durch seine Dominanz zu überdecken. Deswegen werden zu unterschiedlichen Speisen auch jeweils andere Weine gereicht, welche das Essen angenehm unterstreichen.

Kurze Einteilung der Wein-Geschmackstypen nach Rebsorten:

Weißweine:
- üppig: Übersee-Chardonnay, Barrique Weine
- ausdrucksstark: Riesling GG, Muskateller
- mild: Pinot Grigio (Grauburgunder), Chardonnay, Weißburgunder
- frisch: Sauvignon Blanc, Riesling, Grüner Veltliner, Champagner

Rotweine:
- samtig: Rioja, Shiraz, Merlot, Tempranillo, Malbec
- weich: Dornfelder, Merlot, Salice Salentino
- kraftvoll: Bordeaux, Cabernet Sauvignon, Syrah
- charmant: Spätburgunder, Pinot Noir, Roséweine

Wein wird neben seinem Geschmack auch nach seiner Farbe beurteilt. Die Farbpalette reicht bei Weißweinen von Grüngelb, Zitronengelb, Strohgelb bis hin zu Goldgelb. Bei Rotweinen unterscheiden wir Granat, Rubin, Ziegelrot und Purpur.

Überblick über die verschiedenen Weinaromen
Aromen werden in der Weinkunde mithilfe eines sogenannten Aromarades klassifiziert, welches sich in folgende Oberpunkte aufteilt:
- nussig (z.B. Mandeln, Walnuss)
- würzig (z.B. Muskat, Vanille)
- geröstet (z.B. Kaffee, Schokolade)
- laktisch (z.B. Joghurt)
- mikrobiologisch (z.B. Pilze)
- chemisch (z.B. Petrol, Nagellack)
- zitrisch (z.B. Zitrone oder Orange)
- obstig (z.B. Apfel, Birne oder Aprikose)
- tropisch (z.B. Banane, Mango)
- trockenfruchtig (z.B. Rosinen, Datteln)
- beerig (z.B. Himbeere, Erdbeere)
- grün (z.B. Minze, Sellerie, Tee, Gras)
- blumig (z.B. Holunderblüten, Rose)
- holzig (z.B. Kiefer, Zeder, Sandelholz)

AROMARAD

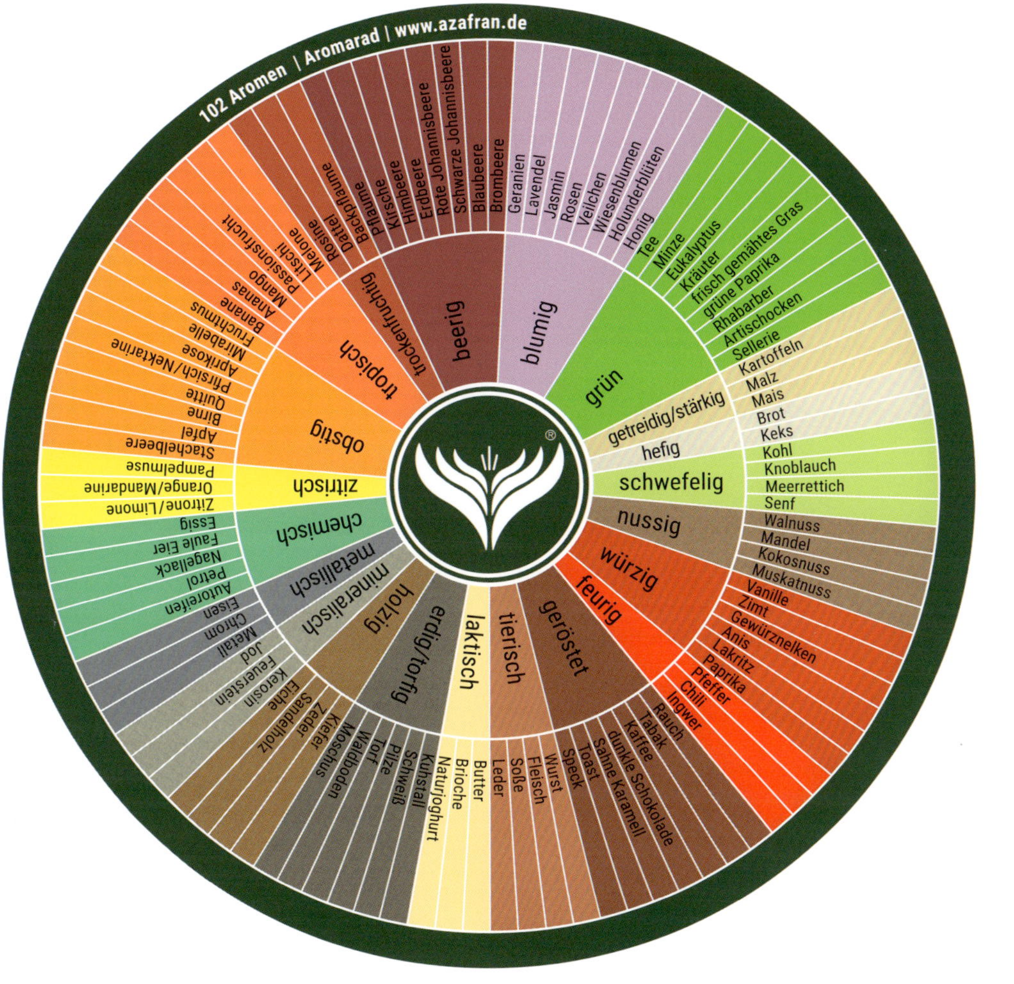

102 Aromen | Aromarad | www.azafran.de

Backpflaume · Pflaume · Kirsche · Himbeere · Erdbeere · Rote Johannisbeere · Schwarze Johannisbeere · Blaubeere · Brombeere · Geranien · Lavendel · Jasmin · Rosen · Veilchen · Wiesenblumen · Holunderblüten · Honig · Tee · Minze · Eukalyptus · Kräuter · frisch gemähtes Gras · frisch Paprika · grüne Paprika · Rhabarber · Artischocken · Sellerie · Kartoffeln · Malz · Mais · Brot · Keks · Kohl · Knoblauch · Meerrettich · Senf · Walnuss · Mandel · Kokosnuss · Muskatnuss · Vanille · Zimt · Gewürznelken · Anis · Lakritz · Paprika · Pfeffer · Chili · Ingwer · Tabak · Rauch · Kaffee · dunkle Schokolade · Sahne Karamell · Roast · Speck · Fleisch · Wurst · Soße · Leder · Brioche · Butter · Kühlstall · Naturjoghurt · Pilze · Schwefel · Torf · Waldboden · Kiefer · Sandelholz · Leder · Feuerstein · Kerosin · Eiche · Jod · Metall · Chrom · Eisen · Autoreifen · Petrol · Nagellack · Faule Eier · Essig · Zitrone/Limone · Orange/Mandarine · Pampelmuse · Stachelbeere · Apfel · Birne · Quitte · Pfirsich/Nektarine · Aprikose · Mirabelle · Fruchtmus · Banane · Ananas · Mango · Litschi · Passionsfrucht · Melone

beerig · blumig · grün · getreidig/stärkig · hefig · schwefelig · nussig · würzig · feurig · geröstet · tierisch · laktisch · erdig/torfig · holzig · mineralisch · metallisch · chemisch · zitrisch · obstig · tropisch · trocken/richtig

Sie können sich das Aromarad
kostenlos auf der folgenden Webseite
herunterladen und ausdrucken:

www.azafran.de/aromarad.html

27

Neben der Weinbeurteilung können Sie ein Aromarad auch wunderbar für die Beurteilung von Geschmäckern im Lebensmittelbereich verwenden. Daher haben wir unser Aromarad noch um folgende, lebensmittelbezogene Punkte ergänzt, die im Wein nur bedingt enthalten sind:

- schwefelig (z.B. Rettich, Zwiebeln, Knoblauch, Senf)
- feurig (z.B. Chili, Pfeffer)
- metallisch (z.B. Chrom, Eisen)
- stärkehaltig / „getreidig" (z.B. in Kartoffeln)
- tierisch (z.B. Wurst, Leder)
- hefig (z.B. Brot, Kekse)

Anhand so einer Einteilung können Sie leichter und schneller passende Aromen bestimmen und diese dann ggf. z.B. auch optimal mit anderen Komponenten kombinieren. Hierbei habe ich mich etwas von der Parfümindustrie inspirieren lassen. Denn wie ein Parfüm aus einer Kopf-, Herz- sowie Basisnote besteht, besitzen auch Weine und Lebensmittel in der Regel ein dominantes *Hauptaroma* und zugleich mehrere *Nebenaromen*. Diese werden nicht zwangsläufig direkt wahrgenommen, sondern lassen sich teilweise erst ergründen, wenn Sie Ihr Essen oder Getränk etwas längere Zeit im Mund behalten.

Um diesen Punkt zu trainieren, können Sie sich einfach einen Baum vorstellen. Achten Sie hier erst mal auf die Früchte, dann auf das Holz und gehen Sie dann runter auf die grasig-kräuterig-erdigen Noten am Boden. Nutzen Sie das Aromarad für die Beurteilung dieser Nebenaromen und finden Sie auch daraus resultierend passende Kombinationen.

Und keine Sorge, wenn Sie bei der Aromabestimmung anfangs Probleme haben sollten. Auch diese Eigenschaft muss man gezielt trainieren. Generell kann man sowieso nur sehr wenige verschiedene Aromen bewusst wahrnehmen.

Aus diesem Grund sind in der Regel Lebensmittelaromen auch nur auf einige wenige Hauptaromen ausgelegt. Wenn Sie die Beurteilung trainiert haben, werden Sie also auch in der Lage sein, „künstliche" Aromen zu identifizieren, denn die Aromenvielfalt von „echten" Lebensmitteln ist bedeutend tiefer. Achten Sie einfach beim nächsten Eisdielenbesuch darauf, ob Sie nur zwei bis drei Aromen beim „Pistazieneis" schmecken oder ob das Eis tiefe und somit zahlreiche Nebenaromen bietet.

Falls Sie gerne ein gutes Glas Wein genießen, wissen Sie nun um den Facettenreichtum dieses wunderbaren Getränks. Und sicherlich erahnen Sie bereits, welche „Wissenschaft" es dahinter zu entdecken gibt. So wundert es nicht, dass neben professionellen Schulungen zum Sommelier auch immer öfter Kurse an Volkshochschulen angeboten werden, in denen man seine Sinne zu schulen erlernt.

Wer Wein systematisch verkosten möchte, folgt dabei dem Weg vom Vordergründigen bis hin zum Hintergründigen. Beim Weißwein kann das zum Beispiel bedeuten, dass zunächst eine fruchtige, blumige Note wahrgenommen wird, die sich dann in eine grüne Richtung entwickelt. Beim Rotwein könnte zunächst eine beerige Nuance im Vordergrund stehen, die sich von dort in ein würziges Röstaroma verwandelt.

Erst durch diese bewusste Herangehensweise erhält man nach und nach einen Überblick darüber, dass Lebensmittel aus mehreren Aromen bestehen. So hat beispielsweise Lorbeer sowohl *mikrobiologische* als auch *zitrische* sowie *grüne Elemente* in sich.

Diese Zusammenhänge sind unter anderem für den Bereich Foodpairing interessant, auf den wir auf Seite 181 im Buch später noch zu sprechen kommen.

Tipp: Anhand eines Aromarades können Sie auch ganz allgemein – unabhängig von Essen und Trinken – Gerüche und Geschmack klassifizieren und diese zum Üben und Lernen benutzen. Dazu können Sie sich das Aromarad kostenlos auf der folgenden Webseite herunterladen und ausdrucken: www.azafran.de/aromarad.html. Halten Sie es am besten in Ihrem Portemonnaie jederzeit bereit und bewerten Sie Geschmäcker, auch wenn Sie unterwegs in einem Restaurant sind.

WEINPROBE IN DER PRAXIS

Wenn Sie Ihren Geschmacks- und Geruchssinn anhand einer Weinprobe schulen möchten, habe ich nachfolgend ein paar praktische Tipps für Sie, an denen Sie sich orientieren können:

– Bevor es losgeht, sollten Sie den Wein richtig temperieren. Frische, weiße Weine werden gekühlt getrunken. Auch Roséweine und leichte Rotweine vertragen eine dezente Kühlung. Komplexere Weißweine wie z.B. Chardonnay mögen es dagegen nicht zu kalt. Kraftvolle Rotweine sollte man am besten bei ca. 18°C genießen.

– Grundsätzlich gilt: Um Ihren Geschmackssinn auf diesen wunderbaren Gaumenschmaus vorzubereiten, sollten Sie vor der Weinverkostung keine süßen Säfte, Softdrinks oder Kaffee zu sich nehmen. Zusätzlich können Sie Ihren Geschmackssinn mit natürlichem Mineralwasser und einem kleinen Stück Baguette auf ein neutrales Niveau bringen.

– Spülen Sie nun Ihr Weinglas mit etwas Wasser aus, damit letzte Staubrückstände entfernt werden.

– Öffnen Sie die Weinflasche und riechen Sie am Korken. Falls Sie hier Fremdgerüche wahrnehmen, sollten Sie den Wein überprüfen.

— Füllen Sie etwas Wein in Ihr Glas und halten Sie es am dafür vorgesehenen Stiel fest. Schwenken Sie nun vorsichtig das Glas, schließen Sie die Augen und riechen Sie am Wein. Die ersten Aromen können Sie so bereits durch die Nase wahrnehmen. Begutachten Sie auch die Optik des Weines: ist er trüb, hell, leicht bewölkt oder glänzt er sogar und welche Farbe hat er.

— Schlürfen Sie anschließend einen Schluck vom Wein in den Mund oder ziehen Sie nachträglich etwas Luft ein, um Sauerstoff an den Wein zu holen. Lassen Sie die Flüssigkeit dann für einen Moment im Mund wirken (noch nicht schlucken). Versuchen Sie dabei, bereits mögliche Charakteristika des Weines zu bestimmen.

— Nach dem Halten des Weines im Mund können Sie nun auch einen kleinen Schluck nehmen und den Wein somit ebenfalls im Abgang bestimmen. Grundsätzlich kann man hier sagen: Je länger der Abgang, desto hochwertiger ist der Wein. Achten Sie jedoch darauf, nicht zu viel zu trinken, wenn Sie mehrere Weine zur gleichen Zeit probieren möchten.

Auf eine ähnliche Art und Weise können Sie übrigens auch das Verkosten von Tee und Kaffee erlernen. Hier muss man sich nur auf die spezifischen Aromen einstellen und zudem natürlich auch die richtige Zubereitung der jeweiligen Heißgetränke beherrschen.

Tipp: *Wenn Sie eine wahre Geschmacksexplosion bei Ihrem Wein erzielen wollen, geben Sie ihn für 10-15 Sekunden in einen Mixer und gießen Sie ihn dann in Ihr Glas.*

MIT SPEZIELLEM RIECHTRAINING ZUSÄTZLICH DIE SINNE SCHÄRFEN

Ja richtig – für einen ausgezeichneten Geschmackssinn brauchen wir auch einen ausgezeichneten Geruchssinn.

Und der ist meist gar nicht so verlässlich, wie wir denken. Ausprobieren können Sie es zu Hause, indem sie sich die Augen verbinden und sich dann verschiedene Dinge aus dem Kühlschrank zum Riechen vorlegen lassen. Im Normalzustand eines Menschen werden Sie jedoch schnell bemerken, dass Ihre Nase schnell an ihre Grenzen kommen wird und Sie selbst bei einfachen Dingen Schwierigkeiten bekommen können, diese zu erschnuppern. Und genau aus dem Grund sollten wir diesem für den Geschmack so wichtigen Sinnesorgan etwas Aufmerksamkeit und Training schenken.

Und ja, Sie haben recht, mir ist bewusst, dass es auch Menschen gibt, die aufgrund von Krankheiten etc. nicht mehr sinnlich riechen können. Auch für diese Menschen habe ich später im Buch ab Seite 234 noch ein paar Tipps, wie Sie trotzdem Genuss auf beste Art und Weise wahrnehmen können.

Ich möchte Sie nun bitten, eine ähnliche Frage wie am Anfang zu beantworten: „Was ist der erste Geruch, an den Sie sich bewusst erinnern?" Auch diese Frage können Sie selbstverständlich wieder etwas auf sich wirken lassen, bevor Sie weiterlesen. Spontan fallen mir hierbei Gerüche wie „frisch gebackener Apfelkuchen" oder „Eukalyptus" ein.

Um Ihren Geruchssinn zu trainieren, können Sie sich bewusst an Gerüche erinnern oder auch bewusst an unterschiedlichen Dingen riechen. Zu solch einer Geruchsübung können Sie hervorragend verschiedene Gewürze, Lebensmittelaromen oder auch Duftöle verwenden. Oder gehen Sie spazieren und riechen Sie bewusst die Umgebung im Wald, am Meer oder in Ihrem Garten an den Blumen.

Besonders verinnerlichen können Sie dieses Training zudem durch intensive Visualisierung. Denken Sie beispielsweise beim Riechen von Rosendüften gleichzeitig auch an eine echte Rose oder eben an ein Lavendelfeld in Frankreich, wenn Sie an Lavendel riechen. Dies sind nur zwei Beispiele, um das Prinzip der Anwendung zu verdeutlichen. Diese Herangehensweise können Sie selbstverständlich bei allen anderen Düften gleichermaßen praktizieren.

Auf diese Weise schulen Sie so Tag für Tag ganz aktiv Ihren Geruchssinn und somit automatisch auch Ihren Geschmackssinn. Auch das Sprachzentrum eines Menschen kann an dieser Stelle noch einmal Erwähnung finden. So speichern wir Geruchseindrücke besser ab, wenn wir Sie auch aussprechen können. Nutzen Sie zur besseren Kategorisierung unser Aromarad von Seite 27.

Zum intensiven Schulen Ihrer Sinne können Sie unter anderem hervorragend Zitrone / Orange, Nelke, Zimt, Lavendel, Pfefferminze und Eukalyptus als Duftöle ausprobieren. Diese Düfte sind bei den meisten Menschen bereits im Unterbewusstsein verankert und stellen somit eine optimale Basis zum Starten des Geruchstrainings dar. Falls Sie sich für besonders hochwertige Duftöle interessieren, können Sie gerne Kontakt mit meiner Frau Josephina unter fine@azafran.de aufnehmen, die Ihnen dazu sehr gute Produkte empfehlen kann.

Eine weitere Möglichkeit, seinen Geruchssinn zu trainieren, ist die bewusste Wahrnehmung von komplexen und reichhaltigen Düften. Riechen Sie dazu beispielsweise an einem Parfüm oder Reinigungsmittel. Visualisieren Sie den Duft und versuchen Sie sich über den Tag verteilt bewusst an den Geruch zu erinnern.

Integrieren Sie zudem auch Ihr sensorisches Gedächtnis mit in Ihr Riechtraining. Gehen Sie dazu am besten einmal in aller Ruhe in eine Drogerie und riechen Sie an Produkten wie zum Beispiel Penaten-Creme, Parfüms Ihrer Eltern sowie Großeltern und eben an allen weiteren Produkten, die Sie an Ihre Kindheit erinnern und lassen Sie dabei Ihren emotionalen Gedanken freien Lauf. Dasselbe können Sie auch mit der bewussten

Wahrnehmung von Lebensmitteldüften machen. Nehmen Sie beim nächsten Besuch auf einem Rummel oder Volksfest einmal die Düfte um sich herum wahr und erinnern Sie sich an vergangene Zeiten zurück.

Tipp: Auch der Besuch einer Parfümerie und dort das bewusste Riechen einiger Düfte wird Ihren Geruchssinn hervorragend trainieren.

Nutzen Sie an dieser Stelle gegebenenfalls auch die Kunst der „Imagination", indem Sie sich in einen meditativen Zustand versetzen, um sich an ein kulinarisches High-light an einem besonderen Ort zu erinnern. Atmen Sie dazu ein und aus und richten Sie Ihre Gedanken gezielt auf ein Wort oder Ihre Atmung. Denken Sie mit geschlossenen Augen noch einmal genau darüber nach, was Sie in diesem Moment gefühlt haben: Welche Musik hörten Sie im Hintergrund? Welche Temperatur herrschte? Wehte ein leichter Wind über Ihr Gesicht? Wie war das Ambiente? Tauchen Sie nun in das Bild ein und versuchen Sie sich vorzustellen, Sie wären noch einmal an diesem Ort und erinnern Sie sich nun auch gezielt an die Gerüche und wie das Ihnen servierte Essen schmeckte.

Sollte es nicht direkt beim ersten Mal geklappt haben, geben Sie nicht auf: Das Training lohnt sich auf jeden Fall! Sobald Sie etwas Übung darin haben, wird Ihnen das Wasser bei solch einer „Imagination" im Mund zusammenlaufen.

Schreiben Sie sich die Erinnerungen auch gerne im Nachhinein auf. Sie werden merken, wie unfassbar gut unser Geruchssinn im sensorischen Gedächtnis Informationen abspeichern kann.

Um Ihrem Riechsinn kurzfristig etwas auf die Sprünge zu helfen, können Sie auch Nasensprays mit Natriumcitrat oder sogar Nasenpflaster aus dem Sportbereich verwenden. Diese Mittel fördern dabei Ihre Atemfähigkeit, indem sie die Atemwege öffnen und so Ihre Aufnahmefähigkeit von Aromadüften intensivieren. Seien Sie sich aber darüber bewusst, dass gerade Nasensprays auch Abhängigkeiten erzeugen können.

Zum Thema Riechtraining ist abschließend noch zu erwähnen, dass wir theoretisch sogar lernen können, Dinge zu riechen, bei denen wir bislang nicht dazu imstande waren, dies zu tun. Dies geschieht, wenn wir einem Duft über längere Zeit ausgesetzt sind und diesen immer und immer wieder wahrnehmen. Sollte Ihr Geruchssinn also eingeschränkt sein, können Sie zu Hause mit speziellen Duftölen und Verdampfern Ihren Geruchssinn unbewusst durch ein neues Raumklima trainieren.

Tipp: Die besten Ergebnisse mit Riechtraining werden Sie nur erzielen, wenn Sie trainieren, trainieren, trainieren.

ÜBERNEHMEN SIE EIGENVERANTWORTUNG FÜR EIN GENUSS-VOLLERES LEBEN

Einen *guten Geschmackssinn* in seinem Leben zu haben, ist das eine. Das Leben aber auch in vollen Zügen und bester Gesundheit genießen zu *können*, ist das andere.

Dank meiner persönlichen Geschichte weiß ich heute, dass dieser Punkt sehr viel mit Eigenverantwortung zu tun hat. Der Verantwortung sich selbst und der eigenen Gesundheit gegenüber.

Hierzu gehört auch, die eigene Gesundheit zu seiner Priorität zu machen. Ich erinnere mich nur zu gut an Zeiten, in denen das bei mir nicht der Fall war. Zeiten, in denen ich permanent über meine Grenzen hinausging und mich nicht aktiv um mein Wohlbefinden bemühte. Damals war ich weder gesund noch glücklich und dadurch auch nicht in der Lage dazu, mein Leben zu genießen. Heute weiß ich: Es geht auch anders!

Deswegen ist es mir ein absolutes Herzensanliegen, Ihnen nicht nur plakative Tipps zum Schulen Ihres Geschmacks zu geben, sondern Sie auch in der Sichtweise zu bestärken, dass Sie sich ganzheitlich gut um sich kümmern sollten. Denn erst, wenn Sie Ihren Geschmackssinn auch bewusst und im Einklang für ein gutes Selbst anwenden, profitieren Sie wirklich davon.

Bewusste Ernährung als Ausdruck von Eigenverantwortung

Aus diesem Grund kommen wir in diesem Buch auch auf das Thema *bewusste* und *verantwortungsvolle Ernährung* zu sprechen.

Aber was genau meine ich nun mit einer bewussten, verantwortungsvollen Ernährung?

Als bewusste Ernährung würde ich vor allem eine ausgeglichene und gute Ernährung in Form richtiger Nährstoffe und den achtsamen Umgang mit der Nahrungsaufnahme selbst bezeichnen. Keine Völlerei oder Zwang – wir essen in der westlichen Welt einfach zu viel und auch nicht unbedingt richtig. Zu viel Zucker, zu wenig hochwertige und für den Organismus wichtige Nährstoffe sowie mangelnde Bewegung stehen leider häufig in Verbindung mit zahlreichen Volkskrankheiten.

Letztendlich ist es die Ernährung, die Ihnen auch die Möglichkeit zum vollkommenen Genuss schenkt. Denn Genuss und Gesundheit schließen sich nicht aus – ganz im Gegenteil! Genuss ist ein elementarer Bestandteil einer gesunden Lebensweise.

Denn obwohl die Erkenntnis darüber, wie maßgeblich unsere Ernährung den Zustand unserer Gesundheit mitbestimmt, nicht neu ist, übersehen wir diesen Zusammenhang im Alltag oft. Sei es aus Zeitmangel, Stress oder Bequemlichkeit.

Dass wir dabei die Verantwortung gerne von uns schieben, weiß ich sehr genau: Ausreden wie „die Gene sind schuld", „meine Eltern sind schuld" oder „der Staat ist schuld" nutzen manche, um ein Leben in Harmonie zu führen. Leider verfallen viele Menschen dadurch in eine Art Opferhaltung. Wie wichtig eigentlich das Thema für uns ist, können Sie bereits an folgender Lebenszeit-Studie erahnen:

Die Zeitschrift „P.M. Fragen & Antworten" hatte sich in der Ausgabe 01/2014 dem Thema Lebenszeit gewidmet und so verbringen wir in ca. 80 Lebensjahren allein fünf Jahre mit Essen und Trinken, sowie der Zubereitung dieser. Nur Schlaf, Arbeiten und Fernsehen / Internet kommen hier noch mit größeren Werten zum Tragen.

Daher bietet unsere Ernährung uns jeden Tag aufs Neue die Chance, Eigenverantwortung zu übernehmen und Ernährungsentscheidungen zu treffen, die uns dabei helfen, bestmöglich gesund zu werden, zu sein und zu bleiben.

Tipp: Betrachten Sie Ernährung als Ausdruck von Eigenverantwortung, die Ihnen täglich dabei helfen kann, Ihr Leben gesünder, schöner und genussvoller zu gestalten.

ACHTSAMKEITSTRAINING FÜR MEHR GENUSS

Achtsamkeit und Bewusstheit zu erlernen, sind wichtige Bestandteile auf dem Weg zum „Kurkumi"-Genuss- und Geschmacksexperten. Im Grunde ist es die Kunst, eine bessere Wahrnehmung unserer Selbst zu erlangen und diese Wahrnehmung auf unseren Geschmacks- und Geruchssinn zu legen.

Mit folgendem Achtsamkeitstraining können Sie Ihren Geschmackssinn trainieren:
- Planen Sie genügend Zeit zum Essen und Trinken ein.
- Vermeiden Sie Multitasking beim Essen (Essen Sie nicht vor dem Fernseher oder Computer).
- Kochen Sie frisch und mit hochwertigen Zutaten.
- Kauen Sie mindestens 15-20-mal je Kauvorgang.
- Nehmen Sie das Essen bewusst wahr und spüren Sie, was Ihnen daran schmeckt.
- Achten Sie auf das Mundgefühl und Ihre Sinneswahrnehmungen auf der Zunge und achten Sie ebenso auf Ihren Hörsinn.
- Reflektieren Sie eventuell auch schriftlich, wie Sie das Essen wahrgenommen haben.

EINE KURZE ZUSAMMENFASSUNG DIESES KAPITELS:
- In der gustatorischen Wahrnehmung gibt es die fünf Hauptgeschmacksrichtungen *salzig, sauer, bitter, süß* und *umami*. Je nach Betrachtungsweise lässt sich zudem ein sechster Geschmackssinn ergänzen, mit dem Fette wahrgenommen werden.
- Schärfe ist eigentlich keine eigene Geschmacksrichtung, sondern wird im Mund als Schmerz erkannt.

- Als *Umami* wird ein besonders wohlschmeckender, herzhafter, würziger Geschmack definiert.
- Neben unserer Zunge verfügen wir noch über ein weiteres Organ, das maßgeblich am Geschmacksempfinden beteiligt ist: unsere Nase.
- Zudem haben auch unser *sensorisches Gedächtnis*, der Tast- und Hörsinn sowie indirekt der *Darm* Einfluss auf unseren Geschmack.
- Durch gezieltes Geschmacks- und Riechtraining können Sie Ihre Sinneswahrnehmung bewusst schärfen. Ein hervorragendes Beispiel für die Praxis ist eine Weinverkostung.
- Eigenverantwortung ist ein wesentlicher Schlüssel für ein gesundes, glückliches und genussvolles Leben. Dazu zählt auch die Gestaltung unserer täglichen Ernährung.
- Treffen Sie täglich bewusste Ernährungsentscheidungen und nehmen Sie dadurch aktiv Einfluss auf Ihr Wohlbefinden.

DIE JUGEND (ALTER 14-21) – DIE GRUNDLAGEN FÜR EIN BESONDERES LEBEN

„Die Weichen für das Leben sollte man sich nicht von anderen stellen lassen ..."

Klaus Ender (deutscher Poet und Fotograf 1939-2021)

Für alles im Leben – so auch für die Entfaltung unserer Geschmackssinne und Ernährungsgewohnheiten – werden die zentralen Grundlagen bereits im Kindheits- und Jugendalter gelegt.

Rückblickend weiß ich, dass auch meine Kindheit hierauf bezogen sehr prägend war und möchte Ihnen in diesem Kapitel gerne ein bisschen davon erzählen. Vielleicht werden Sie sich auch an der einen oder anderen Stelle selbst wiedererkennen ...?

***

Ich wurde in einem guten und stabilen Elternhaus groß. Meine Eltern waren ganz normale Menschen – mein Vater arbeitete als Beamter im Vermessungswesen, meine Mutter als kaufmännische Angestellte. Wir wohnten in einem kleinen Einfamilienhäuschen mit Garten am ruhigen Ortsrand von Hamburg – in unmittelbarer Nähe zum Naturschutzgebiet. Und auch, wenn wir sicherlich nicht im Geld schwammen, fehlte es uns doch an nichts und so hatte ich das große Glück, unbeschwert und behütet aufzuwachsen.

Im Winter 1995, ein Jahr vor meinem Realschulabschluss, stand ich vor der Frage, welche berufliche Richtung ich einschlagen möchte. Und so saß ich als schmales, dürres Kerlchen zum ersten Mal vor einem Berufsberater. Als dieser mich fragte, was ich denn einmal werden wollte, antwortete ich spontan „Koch".

Nun war dies weder seit Jahren mein Traumberuf, noch konnte ich mich als begeisterten Hobby-Koch bezeichnen. Und trotzdem faszinierte mich die Kunst des Kochens durch und durch. Von klein auf an liebte ich die Welt der bunten Gewürze, vielfältigen Aromen und dampfenden Töpfe. Und ich schätzte schon damals gutes Essen, welches ich dank zweier hervorragender Köchinnen in meinem Leben – meiner Mutter Barbara sowie meiner Oma Gilda – nahezu täglich genießen durfte.

Gerne sah ich ihnen in der Küche über die Schulter, half beim Gemüseschnibbeln mit, backte auch das ein oder andere Mal einen Kuchen und die Bratkartoffeln nach dem Rezept meines Vaters konnte ich ebenfalls zubereiten. Ansonsten bezogen sich meine vorhandenen Kochkünste aber eher auf das Erwärmen von Fertiggerichten wie z.B. Tiefkühlpizza. Die gelang mir immer gut.

Warum ich nun ausgerechnet das Wort „Koch" in den Mund nahm, weiß ich heute selbst nicht mehr so genau. Ich erinnere mich aber noch sehr genau daran, dass mich der Berufsberater mit einem erstaunten und zugleich etwas verständnislosen Blick ansah und mir danach den Berufswunsch wieder auszureden versuchte. Ich sollte also besser kein Koch werden.

Ob dieses Verhalten nun richtig und angemessen war, möchte ich hier gar nicht bewerten. Sicherlich hätte ich mir in diesem Moment mehr Verständnis und die Anerkennung meiner Interessen gewünscht. Trotzdem kann ich sagen, dass ich dem Berufsberater in gewisser Weise dankbar bin. Denn wie Sie nachfolgend sehen werden, sollte ich trotz einiger beruflicher Umwege am Ende dennoch wieder mit meinen innersten Interessen vereint werden. Oft ergeben die Dinge also erst im Rückblick einen Sinn.

> **Tipp:** Lassen Sie den Berufsberater seinen Job machen und erwarten Sie nicht, dass er Ihnen die Welt erklärt. Achten Sie in dieser Lebensphase aber bereits auf Ihre persönlichen Stärken, Interessen und Dinge, die Sie begeistern – und gehen Sie ihnen nach.

Nach meinem Realschulabschluss besuchte ich zunächst eine weiterführende Schule, um mich dort zum *staatlich geprüften Wirtschaftsassistenten* im Fachbereich elektronische Datenverarbeitung weiterzubilden. Kurz darauf, mit 18 Jahren, begann mein Wehrdienst bei der Bundeswehr – eine Zeit, die mir bis heute positiv im Gedächtnis blieb. Denn auch, wenn es oft genug hart und anstrengend war, so lernte ich viele wertvolle Lektionen fürs Leben, überwand persönliche Grenzen und entdeckte ungeahnte Kräfte und Stärken, die in mir schlummerten.

Als ich nach meiner Grundausbildung im Büro des Kompanieplaners landete, wurde ich bei den Außeneinsätzen unserer Kompanie als Spießfahrer eingesetzt und war für die kulinarische Verpflegung unserer Truppe zuständig. Diese Aufgabe gefiel mir – ebenso wie das Essen selbst. Denn es war abwechslungsreich, gutbürgerlich und man konnte so viel davon futtern, wie man wollte.

Überhaupt prägte mich diese Zeit auch hinsichtlich meiner eigenen Essgewohnheiten. Denn da unsere Pausen meist sehr kurz waren, lernte ich vor allem, extrem schnell zu essen. Schließlich musste man immer sehr lange anstehen, bis man sein Essen bekam. Wer da noch eine zweite Portion haben wollte, musste sich eben zwangsläufig im Schnellessen üben. Zum Glück konnte ich mir diese schlechte Angewohnheit heute zum Teil wieder abgewöhnen.

Besonders gut in Erinnerung blieb mir meine Rekrutenübung zum Ende meiner Grundausbildung, bei der ich mit schwerem Gepäck beladen 25 km marschieren musste, während ein Herbststurm wütete. Vielleicht können Sie sich vorstellen, wie sehr ich mich nach diesem anstrengenden Marsch auf das Essen freute – und ziemlich ernüchtert war, als uns zur Belohnung Leber serviert wurde, die bis heute nicht zu meinen kulinarischen Highlights zählt.

Nach der Zeit beim „Bund" habe ich beruflich eine Ausbildung zum Großhandelskaufmann abgeschlossen.

Zu der Zeit lebte ich noch bei meinen Eltern. Und so kam ich in den Genuss, dass meine Mama für mich das Abendessen kochte und ich mir mittags in meinem Ausbildungsbetrieb etwas bei einem Kantinendienst bestellen konnte.

Leider wirkte sich in dieser Zeit auch ein anderes Ereignis auf meinen Geschmackssinn aus. Und zwar verlor ich durch eine Zahn-OP nicht nur meine Weisheitszähne, sondern dazu leider auch noch einen Teil meiner Geschmackssinne auf der Zunge. Auch heute ist noch ein kleiner Teil meiner linken Zungenhälfte durch eine gekappte Nervenbahn im Trigeminusnerv taub.

Wer weiß, vielleicht habe ich auch genau dadurch eine verstärkte Wahrnehmung meiner Sinne entwickeln können. Denn wenn etwas auf einmal nicht mehr zu 100 Prozent funktioniert, bekommt man oft erst dadurch das Bewusstsein, was einem dieser Sinn eigentlich wert ist.

In dieser Lebensphase lernte ich meine erste Freundin kennen – im Sommer 2000 während eines Urlaubes in Dänemark. Da sie in Holland lebte, pendelte ich ein paar Wochen mit meinem Auto in die Niederlande. Auch wenn die Beziehung nur kurz anhielt, lernte ich ein paar kulinarische Highlights aus dem deutschen Nachbarland in Form von Kroketten, Pommes & Co. kennen und lieben, die allerdings eher im Fastfood-Bereich angesiedelt waren. Dass große Mengen dieser jederzeit verfügbaren Köstlichkeiten mich leider später noch zu großen, gesundheitlichen Problemen führen sollten, wusste ich damals noch nicht.

Ich blicke gerne auf die Zeiten meiner Kindheit und Jugend zurück. Ich hatte ein gutes und stabiles Elternhaus. Der einzige Stress, den es dort gab, kam von meiner Seite, weil ich ein pubertierender Junge war. Ansonsten haben wir friedlich in unserem Einfamilienhaus am Ortsrand leben können. Wir kannten auch keine großen schmerzhaften Erfahrungen. Einzig meine Oma väterlicherseits starb 1993 im Alter von 82 Jahren.

Ich kam in dieser Lebensphase auch das erste Mal mit Meditation in Berührung. Durch meine Tante besuchten meine Eltern, mein Bruder und ich Mitte der 1990er-Jahre ein Seminar der transzendentalen Meditation vom Maharishi Mahesh Yogi. Wir verwendeten die Meditationslehren sogar für eine gewisse Zeit. Mein Bruder und ich legten sie aber auch schnell als nicht „cool" genug wieder ab. Das Bewusstsein über die Macht von Meditation sollte ich erst viele Jahre später erfahren.

Reisen bildet – auch den Geschmack

Man sagt so schön, durch Reisen erweitert sich der (persönliche) Horizont. Das kann ich zu 100 Prozent bestätigen, vor allem auch in kulinarischer Hinsicht.

Als Familie verreisten wir regelmäßig innerhalb von Deutschland, weshalb ich schon früh die Möglichkeit hatte, die regionalen Spezialitäten der verschiedenen Bundesländer kennenzulernen. Ob Bayern, Baden-Württemberg, Hessen, Rheinland-Pfalz und später auch Berlin – ich denke, ich war in meiner Jugend in allen Teilen Deutschlands zu Besuch. Gerade gutbürgerliche Wirtshäuser waren für meine Eltern in diesen Jahren geschätzte Anlaufstellen für echte Hausmannskost, die auch ich sehr genoss.

Dazu kamen Reisen in das nahe Ausland. Und so war ich bis zu meinem 20. Lebensjahr sowohl in Österreich und der Schweiz sowie in Tschechien, Dänemark, Italien, Spanien und der Türkei zu Besuch.

Kulinarisch begeisterte mich jedes einzelne dieser Länder. Vor allem die reichhaltigen Buffets in der Türkei, köstliche Pizza und feinstes Eis in Italien oder frittierter Tintenfisch auf Teneriffa sind mir positiv und kulinarisch erfüllend in Erinnerung geblieben.

Tipp: *Blicken Sie, so oft es Ihnen möglich ist, über den Tellerrand hinaus (im wahrsten Sinne des Wortes). So erlauben Sie es sich auf spielerische Art und Weise, Ihren persönlichen kulinarischen Horizont zu erweitern.*

MIT 3 LEHREN IN DER JUGEND ZUM KURKUMI-GESCHMACKS-EXPERTEN

Auch wenn ich damals noch ganz am Anfang meines Weges zum Kurkumi-Geschmacksexperten stand, kann ich aus dieser Zeit drei Quintessenzen mitnehmen, die ich an dieser Stelle auch gerne mit Ihnen teilen möchte:

1. GENIESSEN SIE VIELSEITIG

Es ist nicht immer leicht, jungen Menschen eine bewusste und gesunde Ernährung näherzubringen. Auch ich habe in früheren Jahren sicherlich nicht immer sonderlich gesund gegessen. Aber durch meine Eltern ist meine Speisekarte zumindest äußerst vielseitig ausgefallen. Besonders die gutbürgerliche Küche hat viele Facetten und vermittelt ein Bewusstsein für gute Lebensmittel.

Seinen Geschmackssinn vollständig in die Hände der Industrie zu legen und sich von zu vielen Fertigprodukten, fett- und zuckerreichen Lebensmitteln zu ernähren, ist dagegen aus meiner Sicht falsch.

Denn gerade in der Kindheit und Jugend eines Menschen prägen sich erste, geschmackliche Vorlieben, die später oftmals nicht so leicht zu verändern sind. Außerdem liefert uns stark industriell verarbeitete Nahrung in der Regel nur wenig Wertvolles, dafür jedoch jede Menge „leere Kalorien" in Form von isolierten Kohlenhydraten und Fetten, sowie Geschmacksverstärker und weitere Zusatzstoffe. Kombiniert man das nun noch mit günstigem Fleisch aus Massentierhaltung, weiß man manchmal gar nicht, was die Welt sonst noch für Gefühle auf der Zunge erzeugen kann.

Auch der Genuss von Kaffee, Bier und Wein kann Ihre Geschmackssinne am Ende dieser Lebensphase prägen, solange Sie keine Überempfindlichkeit auf den Geschmackssinn *bitter* haben und zu den „Supertastern" gehören. Diese drei Getränke können beispielsweise sogar den oft ungeschulten Geschmackssinn *bitter* schärfen. Vielleicht kennen Sie es von sich selbst, dass Ihnen das allererste Bier Ihres Lebens überhaupt nicht geschmeckt hat. Erst der regelmäßige Konsum von Bier schärft allmählich unseren Geschmack auf dieses Getränk, bis wir es dann vielleicht sogar irgendwann regelrecht lieben.

Probieren Sie zudem auch unterschiedliche Weinsorten aus. Im Allgemeinen bevorzugt ein junger Mensch zuerst vor allem süßen Wein, bis er sich dann über die Jahre hin zum trockenen Geschmack entwickelt und eher Weine dieser Geschmacksrichtung wählt. Beginnen Sie zum Beispiel mit einem weißen neuseeländischen Sauvignon Blanc. Dieser wird Ihnen zeigen, wie aromatisch, fruchtig und facettenreich solch ein Wein sein kann.

Bitte verstehen Sie meine Worte nun aber nicht als Aufforderung, täglich zum Alkohol zu greifen (vor allem nicht vor dem 18. Lebensjahr!). Denn bewusster Genuss heißt auch, Dinge in Maßen zu genießen. Und ja, richtig: <u>Alkohol ist ein gefährliches Nervengift und birgt große Suchtgefahr!</u>

Probieren Sie in dieser frühen Lebensphase unterschiedliche Dinge aus. In der Regel sind die gastronomischen Möglichkeiten in fast jeder Region breit gefächert. Ansonsten bieten gezielte Themenabende eine Möglichkeit zur Vielseitigkeit: Lassen Sie doch einmal den Globus mit Schwung drehen, tippen Sie auf ein beliebiges Land und suchen Sie sich danach im Internet das Nationalgericht zum Nachkochen heraus. So bringen Sie spielend leicht jede Menge Abwechslung auf Ihre Teller!

2. KONZENTRIEREN SIE SICH NICHT AUF MONOTONE GESCHMACKSRICHTUNGEN

Viele junge Menschen neigen dazu, sich monoton zu ernähren. So kennen viele nur die weit verbreiteten Geschmacksrichtungen *süß*, *salzig* und *umami*. Und das sogar meist nur durch industrielle Geschmacksverstärker.

Dass für ein vielseitiges Geschmackserlebnis aber auch *sauer* und *bitter* eine wichtige Rolle spielen, wissen die jungen Leute fast nie, denn entweder haben sie es nicht vorgelebt bekommen oder sie haben einfach schlechte Erfahrungen gesammelt. Denn auch hierbei ist die richtige Dosierung ausschlaggebend: So können einige Spritzer Essig, etwas Orangenschale und ein paar exotische Gewürze schlichtes Ofengemüse schnell von „langweilig fad" in „super lecker" verwandeln.

Dazu muss sich das Geschmacksempfinden gerade in Richtung *bitter* erst über die Lebensjahre entwickeln.

Als junger Mensch können Sie an dieser Stelle natürlich trotzdem die geliebte Tiefkühlpizza genießen – belegen Sie sich diese jedoch mit zusätzlichem Gemüse, Pilzen, Zwiebeln usw., würzen Sie die Pizza erneut oder fügen Sie noch frischen Basilikum, getrocknete Tomaten, Knoblauch- oder Chiliöl und etwas Doppelkäse zum Verfeinern hinzu. Erlauben Sie der Industrie erst gar nicht, Ihren Geschmackssinn monoton zu beeinflussen.

3. WENIGER SÜSS IST MEHR

Ja – diesen Spruch hört man überall. Für Ihren Geschmackssinn und auch für Ihre Gesundheit ist er aber von essenzieller Bedeutung. Denn wie soll sich ein Geschmackssinn voll entfalten, wenn er eigentlich nur auf *süß* getrimmt ist?

Auch für Ihre Gesundheit ist diese Aussage wichtig. Der Zuckerkonsum hat sich allein in den letzten 200 Jahren fast verzehnfacht: Während er 1830 noch bei ca. 5 kg Zucker pro Jahr lag, ist der Wert laut einer Reportage des „Spiegels", mit dem reißerischen Titel „Droge Zucker", in Deutschland bei ganzen 34 kg pro Jahr gelandet. Da sich im selben Zeitraum Volkskrankheiten wie Krebs, Diabetes, Übergewicht und viele weitere ebenfalls stark erhöht haben, liegt die Vermutung nahe, dass Zucker eine wichtige Rolle im Umgang mit diesen Krankheiten spielt.

Bereits die Muttermilch schmeckt leicht süß und konditioniert unser Geschmacksempfinden darauf, Süßes mit etwas Angenehmem zu koppeln. Bitte verstehen Sie mich nicht falsch – ich möchte an dieser Stelle gar keine Grundsatzdiskussion über die Sinnigkeit von Zucker eingehen. Süße darf aber nicht zu dominant werden, denn dieser Geschmack legt sich gerne über die anderen Sinne und verfälscht diese auf dem Weg zum Kurkumi-Geschmacksexperten. Daher würde ich Ihnen dazu raten, den Konsum von Süßem – insbesondere von Zucker – zumindest zu reduzieren.

Im Grunde lösen Zucker und Fett im Gehirn ein steinzeitliches Muster aus, denn in früheren Zeiten gab es diese energiereichen Zutaten nur äußerst selten zwischen die Zähne und so aktivieren diese Stoffe direkt unser Belohnungssystem. Dass wir sie in Form industriell verarbeiteter Nahrung im Übermaß und zu jeder Zeit im Supermarkt kaufen können, hat unser Gehirn noch nicht abgespeichert.

Wenn Sie sich intensiver mit dem Thema Zucker auseinandersetzen möchten, empfehle ich Ihnen die Dokumentation „Unser Hirn ist, was es isst". Ein Beispiel aus der Dokumentation ist ein Experiment an Ratten, bei dem den Tieren zwei Substanzen verabreicht wurden: Zucker sowie Kokain. In dem Versuch wird später herausgefunden, welche davon den Ratten wichtiger ist. Sie können es sich bereits denken, dass die Ratten die Zuckerlösung bevorzugten. Obwohl ich kein Freund von Tierversuchen bin, blieb mir dieses Experiment eindrucksvoll im Gedächtnis.

Politisch gesehen, würde ich mir wünschen, wenn unsere Regierung in der Europäischen Union dem Beispiel von südamerikanischen Ländern wie Chile folgen würde und Lebensmittelkonzerne zu genauen Kennzeichnungen des Zuckers und Fettgehaltes in Fertiggerichten und Softdrinks verpflichten würde. Zudem ist eine Förderung von nachhaltigen und guten Lebensmitteln meiner Meinung nach zu empfehlen.

Wie extrem unser Geschmacksverhalten auf süß getrimmt ist, können Sie gerne auch in einem Selbstversuch testen: Wenn Sie das nächste Mal Waffeln backen, geben Sie einmal nur die Hälfte der sonst angegeben Zuckermenge zum Teig hinzu und lassen Sie die Waffeln von Freunden und Bekannten verkosten, ohne etwas zu sagen. Geben Sie nun derselben Gruppe noch zur Kontrolle Waffeln, die nach Originalrezept zubereitet wurden und schauen Sie, was passiert. Sehr wahrscheinlich werden Ihnen 80 Prozent der Testesser sagen, dass das zuckerreiche Originalrezept schmackhafter ist.

> **Tipp:** *Keine Sorge – wenn Sie Süßes lieben, müssen Sie nicht komplett darauf verzichten. Denn glücklicherweise gibt es inzwischen zahlreiche Alternativen zu klassischem Zucker: Eines dieser Süßungsmittel ist z.B. Erythrit – eine Tafelsüße, die dem Zucker optisch und geschmacklich gleicht, jedoch keine Kalorien besitzt. Süßen können Sie damit alles, was Sie möchten – ob Speisen, Gebäck oder Getränke.*

Allerdings muss ich der Vollständigkeit halber auch erwähnen, dass Zucker beim Kochen z.B. durch das Karamellisieren komplexe Aromen entstehen lässt, wie Butter-, Nuss- und Rumaromen und somit auf dem Weg zum Kurkumi-Geschmacksexperten zumindest eine kleine Rolle spielen sollte. Man kann sich hierbei wohl einfach darauf berufen, dass eben einige Dinge nur in Maßen zu genießen sein sollten.

AUF MEINE 7 LIEBSTEN REZEPTE IN DIESER ZEIT MÖCHTE ICH HIER EINGEHEN:
- Spiegelei und Spinat mit Blumenkohlpüree
- One-Pot-Hühnerfrikassee mit Spargel
- Schnelles Hähnchen-Curry in Kokosnussmilch
- Klassische Bolognese-Sauce mit Bolognesegewürz
- Klassisches Brathähnchen
- Ratatouille
- Vanillepudding-Grundrezept mit echter Vanille

Trainingstipps zum Kurkumi-Geschmacksexperten:

1. Besorgen Sie sich einen Globus und erkunden Sie die kulinarische Welt.
2. Verwenden Sie auf Ihrer nächsten Pizza Chili- oder Knoblauchöl.
3. Notieren Sie sich für 1 Woche täglich den Zuckergehalt aller Dinge, die Sie essen.

EINE KURZE ZUSAMMENFASSUNG DIESES KAPITELS:

- In der Kindheit und Jugend stellt man bereits die Weichen für sein Leben – ob bewusst oder unterbewusst.
- Lassen Sie den Berufsberater seinen Job machen. Achten Sie in dieser Lebensphase aber bereits auf persönliche Stärken, Interessen sowie Hobbys und setzen Sie diese auch aktiv um.
- Auch wenn Sie sich in dieser Lebensphase noch nicht zu 100 Prozent gesund ernähren, können Sie 20 Jahre später trotzdem ein Genuss- und Geschmacksexperte werden.
- Reisen bildet, vor allem den Geschmack.
- Essen Sie möglichst vielseitig, seien Sie neugierig und nutzen Sie die Chancen, um Ihren kulinarischen Horizont zu erweitern.
- Konzentrieren Sie sich nicht zu stark auf monotone Geschmacksrichtungen: Weder zu süß noch zu salzig wird Ihr Geschmacksempfinden dauerhaft positiv fördern.
- Weniger süß ist mehr.

TIPP:
ETWAS SCHNITT-
LAUCH ÜBER DAS
GEBRATENE EI
GEBEN.

SPIEGELEI UND SPINAT
MIT BLUMENKOHLPÜREE

Zubereitungszeit:
20 Minuten

Kategorie / Typ:
Hauptgericht / Low Carb
ohne Beilage, vegetarisch

Schwierigkeitsgrad:
einfach

Zubereitungsart:
Herd

Zutaten:
(für 4 Portionen)
1 Kopf Blumenkohl (ca. 950 g)
1,5 kg frischer Spinat
40 g weiche Butter + etwas
zum Braten
200 ml Milch (1,5% Fettgehalt)
Salz*, Pfeffer*
2 Prisen Muskatnuss*
200 ml Sahne
4 Hühnereier (mittelgroß und
am besten Bio)
1 EL Rühreigewürz* (optional)

ZUBEREITUNG:

– Kochtopf mit Wasser befüllen, Salz hinzugeben.

– Blumenkohl waschen. Den Blumenkohl in Röschen schneiden und in dem Salzwasser 15 Minuten weich kochen. Das Kochwasser nach dem Kochvorgang abgießen und den Blumenkohl danach ggf. in einer Pfanne mit etwas Butter kurz anbraten.

– 1,5 kg frischen Spinat waschen, zupfen und anschließend ebenfalls in einem Topf leicht köcheln lassen.

– Zum Blumenkohl nun 40 g weiche Butter, 200 ml Milch und 2 Prisen Muskatnuss hinzugeben. Danach entweder mit einem Stabmixer oder im Thermomix® zerkleinern.

– In der Zwischenzeit für das Spiegelei eine Pfanne langsam und leicht erhitzen.

– Wenn der Spinat gar ist, diesen mit 200 ml Sahne verfeinern und mit Salz und Pfeffer abschmecken.

– Die 4 Hühnereier in der Pfanne mit etwas Butter leicht anbraten und mit Rühreigewürz verfeinern oder nur mit Salz und Pfeffer würzen, für diejenigen, die es klassisch mögen.

– Spinat und Ei auf einem Teller anrichten, Blumenkohlpüree dazureichen und genießen.

Nährwerte pro Portion (4 gesamt): Kalorien 483, Kohlenhydrate 13 g, Eiweiß 27 g, Fett 32 g | *z.B. von Azafran

ONE-POT-HÜHNERFRIKASSEE
MIT SPARGEL

Zubereitungszeit:
30 Minuten

Kategorie / Typ:
Hauptgericht

Schwierigkeitsgrad:
einfach

Zubereitungsart:
Herd

Zutaten:
(für 4 Portionen)
600 g Hähnchenbrust
200 g frische Karotten
2 EL Dinkelmehl (ca. 20 g)
500 ml Wasser oder 500 ml
Gemüsefond
1 EL Gemüsebrühe-Pulver*
200 ml Sahne
50 g Frischkäse
250 g Reis
1 EL Salatkräuter*
Salz*, Pfeffer*
300 g Erbsen, tiefgekühlt
115 g Spargelspitzen (aus dem
Glas)
optional Milch, Sahne
Öl zum Anbraten

ZUBEREITUNG:

– 600 g Hähnchenbrust in Streifen schneiden und in einem hohen Topf von allen Seiten anbraten.

– 200 g Karotten waschen, schälen und in Scheiben schneiden oder hobeln.

– Das angebratene Hähnchen mit 2 EL Dinkelmehl bestäuben und danach noch einmal leicht braun garen und anschließend mit 500 ml Wasser (oder 500 ml Gemüsefond) ablöschen. Danach 1 EL Gemüsebrühe-Pulver sowie 200 ml Sahne hinzugeben.

– 50 g Frischkäse unterrühren und die in Scheiben geschnittenen Karotten hinzugeben. Jetzt alles zum Kochen bringen.

– 250 g Reis hineingeben und alles auf kleiner Flamme köcheln lassen. Falls die Flüssigkeit währenddessen verdampft, gerne immer wieder etwas Milch hinzugeben.

– Gelegentlich umrühren, bis der Reis fertig gegart ist.

– 1 EL Salatkräuter hineingeben und das Ganze mit Salz und Pfeffer abschmecken.

– Zum Schluss 115 g Spargelspitzen sowie die 300 g Tiefkühlerbsen vorsichtig unterrühren und noch einmal alles kurz erhitzen.

– Bei Bedarf mit Milch oder Sahne ergänzen.

Nährwerte pro Portion (4 gesamt): Kalorien 529, Kohlenhydrate 36 g, Eiweiß 46 g, Fett 21 g | *z.B. von Azafran

TIPP:
MIT KAPERN UND EVENTUELL EINEM SCHUSS ESSIG VER-FEINERN.

TIPP:
FEIN GEHACKTE KRÄUTER UND NÜSSE ALS TOPPING VERWENDEN.

SCHNELLES HÄHNCHEN-CURRY
IN KOKOSNUSSMILCH

Zubereitungszeit:
30 Minuten

Kategorie / Typ:
Hauptgericht / Low Carb

Schwierigkeitsgrad:
mittel

Zubereitungsart:
Herd

Zutaten:
(für 4 Portionen)
20 g Ingwer
2 Knoblauchzehen
2 EL Kokosöl* (ca. 20 ml)
4 rote Zwiebeln (ca. 200 g)
2 Lorbeerblätter*
1 TL Curry*
1 TL Kurkuma*
1 Prise schwarzer Pfeffer*
½ TL Chili / optional Chili-flocken*
750 g Hähnchenbrustfilet
200 ml Sahne
200 g Schmand
100 ml Kokosnussmilch
1 TL Salz* (Kristallsalz)
½ EL Gemüsebrühe-Pulver*
1 Handvoll Koriander

ZUBEREITUNG:

– 20 g Ingwer und 2 Knoblauchzehen schälen und beides zer-hacken. Anschließend in 2 EL Kokosöl (bei mittlerer Hitze) in einem Topf anbraten.

– 4 Zwiebeln schälen, hacken und in den Topf geben. Die Zwiebeln darin glasig werden lassen.

– 2 Lorbeerblätter, 1 TL Curry, 1 TL Kurkuma, 1 Prise Pfeffer und ½ TL Chili dazugeben und kurz mit andünsten.

– 750 g Hähnchenbrust waschen, abtupfen und in kleine Würfel schneiden. Ebenfalls im Topf durchbraten.

– 200 g Sahne, 200 g Schmand, 100 ml Kokosmilch mit 1 TL Salz und ½ EL Gemüsebrühe-Pulver mischen und dazugeben.

– Kurz aufkochen und danach 15 Minuten bei niedriger Stufe köcheln lassen.

– Vor dem Servieren eine Handvoll frischen Koriander schneiden und über das Essen streuen.

Nährwerte pro Portion (4 gesamt): Kalorien 575, Kohlenhydrate 10 g, Eiweiß 48 g, Fett 40 g | **z.B. von Azafran*

KLASSISCHE BOLOGNESE-SAUCE
MIT BOLOGNESE-GEWÜRZ

Zubereitungszeit:
2 Stunden 30 Minuten

Kategorie / Typ:
Hauptgericht / Low Carb
(ohne Beilage)

Schwierigkeitsgrad:
mittel

Zubereitungsart:
Herd

Zutaten:
(für 4 Portionen)
10 ml Olivenöl* zum
Anbraten
2 Zwiebeln (ca. 100 g)
3 Karotten (ca. 300 g)
500 g Rinder-Hackfleisch
800 g gehackte Tomaten
300 ml Wasser
30 g Tomatenmark
20 g Bolognese-Gewürz*
½ EL Gemüsebrühe-Pulver*
Salz*, Pfeffer*

ZUBEREITUNG:

– Eine hohe beschichtete Pfanne oder Topf heiß werden lassen und 1 EL Olivenöl darin erwärmen.

– 2 Zwiebeln schälen und würfeln. 3 Karotten schälen und raspeln.

– Beide Zutaten hinzugeben und im Öl anbraten.

– Wenn diese bereits Röstaromen entfaltet haben, einmal aus der Pfanne herausnehmen, 500 g Hackfleisch hineingeben und scharf anbraten.

– Die vorher angebratenen Zwiebeln und Karotten zum Hackfleisch hinzugeben und alles zusammen weiter brutzeln.

– Danach mit 800 g gehackten Tomaten ablöschen.

– 300 ml Wasser, wie auch 30 g Tomatenmark, 20 g Bolognese-Gewürz und ½ EL Gemüsebrühe-Pulver hinzugeben.

– Alles gut miteinander verrühren und köcheln lassen.

– Die Bolognese muss jetzt auf kleinster Stufe für ca. 1,5-2 Stunden köcheln, gerne dabei immer mal wieder umrühren, eventuell mit Salz und Pfeffer abschmecken.

– Mit Pasta schmeckt Bolognese am besten. Dazu einfach Pasta nach Wahl und nach Packungsanweisung kochen.

Nährwerte pro Portion (4 gesamt): Kalorien 390, Kohlenhydrate 17 g, Eiweiß 30 g, Fett 21 g | *z.B. von Azafran

TIPP:
KAPERN, KRÄUTER SOWIE PARMESAN RUNDEN DAS GERICHT AB.

TIPP:
KNOBLAUCH UND ZITRONE BEIM GAREN ZUSÄTZLICH UNTER DIE HAUT SCHIEBEN.

KLASSISCHES BRATHÄHNCHEN

Zubereitungszeit:
1 Stunde 30 Minuten
(plus Ruhezeit)

Kategorie / Typ:
Hauptgericht / Low Carb
ohne Beilage

Schwierigkeitsgrad:
einfach

Zubereitungsart:
Backofen

Zutaten:
(für 4 Portionen)
1 Hähnchen (ca. 2000 g)
1 EL Brathähnchengewürz*
20 g Olivenöl*
optional Zwiebeln
optional frische Kräuter wie
z.B. Rosmarin

ZUBEREITUNG:

– Hähnchen waschen, aushöhlen und abtupfen.

– Eine Marinade aus 1 EL Brathähnchengewürz und 20 g Olivenöl herstellen, optional Zwiebeln und Kräuter dazufügen.

– Einweghandschuhe anziehen und die Marinade in das Hähnchen per Hand einmassieren und dann einige Zeit im Kühlschrank einwirken lassen.

– Mariniertes Hähnchen in einen Bräter legen und im vorgeheizten Backofen bei 200 °C für mindestens 75 Minuten garen.

– Gerne von Zeit zu Zeit mit der Flüssigkeit begießen.

– Nach der angegebenen Garzeit mit einer Geflügelschere zurechtschneiden. Zum fertigen Hähnchen schmecken Kartoffeln und Gemüse perfekt.

Nährwerte pro Portion (4 gesamt): Kalorien 781, Kohlenhydrate 15 g, Eiweiß 87 g, Fett 41 g | *z.B. von Azafran

RATATOUILLE

Zubereitungszeit:
30 Minuten

Kategorie / Typ:
Hauptgericht / Low Carb,
vegan

Schwierigkeitsgrad:
einfach

Zubereitungsart:
Herd

Zutaten:
(für 4 Portionen)
300 g Zucchini
400 g Tomaten
1 Aubergine (ca. 600 g)
2 Paprikaschoten
100 g Zwiebeln
2 Knoblauchzehen
30 ml Olivenöl*
20 g Tomatenmark
1 EL Rosmarin* (getrocknet)
1 TL Basilikum*
150 ml Wasser
½ EL Gemüsebrühe-Pulver*
Salz*, Pfeffer*
ggf. Kräuter der Provence*

ZUBEREITUNG:

– 300 g Zucchini, 400 g Tomaten und die Aubergine waschen, in grobe Würfel schneiden und zusammen kurz in Salzwasser blanchieren und danach trocken tupfen.

– 2 Paprikaschoten waschen, in grobe Würfel schneiden und kurz in Salzwasser blanchieren und danach trocken tupfen.

– 100 g Zwiebeln schälen, fein hacken und kurz blanchieren und danach trocken tupfen.

– 2 Knoblauchzehen schälen, fein hacken und ebenfalls kurz blanchieren und danach trocken tupfen.

– 30 ml Öl in einer Pfanne erhitzen. Zwiebel- und Paprikawürfel darin kurz andünsten.

– Den Knoblauch und das übrige Gemüse hinzufügen.

– 20 g Tomatenmark und die Kräuter (dieses ggf. vorher kurz separat anbraten) hinzugeben.

– 150 ml Wasser und ½ EL Gemüsebrühe-Pulver einrühren. Jetzt das Ratatouille mit Salz und Pfeffer sowie nach Bedarf mit Kräutern der Provence abschmecken.

– Nun alles für ca. 15 Minuten leicht köcheln lassen.

Nährwerte pro Portion (4 gesamt): Kalorien 189, Kohlenhydrate 16 g, Eiweiß 6 g, Fett 9 g | **z.B. von Azafran*

TIPP:
FRISCHE KRÄUTER
UND GEWÜRZE ALS
TOPPING VER-
WENDEN.

VANILLEPUDDING-GRUNDREZEPT
MIT ECHTER VANILLE

Zubereitungszeit:
15 Minuten

Kategorie / Typ:
Dessert / vegetarisch

Schwierigkeitsgrad:
einfach

Zubereitungsart:
Herd

Zutaten:
(für 4 Portionen)
50 g Speisestärke
100 g Zucker*
1000 ml Milch *(1,5% Fett-gehalt)*
1 Vanilleschote*
4 Eigelbe

ZUBEREITUNG:

– Zuerst 50 g Stärke mit 100 g Zucker und einem Teil der Milch (100 ml) verquirlen.

– Dann das Mark aus der Vanilleschote kratzen.

– Die restliche Milch (900 ml) auf dem Herd zum Kochen bringen, die Stärkemischung mit der Vanille und die vier Eigelbe hinzugeben.

– Den Herd auf die kleinste Flamme stellen und solange rühren, bis ein cremiger Pudding entsteht.

– Danach den Pudding auskühlen lassen und servieren.

TIPP:
AUSGEKRATZTE VANILLESCHOTE NIE SOFORT ENTSORGEN. AROMATISIEREN SIE DAMIT SALZ ODER ZUCKER.

DIE ZWANZIGER JAHRE (ALTER 21-28) – DIE WEICHENSTELLUNG DURCH AUSBILDUNG, MUT UND SCHOCKSTARRE

„Ich habe keine besondere Begabung, sondern bin nur leidenschaftlich neugierig."

Albert Einstein (Physiker - 1879 -1955)

In unseren Zwanzigern wird die Weichenstellung für das Leben eines jungen Menschen immer konkreter – sei es durch die Wahl und Festigung des Berufes, dem Auszug aus dem Elternhaus, einen Wohnortwechsel oder die Entscheidung für eine feste Beziehung.

Viele junge Menschen nutzen in dieser Lebensphase ihre jugendliche Tatkraft und Energie, um ihren Träumen zu folgen, sich Ziele zu setzen und blicken gespannt in die Zukunft – mich eingeschlossen. Allerdings sollte ich in dieser Zeit zum ersten Mal auch mit den „düsteren" Seiten des Lebens konfrontiert werden.

Zum Zeitpunkt des Geschehens selbst wünscht man solche prägenden Situationen selbstverständlich niemandem. Und trotzdem weiß ich heute, wie wichtig gerade diese Erfahrungen für mein späteres Leben und meinen Weg zum Kurkumi-Geschmacksexperten waren.

***

Beruflich und privat hielten auch meine Zwanziger einschneidende Veränderungen bereit. Ich wechselte beruflich die Firma zu einem Schiffsersatzteile-Händler und 2003 zog ich in meine erste eigene, kleine Wohnung, die ich von einem Freund übernahm. Ich erinnere mich noch sehr genau an die ersten Einrichtungsgegenstände, die ich mir extra dafür zulegte. Darunter befand sich auch ein kleines Gewürzregal mit Platz für acht Gewürze und Kräuter, welches von da an in meiner kleinen Küche direkt am Herd stand.

So unbedeutend dieser Gegenstand auf den ersten Blick erscheinen mag – ich mochte ihn heiß und innig. Bekam ich Besuch, gab ich mir die allergrößte Mühe, ein guter Gastgeber zu sein und verwöhnte Freunde und Familie zum Beispiel mit meinem allseits beliebten Chili con Carne. Damals ahnte ich noch nicht, dass dieses kleine Board mich ein paar Jahre später so richtig in seinen Bann ziehen würde.

Mit meiner damaligen Freundin, einer Ecuadorianerin, teilte ich die große Leidenschaft für gutes Essen. Gemeinsam besuchten wir exotische Restaurants und ich traute mich an bis dato ungewohnte Speisen heran – ob mit Reis gefüllte Blutwurst, Fufu, eine traditionelle Spezialität der afrikanischen Küche, oder scharfe Kohlsuppe aus der koreanischen Küche. Durch sie wurde ich auch auf neue Köstlichkeiten aufmerksam, wie unter anderem *Pollo* (Hühnchen in sämtlichen Variationen zubereitet) und *Platano* (frittierte Kochbanane).

Doch wie vermutlich viele andere junge Leute in diesem Alter, war auch ich dem Fastfood nicht abgeneigt: Für Pizza, Pasta, Pommes und Burger war ich eigentlich immer zu haben und so stapelten sich in manchen Wochen die leeren Pizzakartons gefühlt bis unter die Decke. Da die Eltern meiner Freundin noch dazu bei einer allseits bekannten Burgerkette beschäftigt waren, saß ich gewissermaßen an der (Fastfood-)Quelle. Gedanken darüber, dass dieser hohe Fastfood-Konsum nicht gesund sein konnte, machte ich mir nicht. Schließlich fühlte ich mich fit und kompensierte vieles mit Sport.

Nebenberuflich wollte ich mich damals noch nicht mit meinem Arbeitsdasein begnügen und einfach mehr erreichen. So begann ich direkt ein Jahr nach meiner Ausbildung mit einer IHK-Ausbildung zum Handelsfachwirt, welche ich später noch mit dem Betriebswirt IHK erweiterte.

In der Zeit nach meiner Weiterbildung trennten meine damalige Freundin und ich mich. Dadurch hatte ich wieder viel freie Zeit für mich. Wenn man vorher 40 Stunden die Woche bei der Arbeit war und zwei-bis dreimal die Woche zusätzlich 4 Stunden in der Schule sitzt und sonst keine Verpflichtungen hat, kann einem so etwas als ungewöhnlich vorkommen. Viele junge Menschen fallen in dieser Zeit leider besonders leicht in die Ablenkungsfalle in Form von Fernsehen, Internet oder Computerspielen oder begnügen sich an dieser Stelle nur mit dem, was sie bislang erreicht haben. Ich zu meinem Glück nicht.

Deswegen suchte ich im Internet nach Möglichkeiten, etwas Geld zu verdienen. Ich stieß auf Affiliate Programme, bei denen man Onlineshops über seine Webseite empfiehlt und für die geworbenen Kunden eine Art Kommission verdiente.

Angetrieben von meiner starken inneren Umsetzungskraft, arbeitete ich nun 40 Stunden pro Woche in meinem Hauptberuf beim Schiffsersatzteile-Händler und zudem noch 40-60 Stunden am Aufbau meines eigenen Internetunternehmens. Sie können sich mit Sicherheit vorstellen, dass Schlaf und Entspannung unter diesen Umständen völlig zu kurz kamen und manchmal frage ich mich selbst, woher ich all die Energie genommen habe.

Dass solche Phasen meist nur von kurzer Dauer sein können, sollte ich noch am eigenen Leib erfahren. So bemerkte ich zu dieser Zeit erste Anzeichen einer Beengung in der Brust beim Atmen. Ich selbst ging zunächst von einer Allergie gegen Blütenpollen und Gräser aus. Ein Allergietest und auch ein Lungenfacharzt bescheinigten mir aber, dass rein körperlich alles in Ordnung sei und führten meine Symptome auf die Psyche zurück. Obwohl ich innerlich wusste, dass irgendetwas nicht stimmte, vertraute ich den Medizinern und schlug mich in den kommenden Jahren mit diesem Leiden herum.

> **Tipp:** *Ernährung kann in dieser Lebensphase eine wichtige Rolle spielen. Viele junge Menschen haben hier bereits einen großen Mangel an Nährstoffen. Auch ich wurde in dieser Phase nach und nach krank. Oft ist dies ein schleichender Prozess und passiert keineswegs von heute auf morgen.*

Die wenige freie Zeit, die mir blieb, nutzte ich zum Reisen. Oft zog ich einfach alleine los oder verreiste mit meinem Bruder Axel. So besuchte ich viele unserer europäischen Nachbarländer wie Spanien, England, Frankreich, Holland oder die Türkei. Dazu machte ich mit Axel auch vor Reisen in die Ferne nicht halt und wir tourten beispielsweise durch die USA und Lateinamerika mitsamt Mexiko und Chile. Es faszinierte mich immer wieder aufs Neue, unterschiedliche Kulturen kennenzulernen und daher saugte ich die Reiseeindrücke so intensiv auf, wie ich nur konnte.

Neben all den Menschen und Sehenswürdigkeiten, denen wir auf unseren Reisen begegneten, blieben mir vor allem die vielen kulinarischen Besonderheiten der jeweiligen Länder im Gedächtnis. Ich liebte es, meine Geschmackssinne mit unbekannten Delikatessen zu überraschen und neue Aromen, Rezepte und Gerichte zu entdecken. Dass es dabei nicht immer „die Liebe auf den ersten Biss" sein muss, erfuhr ich des Öfteren. Einprägsam sollten hier zum Beispiel Korianderblätter auf meinem Gaumen werden, die ich anfangs überhaupt nicht mochte, später aber fast schon süchtig danach wurde. Auch heute noch esse ich Koriander sehr gerne, beispielsweise als „Pebre" – dies ist ein typisch chilenischer Koriandersalat.

Zudem liebte ich die gute Küche in unserer Umgebung. Meine Eltern dinierten damals gerne in einem guten französischen Restaurant in der Nachbarstadt und auch die Weihnachtsfeiern bei meinem Schiffsersatzteile-Händler waren zu dieser Zeit kulinarisch ebenfalls immer eine Besonderheit. Zurückerinnere ich mich hierbei gerne an eine Feier in einem authentischen chinesischen Restaurant in Hamburg, das eben nicht asiatisch-deutsch geprägt ist, wie man es sonst aus vielen China-Restaurants hier kennt.

2008 zog mich dann ein Urlaub nach Argentinien. Wer gerne Steaks isst, sollte dieses Land auf jeden Fall einmal bereisen. Ich erinnere mich sehr gut an diese Reise nach Buenos Aires und zu den Wasserfällen von Iguazu. Ich hatte damals schon meinen Geschmack für gutes Essen entwickelt und fragte gerne Einheimische nach guten

Restaurants. Meine Hotels in dem Land waren zwar eine Vollkatastrophe, aber kulinarisch war es der Hammer.

Ich erinnere mich noch sehr genau an ein italienisches Restaurant in der Nähe meines Hotels. Das Essen war so lecker, dass ich bereits satt war und bezahlen wollte, als der Kellner mir erzählte, dass das Restaurant für den besten Nachtisch in Buenos Aires ausgezeichnet wurde. Natürlich musste ich es daraufhin probieren und war prompt im kulinarischen 7. Himmel angekommen – danach allerdings leider körperlich in der Hölle, denn ich hatte mich so dermaßen überfressen, dass ich mich unter Schmerzen in mein Zimmer schleppte und dort 2 Stunden vor mich hin vegetierte. Immerhin hatte ich dabei ein Lächeln im Gesicht und das Essen ist mir bis heute in Erinnerung geblieben.

Tipp: *Genießen Sie Ihr Leben bewusst.*

Auch die Wasserfälle von Iguazu waren sehr einprägsam. Ich würde fast behaupten, die beiden Tage dort waren mit die tiefsinnigsten in meinem Leben. Leider passierte zum selben Moment zu Hause etwas Schlimmes, was mein Leben nachhaltig verändern sollte. Ich bekam diese Nachricht allerdings erst ein paar Tage später, zurück in Buenos Aires, zu erfahren. Mein Papa war zu der Zeit auf dem Weg zum Weihnachtsmarkt in Hamburg zusammengebrochen und konnte nicht mehr sprechen.

Die Diagnose, welche kurz darauf gestellt wurde, lautete: Gehirntumor. Ein absoluter Schock, der mich schnell wieder auf den Boden der Tatsachen zurückholte.

Bis dahin war mein Leben eigentlich immer wie geplant verlaufen. Um mich herum passierten keine schlimmen Dinge und auf einmal war alles anders. Ich fühlte eine furchtbare Leere. Ein Gefühl der Hilflosigkeit und der Angst vor dem, was kommt. Der Gedanke, einen geliebten Menschen zu verlieren und sich vielleicht noch nicht einmal richtig verabschieden zu können, ist hart und dieses Erlebnis wünsche ich einfach niemandem.

Ich erinnerte mich an den Tod meines Opas ein Jahr zuvor, der jedoch ein stolzes Alter erreicht und sein Leben gelebt hatte. Mein Vater hingegen war gerade erst in seinem wohlverdienten Ruhestand gelandet. Zeit seines Arbeitslebens war er immer sehr pflichtbewusst gewesen und gönnte sich selten etwas für sich – und nun das.

Im Rahmen einer mehrstündigen Operation versuchten die Ärzte, den Tumor im Gehirn zu entfernen, was ihnen leider nicht vollständig gelang. Dennoch verlief die Operation zu unser aller Glück gut und so konnte ich meinen Vater einen Tag später im Krankenhaus besuchen. Ich war erleichtert und dankbar, ihn lebendig zu sehen, gleichzeitig aber auch schockiert, was die Operation aus ihm gemacht hatte. Wer meinen Vater vor seiner Erkrankung kannte, hatte es mit einem vergleichsweise rüstigen Rentner zu tun, der sich nichts mehr wünschte, als sein Leben nach jahrzehntelanger Arbeit gemeinsam mit meiner Mutter zu genießen. Nun sollte alles anders werden, denn im Anschluss an die Operation folgten diverse Bestrahlungen, Reha sowie viele Termine bei Ärzten.

Meine Mutter verhielt sich kämpferisch und suchte nach Möglichkeiten, um die schulmedizinische Behandlung meines Vaters bestmöglich zu unterstützen. So kam auch ich während dieser Zeit in Kontakt mit alternativen Heilmethoden, las viele verschiedene Bücher über Krebs und stellte so einige meiner bisher geglaubten Ansichten über das Leben infrage.

> **Tipp:** *Negative Erlebnisse in dieser Phase prägen einen stark für die Zukunft. Wichtig ist, dass man an der Krise wächst und nicht verzweifelt.*

Sie merken als Erkenntnis aus meiner Lebensphase in den zwanziger Jahren, dass ich bereits sehr gerne gegessen habe, neugierig war und dass ich mein Leben bereits hier in vollen Zügen genoss. Jedoch ist es manchmal das Leben selbst, welches einem zeigt, dass es auch andere Phasen gibt. Phasen, auf die man in dem Moment leider keinen direkten Einfluss hat, aber mit denen man sich gezwungenermaßen arrangieren muss und sein Leben daraufhin anpassen kann. Jedes Ereignis im Leben bietet einem die Chance, aus den negativsten Geschehnissen dennoch etwas Positives für seine Zukunft herauszuziehen.

MEINE 3 LEHREN FÜR DIE LEBENSPHASE DER 20ER JAHRE

1. SEIEN SIE NEUGIERIG – PROBIEREN SIE NEUE DINGE AUS.

Wer sich nicht verändert und immer nur dieselben Gerichte im Restaurant bestellt, wird seinen Geschmack niemals schärfen können. Nur wer hier auch mal neue Wege probiert, wird merken, wie wunderbar verschiedene kulinarische Eindrücke auch unser Erinnerungswesen für Reisen beeinflussen kann.

> **Tipp:** *Bestellen Sie Vorspeisenplatten. Diese bieten viele Restaurants an und Sie können auf genüssliche Weise viele verschiedene neue Speisen kennenlernen.*

Ich bin zum Glück von Natur aus neugierig. Ich liebe es, alle möglichen Dinge auszuprobieren. Ich versuche, nie voreilig zu urteilen oder gar zu verurteilen. Natürlich gibt es auch in meiner Körperchemie Dinge, die ich einfach nicht riechen mag, jedoch rate ich Ihnen, immer offen für Neues zu sein und dadurch stets den eigenen Horizont erweitern zu wollen.

Falls Sie Menschen aus anderen Kulturen in Ihrem Freundes- und Bekanntenkreis haben, verabreden Sie sich mit diesen einmal zum Essen. Zeigen Sie ihnen europäische Kost und genießen Sie bei Ihren Freunden dafür die neuen Geschmäcker des Orients, Afrikas, Asiens, Südamerikas oder auch Russlands. Ich durfte auf diese Weise viele neue Speisen und Getränke in meinem Leben kennenlernen.

Spielen Sie mit Freunden auch beliebte Fernsehshows wie beispielsweise „Das perfekte Dinner" nach. Auch so können Sie neue Rezepte und kulinarische Genüsse kennenlernen. Durch den Wettbewerbsdruck ist man besonders bemüht, neue Geschmacksbilder zu erschaffen.

Ansonsten gab ich Ihnen im letzten Kapitel schon den Tipp mit dem Globus und den Nationalgerichten. Behalten Sie diesen Tipp bei, der Globus ist schließlich groß und die Landesgerichte der Welt umfangreich genug für viele solcher tollen und genussvollen Kochabende.

Auch gibt es in vielen deutschen Städten sogenannte Genusstouren, bei denen man verschiedene Restaurants kennenlernen kann.

Nutzen Sie dazu auch Ihren Urlaub. Egal wohin Sie fahren – selbst in Deutschland werden Sie überall neue kulinarische Schätze entdecken können. Vermeiden Sie hier jedoch bestenfalls, den überregionalen Klassikern wie Schnitzel mit Pommes zu verfallen.

2. KOCHEN SIE MIT HOCHWERTIGEN ZUTATEN – VERMEIDEN SIE CONVENIENCE

Gerade in den zwanziger Jahren neigt man sehr zu Stress. Neben neuen beruflichen Dingen bilden sich in dieser Lebensphase auch noch viele Menschen neben- oder hauptberuflich in Form eines Studiums fort. Auch mir erging es so und dadurch empfand ich in dieser Zeit noch nicht wirklich die Wertschätzung für gutes Essen.

Leider greift man aufgrund des Zeitmangels gern auf Fertiggerichte zurück. Schnell gewöhnt man sich an sogenanntes Convenience Food und eben nicht an hochwertiges Essen mit hochwertigen und wichtigen Nährstoffen. Das muss aber nicht sein. Man kann auch in dieser Lebensphase kochen lernen. Und da wir uns mit einer bewussten, guten Ernährung auseinandersetzen, sollten Sie eigenständiges Kochen und Zubereiten frischer Zutaten spätestens jetzt lernen.

Wenn Ihre Eltern Ihnen dieses Wissen nicht beigebracht haben, lernen Sie einfach selbst durch Internetvideos kochen. Noch mehr Abwechslung oder sogar eine kleine technische Hilfe gewünscht? Dann kombinieren Sie Ihre neu angeeigneten Kochkenntnisse doch mal mit dem technologischen Fortschritt und testen Sie dazu einen Thermomix®. Ich verspreche Ihnen, dass diese neue Art der Entdeckung Sie geschmacklich ein bis zwei Stufen nach vorne bringen wird.

Kochen Sie zudem bestenfalls nur mit hochwertigen Zutaten. Bio-Fleisch hat beispielsweise für gewöhnlich einen deutlich höheren Anteil an Omega-3-Fettsäuren, wenn die Tiere ihrem Urverhalten getreu Gras essen. Bio-Gemüse ist ebenfalls schmackhafter, da das Gemüse mehr sekundäre Pflanzenstoffe gegen Fressfeinde bilden muss und die Böden zudem einen höheren Mineralwert besitzen.

Probieren Sie auch mal Restaurants aus, die ihre Saucen noch selbst herstellen. Mit etwas Übung werden Sie sehr schnell feststellen, ob zum Beispiel ein Bratenfond mehrere Stunden einköcheln durfte oder ob er einfach aus einer Tüte angerührt wurde.

> **Tipp:** *Kochen Sie am Wochenende für die Woche vor oder frieren Sie größere Portionen ein.*

3. MACHEN SIE SICH BEWUSST, DASS FASTFOOD NICHT DIE LÖSUNG IST

Sicherlich haben Sie auch diesen Spruch schon des Öfteren gehört und gehen dennoch immer und immer wieder in Fastfood-Restaurants. Oder Sie essen einfach wie ich damals sechsmal die Woche Pizza.

Aus sensorischer Sicht könnte ich das immer noch tun. Der Prozess des Nährstoffmangels kann übrigens sehr schleichend vonstatten gehen. Sie werden sich in der Regel also nicht direkt nach dem Verzehr einer Pizza auf Nährstoffebene schlecht fühlen. Schon alleine deswegen nicht, weil der Körper aus Evolutionssicht mit dem befriedigt wurde, wonach er früher lange suchen musste: Fett und Zucker.

Nehmen Sie die Dinge aber bitte in Ihr Bewusstsein auf. Denn nur, wenn man etwas bewusst wahrnimmt, kann man überhaupt Dinge verändern. Ich konnte trotz meines exzessiven Fastfood-Konsums zum Kurkumi-Geschmacksexperten werden. Doch ich habe dafür auch einen Preis bezahlen müssen.

Und ja, Sie haben recht, jetzt klinge ich auch schon wie ein Oberlehrer. Wichtig an dieser Stelle ist folgender Punkt: Hören Sie auf, sich schlecht zu fühlen, nur weil Sie irgendetwas gegessen haben, was für Ihren Körper nicht eindeutig von Vorteil war. Das Leben ist „bipolar" – das heißt, es geht nicht immer nur in eine Richtung und so gibt es auch notwendige Abzweigungen. Für manche Menschen ist dies zum Beispiel ein sogenannter „Cheatday".

Gerade im Zusammenhang mit Genuss ist auch der Geschmackssinn *süß* nicht ganz außer Acht zu lassen. Es ist also völlig in Ordnung, auch mal etwas Süßes zu essen – jedoch sollte das Verhältnis stimmen. Gemäß dem Motto „balance is the key!"

> **Tipp:** *Ein Leitfaden zur Kontrolle über die Menge an Süßem ist, dass man sich daran nicht satt essen sollte, sondern dies stets als Genussmittel betrachtet. Bei Hunger also lieber zu gesünderen und nährstoffreicheren Nahrungsmitteln mit sättigenden Eigenschaften greifen.*

Sollten Sie den Fastfood-Konsum oder andere negative Essgewohnheiten dennoch gerne ablegen oder reduzieren wollen, können Sie sich selber dafür belohnen:

Legen Sie das Geld für die gesparte Schokolade in ein eigenes Sparschwein und kaufen Sie sich etwas Schönes dafür. Sie werden merken, dass der Verzicht so auch etwas

Positives mit sich bringen kann!

Ein Trick, der Ihnen dabei helfen kann, gar nicht erst in Versuchung zu geraten, stammt von Jeff Larson und Ryan Elder von der Brigham Young University. Und zwar zeigten diese einigen Versuchspersonen Bilder von ungesundem Fastfood. Am Anfang empfanden die Probanden an dieser Stelle einen gesteigerten Appetit, jedoch verloren sie diesen nach übermäßiger Betrachtung der Bilder wieder. Gucken Sie sich also bei der nächsten Heißhunger-Attacke einmal intensiv für mehrere Minuten Bilder Ihrer Hungerattacke auf der Google-Bildsuche an und probieren Sie aus, ob Ihr Verlangen danach ebenfalls wieder schwindet.

Als weiterer „Diät-Tipp" sollen längeres und bewussteres Kauen sowie kleine „Bissen" beim „Abnehmen" helfen, da Sie dadurch schneller ein Sättigungsgefühl erlangen. Auch das Thema „Intervallfasten" ist an dieser Stelle eventuell ein interessanter Ansatz für Sie.

Generell sollten Sie sich einmal die Frage stellen: „Was möchte ich eigentlich essen?", um sich ein Bewusstsein Ihrer eigenen „Essenswerte" zu schaffen.

Vegan, gesund oder einfach nur genussvoll und leidenschaftlich?

Das Verständnis Ihrer Werte wird Ihnen helfen, Ihr neues Essverhalten zu verfestigen und Sie dazu ermutigen, Ihre eventuell negativen Essgewohnheiten zu lösen.

Dazu können Sie auch Ihre negativen Emotionen in Kombination mit Essen wandeln, indem Sie sich mit Ihnen abfinden und nicht immer bekämpfen. Sollten Sie also eine Heißhunger-Attacke spüren, schließen Sie bewusst die Augen und atmen Sie tief ein und aus. Schaffen Sie sich etwas Distanz zum Auslöser dieser Attacke. Fühlen Sie bewusst in sich hinein, warum Sie jetzt zum Schokoriegel greifen wollen. Lassen Sie die Gefühle zu und versuchen Sie diese dann in positivere Gegenstücke zu wandeln. Ein Beispiel für das Gegenteil von „Zweifel" ist z.B. „Neugierde und freudige Erwartung" oder von „Furcht" ist es z.B. „Bestrebung".

Kurz gesagt, wenn Sie negative Emotionen wie z.B. Zweifel spüren und deswegen zum Schokoriegel greifen wollen, konzentrieren Sie sich auf das Gefühl Neugierde, indem Sie z.B. an eine Erinnerung denken, bei der Sie tatsächlich Neugierde empfunden haben. Vielleicht z.B. beim Kauf dieses Buches?

> **Tipp:** *Essen Sie niemals aus Stress, Frust, Langeweile oder Traurigkeit. Sie könnten sonst Dinge verinnerlichen, die Ihnen später sagen werden, dass z.B. Schokolade bei Kummer oder Frust hilft.*

Und eine wichtige Sache in diesem Zusammenhang sei noch gesagt: Konzentrieren Sie sich niemals auf die Dinge, die Sie nicht wollen. Daraus können negative Gedanken entstehen, die Ihnen nicht helfen werden.

Einsetzen können Sie die Techniken außerdem auch, wenn Sie generell an einer Essstörung leiden sollten.

Nutzen Sie außerdem ein Erfolgsjournal (Tagebuch), um gezielt Ihr neues Essverhalten zu dokumentieren.

> **Tipp:** *Der Schlüssel, um negative Essgewohnheiten loszuwerden, besteht darin, die alten durch neue zu ersetzen!*

AUF MEINE 7 LIEBSTEN REZEPTE IN DIESER ZEIT MÖCHTE ICH HIER EINGEHEN:

- Bruschetta-Salat mit Burrata
- French Pizza
- Chili con Carne
- Lasagnesuppe
- Omelette Basisrezept
- One Pot Baked Pasta
- Overnight Oats mit Kurkuma

Trainingstipps zum Kurkumi-Geschmacksexperten:

1. Bestellen Sie bei Ihrem nächsten Restaurantbesuch gezielt etwas anderes!
2. Kochen Sie einen Rinder- oder Gemüsefond (Rezepte Seite 151 und 177) und probieren Sie diesen als nächste Saucen-Basis.
3. Notieren Sie Ihr Essverhalten in einem Erfolgsjournal (Tagebuch).

EINE KURZE ZUSAMMENFASSUNG:

- Nutzen Sie die kraftvollen Jahre Ihres Lebens, um Ziele zu setzen, und finden Sie Wege, um diese auch zu erreichen.
- Achten Sie auf Ihre Gesundheit und treffen Sie so oft Sie können bewusste Ernährungsentscheidungen.
- Was Sie nicht umbringt, macht Sie stärker: Selbst, wenn Sie in dieser Phase mit Schicksalsschlägen konfrontiert werden, so formen diese Ihren Charakter.
- Probieren Sie sich in diesem Alter selbst aus. Seien Sie neugierig, offen und lernen Sie durch Wiederholung, Ihre Grenzen zu überwinden.
- Fangen Sie spätestens jetzt mit dem Kochen an.
- Seien Sie neugierig und probieren Sie neue Dinge aus.
- Kochen Sie mit hochwertigen Zutaten.
- Verzicht ist nichts Negatives, sondern schafft Raum für positive Dinge bzw. gesunde Gewohnheiten.
- Der Schlüssel einer erfolgreichen Ernährungsumstellung besteht darin, alte Gewohnheiten durch neue zu ersetzen!

BRUSCHETTA-SALAT
MIT BURRATA

Zubereitungszeit:
15 Minuten

Kategorie / Typ:
Salat / Low Carb,
vegetarisch

Schwierigkeitsgrad:
einfach

Zubereitungsart:
Schüssel

Zutaten:
(für 4 Portionen)
750 g Mini-Rispentomaten
100 g Zwiebeln
10 g frischen Basilikum
30 g Olivenöl*
1 EL Bruschetta-Gewürz*
2 Burrata

ZUBEREITUNG:

– 750 g Tomaten waschen, vierteln und in eine Schüssel geben.

– 100 g Zwiebeln schälen, hacken und ebenfalls in die Schüssel geben.

– 10 g Basilikum grob hacken und unterrühren.

– 30 g Olivenöl darüberträufeln und ebenfalls 1 EL Bruschetta-Gewürz hinzugeben.

– Alles gut miteinander vermengen, in der Schüssel belassen oder gleich auf vier Portionen aufteilen.

– Die Burrata halbieren, jeweils eine Hälfte auf eine der vier Portionen legen und mit ein wenig vom Gewürz garnieren.

TIPP:
SONNENBLUMENKERNE,
FRISCHE PETERSILIE UND
KORIANDER ALS TOPPING
VERWENDEN.

Nährwerte pro Portion (4 gesamt): Kalorien 242, Kohlenhydrate 10 g, Eiweiß 7 g, Fett 19 g | *z.B. von Azafran

TIPP:
FÜR MEHR WÜRZE EINFACH GERIEBENEN PARMESAN UND OLIVEN DARÜBERSTREUEN.

FRENCH PIZZA

Zubereitungszeit:
45 Minuten

Kategorie / Typ:
Hauptgericht /
vegetarisch

Schwierigkeitsgrad:
einfach

Zubereitungsart:
Backofen

Zutaten:
(für 4 Portionen)
30 g Olivenöl*
130 g Dinkelmehl
10 g Backpulver
Salz*, Pfeffer*
2 Hühnereier (am besten in
Bio-Qualität)
250 g Fetakäse
100 g Kirschtomaten
140 g Mozzarella
2 Knoblauchzehen
1 TL Kräuter der Provence*

ZUBEREITUNG:

– Den Backofen auf 190° C vorheizen. Eine Tarteform (26 Ø) mit 10 g Olivenöl einpinseln.

– 130 g Dinkelmehl mit 10 g Backpulver, etwas Pfeffer und 1 Msp. Salz in einer Rührschüssel vermischen.

– In einer anderen Schüssel 1 Ei, 20 g Olivenöl und 150 g Fetakäse miteinander verrühren. Dies zur Mehlmischung geben und zu einem Teig kneten. Den Teig auf einer bemehlten Fläche ausrollen und in die Tarteform geben. Dann mit einer Gabel kleine Löcher in den Boden stechen.

– Den Teig für ca. 15 Minuten im heißen Backofen backen.

– 100 g Tomaten waschen, in Scheiben schneiden und 140 g Mozzarella in kleine Stücke rupfen.

– Die beiden Knoblauchzehen schälen und mithilfe einer Knoblauchpresse zerkleinern. Nun mit 1 Ei, 1 TL Kräuter der Provence, Salz & Pfeffer sowie 100 g Fetakäse vermischen.

– Die Tarteform aus dem Backofen nehmen. Die Fetakäsemasse auf den Teig geben, die Tomatenscheiben und den Mozzarella darauf verteilen.

– Die Tarteform erneut in den Backofen geben und solange backen, bis der Käse goldig aussieht.

Nährwerte pro Portion (4 gesamt): Kalorien 487, Kohlenhydrate 26 g, Eiweiß 25 g, Fett 31 g | *z.B. von Azafran

CHILI CON CARNE

Zubereitungszeit:
1 Stunde 30 Minuten

Kategorie / Typ:
Hauptgericht / Low Carb

Schwierigkeitsgrad:
mittel

Zubereitungsart:
Herd

Zutaten:
(für 4 Portionen)
50 g Zwiebeln
1 Knoblauchzehe
5 g Olivenöl*
500 g Rinderhackfleisch
200 g Kidneybohnen (Abtropf-
gewicht)
200 g Mais (Abtropfgewicht)
400 g gehackte Tomaten
1 EL Chili con Carne Gewürz*
½ EL Gemüsebrühe-Pulver*
30 g Tomatenmark
Salz*, Pfeffer*

ZUBEREITUNG:

– 50 g Zwiebeln sowie 1 Knoblauchzehe fein hacken und zusammen mit 5 g Olivenöl und 500 g Hackfleisch in einem Topf anbraten.

– 200 g Kidneybohnen und 200 g Mais abgießen und abspülen. Danach zusammen mit 400 g gehackten Tomaten in den Topf geben und mit 1 EL Chili con Carne Gewürz verrühren.

– Nun ½ EL Gemüsebrühe-Pulver hinzugeben, aufkochen lassen und für 10 Minuten unter gelegentlichem Rühren köcheln. Gegebenenfalls noch ein wenig Wasser hinzugeben.

– 30 g Tomatenmark hinzufügen und mit Salz und Pfeffer abschmecken.

– Anschließend alles noch eine Stunde köcheln lassen.

Nährwerte pro Portion (4 gesamt): Kalorien 502, Kohlenhydrate 31 g, Eiweiß 40 g, Fett 21 g | *z.B. von Azafran

TIPP:
DAZU SCHMECKT EIN
FRISCHES BAGUETTE-BROT. ALS
TOPPING SIND FRISCHE KRÄUTER,
GEHACKTE NÜSSE SOWIE EIN
KLECKS CRÈME FRAÎCHE
OPTIMAL.

TIPP:
CRÈME FRAÎCHE
ALS TOPPING VER-
WENDEN.

LASAGNESUPPE

Zubereitungszeit:
1 Stunde

Kategorie / Typ:
Suppe

Schwierigkeitsgrad:
mittel

Zubereitungsart:
Herd

Zutaten:
(für 4 Portionen)
500 g Rindertatar
Öl zum Anbraten
1 Zwiebel (ca. 50 g)
1 Knoblauchzehe
30 g Tomatenmark
800 g stückige Tomaten
600 ml Wasser
1 EL Gemüsebrühe-Pulver*
½ EL Pizza / Pastagewürz*
½ EL Bolognese-Gewürz*
5 Lasagneplatten
60 g Crème fraîche
60 g Reibekäse
optional frischer Basilikum

ZUBEREITUNG:

– 500 g Rindertatar in einer beschichteten Pfanne oder einem etwas höheren Topf mit etwas Öl anbraten. Eine Zwiebel schälen und in kleine Würfel hacken. 1 Knoblauchzehe pressen und zu den Zwiebelwürfeln dazugeben.

– Sobald das Rindertatar angebraten ist, können die Zwiebeln und der Knoblauch hinzugegeben und ein wenig mit gedünstet werden. Danach 30 g Tomatenmark der Tatarzwiebelmasse hinzufügen und ebenfalls 1 Minute mit anbraten.

– Dann die 800 g stückigen Tomaten mit 600 ml Wasser, 1 EL Gemüsebrühe-Pulver, ½ EL Pizza/Pasta-Gewürz und ½ EL Bolognese-Gewürz in den Topf geben. Dies nun für ca. 10-15 Minuten auf mittlerer Stufe kochen.

– Anschließend die 5 Lasagneplatten leicht brechen und in die Suppe geben. Weitere 10 Minuten bei niedriger Hitze köcheln.

– Zum Schluss in tiefe Teller geben und mit 60 g Crème fraîche und 60 g Reibekäse garnieren.

– Gerne mit einem kleinen Basilikum-Blättchen versehen und fertig ist die köstliche Lasagnesuppe.

Nährwerte pro Portion (4 gesamt): Kalorien 361, Kohlenhydrate 26 g, Eiweiß 37 g, Fett 11 g | *z.B. von Azafran

OMELETTE-BASISREZEPT

Zubereitungszeit:
5 Minuten

Kategorie / Typ:
Frühstück / Low Carb,
vegetarisch

Schwierigkeitsgrad:
einfach

Zubereitungsart:
Herd

Zutaten:
(für 1 Portion)
3 Hühnereier (Größe L, am
besten in Bio-Qualität)
½ EL Rühreigewürz*
50 ml Milch oder Mineral-
wasser mit Kohlensäure
10 g Butter zum Braten
10 g Schnittlauch

ZUBEREITUNG:

– Die drei Eier in einer großen Schüssel mit ½ EL Rühreigewürz verfeinern und mit einem Schneebesen kräftig aufschlagen.

– Wer es etwas fluffiger mag, kann 50 ml Milch oder Mineralwasser mit Kohlensäure hinzugeben.

– Die Pfanne mit etwas Butter heiß werden lassen und die aufgeschlagenen Eier hinzugeben.

– Kurz auf höchster Stufe anbraten und anschließend auf kleinster Stufe ziehen lassen.

– Nach ca. 4 Minuten wenden und noch mal kurz hochstellen.

– Mit 10 g Schnittlauch garnieren und servieren.

TIPP:
ALS TOPPING
FRISCHEN SCHNITT-
LAUCH VERWEN-
DEN.

Nährwerte pro Portion: Kalorien 368, Kohlenhydrate 7 g, Eiweiß 24 g, Fett 28 g | *z.B. von Azafran

TIPP:
FRISCHE KRÄUTER UND
GEHACKTE NÜSSE SIND EIN
KÖSTLICHES TOPPING ZU
DIESEM GERICHT.

ONE-POT BAKED PASTA

Zubereitungszeit:
40 Minuten

Kategorie / Typ:
Hauptgericht /
vegetarisch

Schwierigkeitsgrad:
einfach

Zubereitungsart:
Backofen

Zutaten:
(für 4 Portionen)
500 g Spaghetti
30 g Olivenöl*
2 Knoblauchzehen
30 g Tomatenmark
2 Handvoll Babyspinat
200 g Fetakäse
11 Cocktailtomaten
1 EL Pizza/Pasta Gewürz*
1 TL Flor de Sal*
½ TL bunter Pfeffer*
ca. 600 ml Wasser

ZUBEREITUNG:

– 500 g Spaghetti in eine Auflaufform geben. 30 g Olivenöl über die Spaghetti verteilen. 2 Knoblauchzehen pressen und in die Auflaufform geben. 30 g Tomatenmark hineingeben.

– Zwei Handvoll Babyspinat waschen und auf den Nudeln verstreuen. 200 g Fetakäse darüberkrümeln. 11 Cocktailtomaten in die Auflaufform geben.

– 1 EL Pizza/Pasta Gewürz sowie 1 TL Flor de Sal und ½ TL bunten Pfeffer hinzugeben.

– Zum Schluss ca. 600 ml Wasser in die Auflaufform gießen, sodass die Nudeln bedeckt sind.

– Die Auflaufform bei 180 °C für ca. 30 Minuten backen.

– Nach dem Backen mit zwei Gabeln einfach auflockern/vermischen und in vier Schüsseln geben.

Nährwerte pro Portion (4 gesamt): Kalorien 677, Kohlenhydrate 92 g, Eiweiß 26 g, Fett 22 g | *z.B. von Azafran

OVERNIGHT OATS
MIT KURKUMA

Zubereitungszeit:
2 Stunden 5 Minuten

Kategorie / Typ:
Frühstück / vegetarisch
/ vegan

Schwierigkeitsgrad:
einfach

Zubereitungsart:
Schüssel

Zutaten:
(für 4 Portionen)
280 ml Sojamilch
1 EL Kurkuma*
2 Messerspitzen Kardamom-
pulver*
140 g kernige Haferflocken
200 g Sojajoghurt
20 g Leinöl
nach Bedarf 20 g Honig
1 Apfel

ZUBEREITUNG:

– Für Overnight Oats eignet sich ideal ein hohes Glas. Somit vier Gläser vorbereiten.

– In einer separaten Schüssel 280 ml Sojamilch mit 1 EL Kurkuma und 2 Messerspitzen Kardamom würzen und 140 g kernige Haferflocken hinzugeben. Alles gründlich durchrühren und in die Gläser füllen. Oben unbedingt genügend Platz lassen.

– Die Haferflocken mindestens 2 Stunden einweichen lassen.

– Vor dem Servieren 200 g Sojajoghurt gründlich mit 20 g Leinöl und ggf. 20 g Honig verrühren und über die Haferflocken geben.

– Einen Apfel in die gewünschte Form schneiden und auf den Oats verteilen.

Nährwerte pro Portion (4 gesamt): Kalorien 258, Kohlenhydrate 31 g, Eiweiß 10 g, Fett 10 g | *z.B. von Azafran

TIPP:
OVERNIGHT OATS
SCHMECKEN AM BESTEN, WENN
MAN SIE AM ABEND VORHER ZUBE-
REITET. RUNDEN SIE DIE OATS
MIT EIN PAAR GERÖSTETEN
NÜSSEN AB.

EIN NEUES LEBEN IM AUSLAND UND DIE GRÜNDUNG VON AZAFRAN (ALTER 28-35)

„Die Kunst ist, einmal mehr aufzustehen, als man umgeworfen wird."

Winston Churchill (britischer Staatsmann 1874 - 1965)

In dieser Lebensphase ist man oft nicht zufrieden mit der Gegenwart. Man will sich vor allem vom Leben ansprechen lassen und man hinterfragt sich eventuell sogar zum ersten Mal selbst. In der Regel möchte man auch gewisse Dinge tiefgründig ändern. Woher ich das weiß? Weil ich es so durchlebt habe.

Ich war zum Glück aber experimentierfreudig und übernahm die Verantwortung für mein Leben selbst.

***

Wir hatten schon immer einen starken Familienzusammenhalt und die Krebserkrankung meines Vaters schweißte uns nur noch enger zusammen. Als sich sein Zustand zunehmend stabilisierte, entschloss ich mich im November 2009, für einige Zeit alleine nach Kuba zu reisen, um neue Kraft zu tanken.

Es war die richtige Entscheidung, denn Kuba war einfach wunderbar. Traumhafte Strände, Cocktails und ein Lebensgefühl wie in den 50er-Jahren. Ich merkte, wie gut es mir tat, nach all den intensiven Monaten nun endlich wieder etwas Unbeschwertheit genießen zu dürfen.

Die einzige Herausforderung, der ich mich vor Ort stellen musste, war die schlechte Internetverbindung. Für jemanden wie mich, der aufgrund seines Onlineunternehmens auf funktionierendes Internet angewiesen ist, war dies eigentlich eine kleine Katastrophe. Nichtsdestotrotz entschied ich mich nach anfänglichem Ärger dafür, die Situation anzunehmen und das Beste daraus zu machen. So hatte ich immerhin die Chance, mich mehr auf mich selbst zu besinnen.

Wie es der Zufall so wollte, verliebte ich mich während meines Kuba-Aufenthaltes in eine Kanadierin aus Montreal. Da ich ohnehin schon länger eine latente

Unzufriedenheit mit meiner beruflichen Situation verspürte, nahm ich die Reise zum Anlass, mein Leben grundlegend zu überdenken und ihm eine neue Richtung zu geben.

> **Tipp:** Wenn Sie in Ihrem Leben eine Unzufriedenheit spüren, überlegen Sie, was Sie verändern können.

Nach meiner Rückkehr nach Deutschland blieb der Zustand meines Vaters weiterhin stabil und so beschloss ich, den Job beim Schiffsersatzteile-Händler zu kündigen und mehr Energie in meine nebenberufliche Selbstständigkeit zu investieren. Beruflich war ich nun nicht mehr an einen Ort gebunden, weshalb ich mich dazu entschloss, der Liebe wegen meinen Neubeginn mit einem längeren Aufenthalt in Kanada einzuläuten.

Kurz nach meinem 30. Geburtstag, der gleichzeitig auch zur Abschiedsfeier von meinen Freunden wurde, saß ich also im Flugzeug nach Montreal – voller Erwartung und Hoffnung, was die neue Welt dort für mich bereithalten würde.

Der erhoffte positive Neuanfang sollte es aber leider nicht werden. Denn kurz nach meiner Ankunft in Kanada signalisierten mir Schweißausbrüche und ein Schwächeanfall, dass etwas mit mir nicht stimmte. Noch dazu verstärkten sich meine Atemprobleme und so fiel ich körperlich und seelisch in ein tiefes Loch.

In der ersten Zeit zehrte ich von meinen Ersparnissen, doch meinen beruflichen und privaten Neuanfang hatte ich mir definitiv anders vorgestellt. Auch belastete mich der Gedanke, derzeit mehr Geld für meinen Lebensunterhalt auszugeben als einzunehmen. Die Situation wirkte sich nicht nur auf mich selbst, sondern auch auf die Beziehung zu meiner Freundin aus.

Als sie mir eines Tages erklärte, dass sie jemand anderen kennengelernt hatte, war es für mich endgültig vorbei. Mir blieben nur zwei Optionen: mir das Scheitern einzugestehen und wieder nach Hause zu gehen oder in Kanada zu bleiben und dort allein ein neues Leben aufzubauen. Ich entschied mich für die erste Möglichkeit und zog 4 Monate nach meinem 30. Geburtstag wieder bei meinen Eltern ein – ein Schritt, der mir alles andere als leichtfiel.

> **Tipp:** Manchmal braucht es Mut, um eine getroffene Entscheidung zu korrigieren. Doch es ist wichtig, um nicht in eine Depression oder einen Burn-out zu verfallen. Bevor Sie es anderen recht machen wollen, denken Sie vorher unbedingt an sich selbst. Das ist nicht egoistisch, sondern ein Ausdruck von gesunder Selbstfürsorge.

Meinem ehemaligen Junior Chef vom Schiffsersatzteile-Händler blieb meine Rückkehr nicht verborgen und so verabredete er sich mit mir zu einem Abendessen, bei dem er mir ein Jobangebot zur Rückkehr in seine Firma unterbreitete. Der Haken dabei waren jedoch verschlechterte Konditionen.

Sicherlich könnte man jetzt sagen, dass dieses Angebot doch sehr nett und hilfsbereit von ihm war. Für mich war dieser Moment aber weniger „magisch" und es fühlte sich nicht sonderlich gut an. Viele redeten bereits über mich und wurden durch meine Rückkehr darin bestätigt, was sie schon vorher dachten – und zwar, dass ich es ja eh nicht lange im Ausland aushalten würde und so sagte ich mir, denen werde ich es noch zeigen.

Durch meine schönen Erinnerungen an meine Reisen und getrieben von meiner Neugierde, fragte ich mich, wo ich aktuell wirklich gerne leben würde. Ich konnte neben Englisch bereits etwas Spanisch sprechen und ich war noch nie in Barcelona – hörte aber schon viel über diese mystische Stadt, ihrer direkten Strandlage und kulinarischen Highlights.

So entschied ich mich, es auszuprobieren. Ich suchte mir bis zum Ende des Jahres eine Wohnung und dann gucke ich, ob ich dort bleibe oder eben nicht. Da meine Mutter sich zu dieser Zeit gerade ein neues Auto gekauft hatte, konnte ich für ein paar Euro ihren alten Mitsubishi übernehmen und düste damit 23 Stunden nach Barcelona. So landete ich auch prompt in einer sehr dunklen Wohnung im „El Born".

> **Tipp:** Leben Sie Ihren Traum, solange Sie es können und nicht gebunden sind. Auch wenn Sie zwischenzeitlich scheitern, sollten Sie nicht zögern, erneut Anlauf zu nehmen.

In Barcelona angekommen, stürzte ich mich motiviert in meine Arbeit, denn die unterbewusste Angst, erneut zu scheitern, trieb mich zu Höchstleistungen an. Oft arbeitete ich fast den ganzen Tag und fiel anschließend todmüde ins Bett. Freizeit? Fehlanzeige.

Die wenigen freien Stunden, die ich mir gönnte, verbrachte ich meist mit längeren Spaziergängen, ging zum Sport oder ging aus. Dabei knüpfte ich neue soziale Kontakte und hatte das große Glück, innerhalb kürzester Zeit ein Teil einer wunderbaren Community zu werden. Endlich fühlte ich mich wieder lebendig und verliebte mich regelrecht in meine neue Heimat mitsamt ihren warmherzigen Bewohnern, der wunderschöner Landschaft und dem fabelhaften Essen. Selten wurde ich kulinarisch so verwöhnt wie hier: grandiose Tapas an jeder Ecke, köstliche Drinks, süße Desserts und natürlich sagenhafte Paella, die sich schnell zu einem meiner neuen Lieblingsgerichte entwickelte.

Als mich im April 2011 mein guter Freund Malte in Barcelona besuchen kam, machte er mich auf ein Buch mit dem vielsagenden Titel „Kopf schlägt Kapital" von Günter Faltin aufmerksam. Es handelte von Entrepreneurship und vermittelte gerade für junge Firmengründer wie mich viel wertvolles Wissen rund ums Thema Aufbau und Führung eines Unternehmens.

Eine zentrale Empfehlung des Buches lautete, sich auf nur ein einziges Produkt zu konzentrieren und dieses durch den Verkauf in Großpackungen und ohne Zwischenhandel zu einem günstigen Preis an die Endkunden zu liefern. Beschrieben wurde dieser Prozess am Beispiel des Professors, der im Rahmen eines Studentenprojektes zu einem der größten Teehändler für Darjeelingtee in Deutschland, Österreich und der Schweiz wurde. Die Geschichte faszinierte mich. Und dank meiner inzwischen gesammelten Erfahrungen im Onlinemarketing fühlte auch ich mich bereit für mein erstes eigenes Projekt. Doch was könnte ich anbieten, um mich auf dem Markt zu positionieren? Welches Produkt würden die Menschen kaufen, weil es ihnen einen echten Mehrwert schenkt?

Diese Fragen zählen wohl zu den wichtigsten und zugleich schwierigsten, die sich alle jungen Gründer stellen. Und doch führt kein Weg daran vorbei. So konzentrierte ich mich auf meine Stärken im Onlinemarketing und überlegte lange hin und her, bis mich ein Gedankengang nicht mehr losließ: „Wenn die Firma des Professors so erfolgreich einen der teuersten Tees der Welt verkauft – was ist dann das teuerste Gewürz der Welt?" Da dämmerte mir die Antwort in Form eines Geistesblitzes: SAFRAN.

Das „rote Gold" – wie Safran auch genannt wird – kannte ich bis dahin zwar nicht wirklich, aber ich war damals bereits unglaublich wissbegierig und habe mich schnell in das Thema eingelesen. Dass es die Geheimzutat meiner so heiß geliebten Paella ist, gefiel mir natürlich sehr. Dazu erfuhr ich, dass eine der besten Safransorten ohnehin aus Spanien bzw. dem Iran stammt – auch das passte wunderbar zusammen. Eine erste Recherche zur Konkurrenz zeigte, dass ich zwar nicht der Erste war, der Safran im Internet anbot – aber ich wollte es als einer der Besten machen. Mein Wunsch war es daher, nur die absolute Spitzenqualität zu einem fairen Preis anzubieten. Und wie es ein glücklicher Zufall so wollte, hatte ich in Spanien zudem einen guten Freund, der Kontakte zum Safrangroßhandel pflegte und durch den ich noch viel über das edle Gewürz lernte.

Des Weiteren war es mir bereits damals sehr wichtig, den Menschen nicht irgendetwas zu verkaufen, nur um daran Geld zu verdienen. Ich wollte ihnen etwas Besonderes bieten. Etwas mit echtem Mehrwert. Ich wollte, dass meine Kunden ein gutes Gefühl hatten, wenn sie bei mir kauften. Und dass sie so zufrieden sind, dass sie mich weiterempfehlen. Also arbeitete ich mich tief in die Thematik ein. Innerhalb weniger Wochen wurde ich dadurch nicht nur ein regelrechter Experte auf dem Gebiet des Safrans, sondern ging auch noch meine erste Zusammenarbeit mit einem Safranlieferanten ein, der auch heute noch mein Kooperationspartner ist.

Sie ahnen es schon – mit Safran hatte ich also mein Produkt gefunden, mit dem ich mir nun Stück für Stück aus Spanien heraus mein Onlineunternehmen aufbaute. Sehr wahrscheinlich wird es Sie daher auch nicht wundern, dass ich meinem Unternehmen eigentlich keinen passenderen Namen als „Azafran" geben konnte – die spanische Bezeichnung für Safran.

Inzwischen gelte ich als Experte für Gewürze in Deutschland. Speziell zu Safran habe ich sogar kleinere Fachartikel in Zeitschriften wie der „Chefsbest" (Gourmet Küche) und dem „Paracelsus Magazin" (Heilpraktiker) veröffentlicht.

Tipp: *Gehen Sie auf dem Weg zu Ihrem Erfolg auch Risiken ein und denken Sie an die allseits bekannte Weisheit: Wer früh sät, wird später ernten.*

DIE ZEIT NACH DER GRÜNDUNG

Der Anfang der Firma war hart. Es kamen zwar ein paar Aufträge herein, jedoch konnte ich von den Umsätzen nicht leben und nicht sterben und so musste ich mir eingestehen, dass meine Anfangsrecherche zum Thema Safran nicht zu 100 Prozent aufging. Zum Thema Safran suchen nämlich auch viele Menschen Dinge zur Firma „Safran" aus Frankreich oder zu dem Autor Jonathan Safran Foer. Der Markt war also sehr nischenreich. Um den Safranverkauf weiter anzukurbeln, musste ich mich daher relativ schnell der Frage der Skalierung stellen und entschloss mich dazu, außer Safran noch weitere Gewürze anzubieten, mit denen die Leute vor allem in Deutschland, Österreich und der Schweiz gerne kochen. Nach ausführlicher Recherche, direktem Vergleich und sorgfältigem Ausprobieren fiel meine Wahl auf die folgenden vier Klassiker: Salz, Pfeffer, Paprika und Curry.

Tipp: *Erlauben Sie sich, Fehler zu machen und daraus zu lernen. Nur so können Sie langfristig besser werden und Dinge zum Positiven verändern.*

Durch einen weiteren neuen Freund in Barcelona (einem Deutschen, der schon 20 Jahre in der Stadt lebte und sich gerade beruflich neu sortierte und frisch geschieden war), lernte ich wieder die gute deutsche aber auch weiterhin die spanische Hausmannskost kennen. Außerdem zeigte er mir neue kulinarische Highlights in Form von neuen Märkten und Restaurants in der Stadt.

Gemeinsam probierten wir uns durch zehn verschiedene Pfeffersorten auf zehn Ministeaks. Ich entschied mich für unseren bis heute noch im Sortiment erhältlichen Madagaskar Plantagenpfeffer, als bestes Produkt seiner Art nach Preis-Leistung.

Generell war es mir immer wichtig, den Kunden eine besonders hohe Qualität zu fairen Preisen anzubieten. Dass wir mit diesen Firmen-Werten ins Schwarze trafen, können Sie mittlerweile an Tausenden positiven Bewertungen unserer Produkte auf Amazon nachlesen.

Als Salz wählte ich ein Flor de Sal aus Portugal aus, da dieses aus Wasser aus dem Atlantischem Ozean gewonnen wird und das Meerwasser dort aus einem Naturschutzgebiet stammt. Dazu ist der Atlantische Ozean mehr in Bewegung als ein Binnenmeer wie das Mittelmeer.

Bei der Paprika habe ich mich für ein Top-Produkt aus Kalocsa in Ungarn entschieden – auch die Stadt der Gewürzpaprika genannt. Viele Sterneköche in Deutschland schwören auf das hochwertige Gewürz von hier.

Beim Curry wählte ich eine Originalmischung aus Indien, dem Mutterland dieser Gewürzmischung. Die Mischung zeichnet sich besonders dadurch aus, dass sie ohne Salz auskommt. Salz ist in der Regel ein günstiger Bestandteil und intensiver Geschmacksträger. Ein richtig gutes Curry braucht das aber keineswegs. Ich mochte vor allem die Ausgeglichenheit und Schärfe der Mischung sowie die hohe Farbintensität.

Trotz anfänglicher Bedenken sollte sich mein Mut zur Veränderung bald auszahlen und es erschlossen sich durch die neuen Produkte auch neue Wege, die das Unternehmen Stück für Stück nach vorne brachten.

Langsam, aber sicher fügten sich die ersten Puzzleteile aus meinem Leben zusammen, was sich unfassbar erleichternd anfühlte. Die zahlreichen, hier beschriebenen kulinarischen Highlights in meinem Leben verfeinerten und schärften meinen Geschmackssinn nachhaltig. Diese Tatsache sollte sich, gerade bei der Produktentwicklung vieler unserer heutigen Gewürzmischungen, noch als sehr hilfreich für mich erweisen.

Tipp: *Werden Sie sich Ihrer individuellen Stärken bewusst und spielen Sie diese bewusst aus.*

Zur selben Zeit ereilte mich zudem ein weiterer familiärer Schicksalsschlag, als bei meiner Tante ebenfalls Krebs diagnostiziert wurde. Glücklicherweise war meine Tante ihr Leben lang immer eine positive Seele und so trug sie ihr Schicksal mit Fassung. Ich kenne niemanden, der bei solch einer Diagnose so reagiert hätte wie sie. Gestärkt durch ihre innere Haltung sowie ihr hohes, gesundheitliches Eigenengagement in Form von Meditation und gesunder Ernährung hat sie den Krebs später tatsächlich besiegt. Ihre Einstellung, Haltung und ihre Denkweise wurden so auch für mich zu einer großen Inspiration.

Tipp: *Im Falle einer Krankheit schauen Sie nicht zu sehr auf die Krankheit, sondern konzentrieren Sie sich auf Ihre Genesung.*

Weiterhin konfrontiert mit meiner eigenen gesundheitlich belastenden Situation, durch die Erschöpfung und meine fortlaufenden Atemprobleme, begann ich, neue Wege auszuprobieren und meine Gesundheit ein Stück ernster zu nehmen. Da ich bei mir selbst bereits seit Kanada leichte depressive Verstimmungen wahrnahm, wollte ich mich in dieser Richtung durch psychologische Betreuung neu ausrichten und verbessern. Die Suche nach einem deutschsprachigen Therapeuten brachte mich damals mit einer Dame und „Reconnective Healing" in Verbindung. Da ich damals wie heute ein eher kopfgesteuerter Mensch war, bestand meine Herausforderung darin, mich auf etwas einzulassen, das sich mein rationaler Verstand nicht so leicht erklären konnte.

Ich kann mir jetzt ihr skeptisches Gesicht vorstellen – persönlich kann ich heute aber ehrlich dazu stehen, dass sich diese alternative Behandlungsweise bei mir sehr erfolgreich und positiv auswirkte. Ich lief wieder durch die Straßen von Barcelona mit einem Lächeln im Gesicht, was ich lange nicht mehr getan hatte. Heute weiß ich, dass es trotz Skepsis durchaus sinnvoll sein kann, sich einmal für andere Wege und Möglichkeiten zu öffnen.

Dies sollte auch meine Karriere als Unternehmer betreffen, denn eines Tages erzählte mir der geschiedene Freund aus Barcelona von seinen neuen Plänen. Er hatte ein spezielles Cocktail-Konzentrat entdeckt, welches im tiefgekühlten Zustand hervorragend zur Herstellung von Mojitos und anderen Cocktails geeignet ist. Durch meine Zeit in Kuba kannte ich mich in der Thematik ebenfalls sehr gut aus und fand das Projekt äußerst spannend. Letztendlich ließ ich mich von seiner Idee anstecken und wir wurden kurz darauf Geschäftspartner. Da ich jedoch später einstieg und zum damaligen Zeitpunkt auch finanziell nur wenig beitragen konnte, übernahm ich von dieser neuen Firma nur einen Anteil von 15 Prozent.

Obwohl das Produkt durch und durch überzeugen konnte, hatte unsere Firma den wesentlichen Nachteil, dass der Vertriebsmarkt auf Deutschland, Österreich und die Schweiz ausgerichtet war und auf einem klassischen Handelskonzept vor Ort aufbaute – anders als der ortsunabhängige Internethandel. Da ich durch mein eigenes Onlineunternehmen Azafran jedoch mein festes Standbein hatte und inzwischen auch die Verpackungslogistik in den Kellerräumen meines Elternhauses übernommen hatte, empfand ich es als gelungene Abwechslung, ein neues Kapitel in meinem Leben aufzuschlagen. Und so führte mich der Weg im Winter 2013 zurück nach Hamburg.

Dort angekommen, erlebten wir den kältesten Winter seit Jahren. Trotzdem präsentierten wir unser Produkt schnell auf der größten Gastronomiemesse in Hamburg. Logistisch gesehen hatten wir auch einen Kooperationspartner gefunden, der unser Produkt deutschlandweit ausliefern konnte. Fürs Erste schien also alles perfekt und ich brachte mich immer mehr in die neue Firma ein.

Jedoch waren wir sehr bald mit dem Problem konfrontiert, dass unsere Kunden, die vornehmlich selbst Gastronomen waren, unser Produkt nicht annehmen wollten. Verglichen mit klassischen Cocktail-Produkten war unseres zwar qualitativ hochwertiger, aber leider auch hochpreisiger, was viele Gastronomen davon abschreckte, es aufzunehmen.

Noch dazu verbrauchte mein Freund einen hohen Anteil unseres Firmenkapitals für seinen privaten Lebensunterhalt. Die Firma schwankte dementsprechend und letztendlich ging uns ein halbes Jahr nach der Gründung das Geld aus. Mein Freund verschwand von heute auf morgen zurück nach Spanien und ich durfte mich auch Wochen später noch mit der Post von Finanzämtern und Co. herumschlagen. Wie Sie sich denken können, wurde die Firma später zwangsgeschlossen. Hier erwies es sich tatsächlich als wahres

Glück, dass ich nur als Gesellschafter teilhatte und nicht als Geschäftsführer mit voller Haftung involviert war. Denn sonst wäre das Thema für mich sicherlich nicht so glimpflich ausgegangen.

Warum ich Ihnen diesen Teil meiner Geschichte nicht vorenthalten möchte, ist die Tatsache, dass Scheitern in Deutschland oftmals immer noch sehr negativ behaftet ist. Meiner Meinung nach war dieses Scheitern aber ein enorm wichtiger Wendepunkt in meinem Leben. Denn er lehrte mich, gut mit den Firmenfinanzen zu haushalten, nach konstruktiven Lösungen zu suchen, immer wieder aufzustehen und nicht aufzugeben. Meiner Meinung nach sollten wir uns viel öfter trauen zu scheitern. Ansonsten nehmen wir uns selbst die Chance auf wahres und produktives Wachstum – und das wäre doch unendlich schade.

> **Tipp:** Auch am Tiefpunkt seines Lebens sollte man nie aufhören zu träumen. Betrachten Sie Scheitern nicht als Ende eines Weges, sondern als Chance, um in eine neue Richtung weiterzugehen. Visualisieren Sie sich zusätzlich bereits aus der Krise heraus, indem Sie sich Ihren Erfolg bereits bildlich im Kopf vorstellen.

Ja, für mich war all das damals ein persönlicher Tiefpunkt: Ich musste wieder bei meinen Eltern einziehen, hatte zudem eine „Pleite-Firma" sowie ein Onlineunternehmen, das zu der Zeit eher einem Tiefflieger glich als einem aufstrebenden Start-up. Dazu kam das permanente Gefühl der Erschöpfung sowie eine zunehmende Perspektivlosigkeit. Was mich dennoch bestärkte, den Kopf nicht gänzlich in den Sand zu stecken, war neben meinem eigenen Ehrgeiz auch mein guter, familiärer Rückhalt. Vor allem meine Mutter unterstützte mich in dieser Zeit tatkräftig als meine erste Angestellte, indem sie sich um den Versand und die Buchhaltung kümmerte. Gleichzeitig pflegte sie meinen Papa und hatte auch mit meiner Oma im Pflegeheim viel zu tun. Wo sie Tag für Tag die Energie für all das hernahm, ist mir bis heute ein kleines Rätsel.

Ohne sie wäre ich in dieser Phase meines Lebens nur sehr schwer zurechtgekommen – ja, vielleicht hätte ich dann sogar meinen Traum vom Unternehmerdasein beiseiteschieben müssen. Hier zeigte sich für mich wieder einmal mehr die eindrucksvolle Macht eines starken familiären Zusammenhalts.

Zu meiner Oma Gilda pflegte ich von Kindheit an ebenfalls ein sehr gutes Verhältnis und nicht erst seit meiner Rückkehr nach Deutschland besuchte ich sie regelmäßig. Sie gehörte zu den wenigen Menschen, die immer an mich glaubten und zählte neben meiner Mutter zu meiner größten Motivationsquelle. Oft sagte sie mir Dinge wie: „Ach Junge, was hätte ich am liebsten etwas mehr Geld gespart – ich würde es dir so gerne für deine Firma geben." Sie können sich ganz bestimmt denken, wie unfassbar dankbar ich bis heute dafür bin, zwei so starke Frauen in meinem Leben gehabt zu haben. An dieser Stelle: „Danke Mama und danke Oma!"

Und so schöpfte ich neuen Mut. Ich beschloss, bei den Banken vorstellig zu werden und mir einen Kredit für den weiteren Ausbau meines Unternehmens zu besorgen. So sprach ich bei vier Banken vor – doch keine gab mir auch nur einen Cent. Von meiner Hausbank bekam ich noch nicht einmal einen Dispokredit, jedoch wurde mir von einer anderen Bank zumindest in Aussicht gestellt, bei positiver Firmenentwicklung innerhalb der nächsten Monate einen Kredit beantragen zu können. Ein erster, kleiner Ansporn.

Zu meinem Glück bekam meine Mutter zeitgleich noch etwas Geld von einer Rentenversicherung ausgezahlt, welches sie mir lieh. Und so hatte ich zwar zum ersten Mal in meinem Leben private Schulden, aber auch eine neue Perspektive.

> **Tipp:** *Geben Sie Ihre wahren Träume nicht zu schnell auf. Suchen Sie dagegen nach konstruktiven und realistischen Möglichkeiten und Lösungen. Wenn man hart arbeitet und fest an sich glaubt, kommt das Glück manchmal fast von allein.*

Vom Geld meiner Mutter kaufte ich Vanilleschoten, mit denen ich mein Sortiment erweiterte und meldete mich zudem auf regionalen Food-Messen für Endverbraucher an. Dass es enorme Vorteile bringt, sich auch unabhängig vom Internet ein stabiles, geschäftliches Netzwerk aufzubauen, hatte ich während meiner Kooperation mit meinem Freund aus Barcelona lernen dürfen. Um flexibel und mobil zu sein, kaufte ich mir einen günstigen, kleinen Fiat Transporter, auf den ich voller Stolz mein Firmenlogo anbrachte und legte los.

Natürlich waren nicht alle Messen ein Erfolg, aber man konnte sehr schnell sehen, ob einem das Publikum an den jeweiligen Standorten wohlgesonnen war oder eher nicht. Nach kurzer Zeit zeigte sich, dass mein Plan aufging: Die Shop-Bestellungen schnellten nach oben.

Kulinarisch brachte mich diese Messeerfahrung mit sehr vielen Städten in Deutschland in Verbindung. So können Sie sich bereits vorstellen, dass ich in Städten wie München, Stuttgart, Frankfurt oder Köln kulinarisch bestens versorgt wurde. Bei einer Messe in Waldshut-Tiengen schlief ich sogar in einem Hotel mit Sternerestaurant. Auch im Münchner Hofbräuhaus war ich damals zu Besuch und in der Nähe des Messegeländes am Stuttgarter Flughafen sind ebenfalls kulinarische Köstlichkeiten zu entdecken. Hier kann ich Ihnen zum Beispiel den Inder in Leinfelden-Echterdingen wärmstens empfehlen.

Geschäftlich betrachtet lief es rund für mich und so wischte ich meine zunehmende Erschöpfung und die chronischen Atemprobleme mal wieder beiseite, um mich auf den weiteren Firmenaufbau zu konzentrieren. Zum einen erweiterte ich stetig unser Sortiment und zum anderen verkaufte ich nun meine Produkte auch über die Internetplattformen Amazon und Ebay. Bei Amazon waren Gewürze damals eher in Kleinsteinheiten à 50 g in Bundles à 5 Stück verpackt angeboten worden. Zudem gab es auch viele Händler, die nicht wirklich viel Wert auf ihre Marke und ihr äußeres Erscheinungsbild legten. Wir waren zwar nicht die Ersten, die Gewürze in Großpackungen anboten, jedoch haben wir quasi die 250-g-Einheit Gewürze auf Amazon mit erfunden. Heute zählt sie hier tatsächlich zum Standard.

Durch unsere Spezialverpackungen aus aromaschützenden Aluminiumbeuteln hoben wir uns zusätzlich von unseren Mitbewerbern ab und so wuchsen wir als Unternehmen Jahr für Jahr. Und ja, Sie haben recht, Aluminiumbeutel sind aus ökologischer Sicht nicht optimal, ich erkläre Ihnen den Zusammenhang, warum wir sie dennoch verwenden, später auf Seite 140 noch einmal im Detail und wieso wir mit dieser Wahl der Verpackung trotzdem auch an die Umwelt denken.

Nur sechs Monate nach meinem Kreditantrag habe ich ihn endlich erhalten. Doch wissen Sie was? Kurz nachdem ich ihn aufgenommen hatte, merkte ich, dass ich ihn eigentlich nie benötigt hätte. Das Kapital meiner Mutter und die kluge Investition in die Vanilleschoten trugen zu diesem Zeitpunkt bereits erfreulicherweise die ersten Früchte.

Mittlerweile hatten wir zwei festangestellte Mitarbeiter und die Firma wuchs und gedieh im Keller meiner Eltern. Dazu wurde nach und nach ein Kellerraum nach dem anderen mit in die Firma als Lagerraum umfunktioniert. Unser tägliches Familienbusiness dürfen Sie sich an dieser Stelle gerne bildlich vorstellen: Wir schleppten die Ware zunächst in großen Säcken in den Keller, wo sie in kleine Pakete umgepackt und versandfertig wieder nach oben gebracht wurden. Anschließend brachte sie meist meine Mutter höchstpersönlich mit dem Auto zum Paketshop um die Ecke, von wo aus sie sich auf den Weg zu unseren Kunden machten.

Als es im Dezember 2014 auf Weihnachten zuging, war ich durch das anstrengende Messeleben zunehmend erschöpft. Doch sowohl mein privates als auch berufliches Glück sollte sich in dieser Zeit noch einmal formen, als ich meinen Stern Josephina im Internet kennenlernte.

Vielleicht kennen Sie dieses wunderschöne Gefühl, wenn man Menschen begegnet, mit denen die Wellenlänge einfach stimmt? Dass es einem manchmal sogar vorkommt, als würde man sich schon ewig kennen? Bei Josephina und mir war das von Anfang an der Fall. Und rückblickend bin ich sogar fest davon überzeugt, dass uns das Schicksal zusammenführte.

Neben vielen gemeinsamen Interessen, Zukunftsplänen und Visionen verband uns auch der gastronomische Hintergrund, den Josephina aus ihrer Ausbildung zur Hotelfachfrau und ihrer selbstständigen Tätigkeit im Eventbereich mitbrachte. Dementsprechend teilten wir die große Leidenschaft für gutes Essen. Ich erinnere mich an viele wundervolle, romantische Dinner zu zweit. Außerdem hauchte Josephina durch ihr liebevolles Wesen und Wirken der Firma gewissermaßen die „weibliche Seele" ein, von der Azafran in den darauffolgenden Jahren noch sehr profitiert.

> **Tipp:** Egal, was Sie im Leben tun – Sie werden am Ende stets das anziehen, wonach sich Ihr Inneres am meisten sehnt.

Angetrieben durch dieses wundervolle Ereignis ergab sich kurz vor Weihnachten noch eine weitere Verbindung, die die Firmenentwicklung nachhaltig prägen sollte: Ich knüpfte Kontakt zur deutschlandweit bekannten Thermomix-Bloggerin Manuela Herzfeld und bot ihr an, ein paar unserer Produkte auf ihrem Blog zu testen. Überzeugt von unseren Produkten, entwickelte sich in den darauffolgenden Jahren eine tiefe Freundschaft und Manuelas eigene Gewürzserie „food with love" entstand, die wir auch in unserem Shop führen. Heute sind Manuela und ihre Tochter Joëlle erfolgreiche Kochbuchautorinnen und betreiben gemeinsam eine der größten Rezepte-Apps in Deutschland. Ihre vielseitigen Koch- und Backideen prägen dabei längst nicht mehr nur den Thermomixbereich, sondern erreichen über den gleichnamigen Foodblog inzwischen Tausende treue Fans auf der ganzen Welt.

Privat pendelte ich von nun an zwischen Josephinas Wohnung in Hamburg und dem Haus meiner Eltern und begann langsam, wieder zu leben.

Auch der Firma ging es besser und besser und inzwischen konnte ich mir ein kleines Unternehmergehalt auszahlen. So genossen Josephina und ich unser junges Glück in vollen Zügen und sammelten auf gemeinsamen Reisen viele wunderbare, kulturelle und kulinarische Eindrücke.

Josephina besitzt ein unfassbares Feingespür für Genuss, Geschmack und Ästhetik, mit dem sie mich immer wieder neu inspiriert. Gut möglich, dass sie ihren Feinsinn von ihrer Mutter erbte, die ebenfalls eine absolut fantastische Köchin ist. Da Josephina aus Thüringen stammt, habe ich durch sie die unzähligen Leckereien der ostdeutschen Küche kennengelernt, die ich bisher nur im Ansatz kannte. So begannen wir allmählich, unser Geschmacksempfinden gemeinsam zu verfeinern. Wir besuchten Workshops und Messen, auf denen wir erlernten, unsere Geschmackssinne zu schärfen und nahmen dank unseres erworbenen Wissens nach und nach neue Produkte ins Sortiment auf. Auch unser köstliches spanisches Olivenöl zählt hier beispielsweise mit dazu. Insgesamt war diese Zeit etwas ganz Besonderes für mich, denn ich durfte so viele neue Genüsse und Eindrücke kennenlernen wie nie zuvor und habe in unzähligen großartigen Restaurants gegessen.

Wegbereitend war dabei für uns auch Josephinas bester Freund Riad, der eines der auf Tripadvisor bestausgezeichneten Restaurants Hamburgs führt – das „Hala".

Serviert werden orientalische Köstlichkeiten auf höchstem Niveau. Selbst Fernsehköche sowie der ein oder andere Hollywoodgast lassen sich in seinem Hamburger Restaurant gerne verwöhnen.

Wie viel wir in den kommenden Jahren von Riad noch über die bunte Welt der orientalischen Gewürze lernen würden, konnten wir zum damaligen Zeitpunkt nur erahnen.

> **Tipp:** Um exzellent zu werden, in dem, was Sie tun, suchen Sie sich Vorbilder, von denen Sie lernen können.

Langsam war es so weit, dass wir mit den räumlichen Kapazitäten bei Azafran an unsere Grenzen stießen: Die Kellerräume meiner Eltern wurden einfach zu klein und so mussten wir uns nach einem neuen, geeigneteren Ort umsehen.

Ich erzähle Ihnen all das, um Ihnen vor allem eines aufzuzeigen: Wenn Sie ein Ziel verfolgen, geben Sie es nicht leichtfertig auf. Hürden und Stolpersteine gehören auf dem Weg zum Lebensglück einfach dazu und dienen uns als Chancen, über uns hinauszuwachsen. Glauben Sie an Ihre Herzenswünsche und schöpfen Sie nach einem Rückschlag neuen Mut. Und vergessen Sie niemals, dass auch nach dunklen Tagen und stürmischen Zeiten irgendwann einmal wieder die Sonne scheint.

MEINE 3 LEHREN AUS DER LEBENSPHASE BIS MITTE 30

Auf meiner Reise zum Kurkumi-Geschmacksexperten waren die beschriebenen Jahre bis Mitte 30 ebenfalls sehr prägend und lehrreich. Diese zentralen Schlüsselerkenntnisse möchte ich nachfolgend mit Ihnen teilen:

1. NEHMEN SIE ESSEN BEWUSST WAHR – LÖSEN SIE ALTE GLAUBENSSÄTZE UND SCHALTEN SIE NEGATIVE GEDANKEN AUS.

Einer der wichtigsten Kriterien, um seinen Geschmack zu schärfen, ist es, Essen bewusst – mit möglichst all unseren Sinnen – wahrzunehmen.

Das können Sie ganz einfach üben. Schließen Sie bei Ihrem nächsten Restaurantbesuch vor dem ersten Bissen die Augen und kauen Sie zudem etwas länger und gründlicher als sonst.

Atmen Sie zwischendurch etwas Sauerstoff ein, um den Geschmack zu intensivieren. Versuchen Sie, auch Ihren Körper in diesem Zustand zu spüren. Was sagt Ihnen Ihre Zunge, was Ihr Geruchssinn? Versuchen Sie, herauszuschmecken, was der Koch für Zutaten im Gericht verwendet hat. Inwieweit nehmen Sie die ganzen Geschmackssinne wahr? Genießen Sie diesen Moment, denn eventuell nehmen Sie hier zum ersten Mal den Geschmacksreichtum Ihrer Speise in vollem Umfang wahr.

Vermeiden Sie in diesem Moment eine Bewertung der kulinarischen Schätze, sondern lassen Sie sich voll und ganz auf das Erleben der Geschmackseindrücke ein – denn darum geht es beim bewussten Genießen.

Probieren Sie auch einmal diese Technik aus und halten Sie sich die Ohren zu, z.B. mit Hilfe von Kopfhörern. Dadurch betreten Sie den Raum absoluter Stille. Denn das gezielte Ausschalten eines Sinnes sensibilisiert Ihre anderen Sinne in Form des Geruchs- und Geschmackssinnes.

Setzen Sie sich in dieser Lebensphase kritisch mit Ihren alten Glaubenssätzen auseinander. Jeder wird mit diesen im Laufe seines Lebens einmal in Kontakt gekommen sein. Hier sind ein paar Beispiele:

Vielleicht hat eine Ihrer Bezugspersonen in früheren Jahren Essen kommentiert und ihre Vorlieben und Abneigungen auf Sie projiziert? Vielleicht mögen Sie die Butter auf dem Brötchen heute nicht essen, weil Ihr Bruder davor einen Ekel hatte und dieses auch gerne mal mitteilte? Hinterfragen Sie also in diesem Moment alles, was Sie nicht mögen – das kann sehr aufschlussreich sein.

Möglicherweise wurden Sie auch durch typische Sprüche Ihrer Eltern geprägt wie „Wenn du deinen Teller nicht aufisst, dann scheint morgen nicht die Sonne." Nicht wenige leiden deswegen im Erwachsenenalter unter dem Zwang, immer alles aufessen zu müssen, obwohl sie eigentlich längst satt sind.

Bei mir waren es beispielsweise Gerichte wie Spargel. Ich mochte ihn bis dahin nicht. Warum, kann ich Ihnen gar nicht sagen, aber dadurch, dass ich ihm in meinen dreißiger Jahren wieder eine Chance gab, konnte ich die unglaublichen Genusseindrücke vieler Menschen bezüglich dieser Speise auf einmal verstehen. Heute ist frischer Spargel im Mai für mich ein absolutes kulinarisches Highlight – sowohl der grüne als auch der weiße Spargel. Wer hätte das für möglich gehalten.

Auch Aussagen wie „Wer Fett isst, wird fett" oder „Nach 18.00 Uhr sollte man nichts mehr essen" können tief sitzen, obwohl sie ernährungsphysiologisch häufig längst widerlegt sind. Um ein Beispiel zu nennen: Inzwischen gibt es gut belegte Hinweise dafür, dass man nicht allein durch Fette zunimmt, sondern meist durch ein Übermaß an raffinierten Kohlenhydraten.

Lösen können Sie diese Glaubenssätze ganz einfach, indem Sie sie umwandeln:
Sagen Sie sich z.B.:
  – Ich esse bewusst und achtsam und höre auf meinen Körper, wenn er satt ist.
  – Für mich ist Essen ein Genuss, den ich jeden einzelnen Tag neu erleben darf.
  – Der Rest meines Lebens liegt noch vor mir – deswegen möchte ich heute schon sicher sein, dass ich auch morgen ohne Krankheiten genießen kann.

Dazu sollten Sie Essen niemals mit negativen Gedanken genießen. Sie wollen Ihren Körper schließlich etwas Gutes tun. Echten Genuss erreicht man meiner Meinung nach nur mit positiven Gedanken.

Auch der Genuss von kleinen Portionen schafft Bewusstheit. In der Regel sagt man, dass man nach dem dritten Bissen das Essen weniger bewusst wahrnimmt, weil der Kopf – oder auch hier vornehmlich die Nase, die nur zeitlich auf Aromadüfte reagiert – sich an das Essen gewöhnt. In der Fachsprache wird dieser Effekt „Geruchsadaption" genannt. Genau aus diesem Grund spielen Sternerestaurants mit vielen kleinen Gängen, die meist nur aus drei Bissen bestehen oder aber sie spielen mit besonderen Nuancen, die das Geschmackserlebnis immer wieder neu nach oben treiben. Diese Art „bewusst" Essen wahrzunehmen, können Sie auch zu Hause anwenden, indem Sie sich selbst und Ihre Familie mit Kleinigkeiten überraschen. Als kleiner, aber angenehmer Nebeneffekt werden Sie sich durch diese „bewusste" Art der Ernährung auch schneller satt fühlen.

2. GENIESSEN SIE NEUE GESCHMÄCKER UND AROMEN UND BEZIEHEN SIE ALLE GESCHMACKSSINNE MIT EIN

Bereits im letzten Kapital gab ich Ihnen den Tipp mit an die Hand, beim Essen neugierig zu sein. In diesem Kapitel möchte ich Sie gezielt dazu ermutigen, neue Geschmäcker kennenzulernen. Das geht nicht nur auf Urlaubsreisen und in exotischen Restaurants. Suchen Sie gezielt nach Lebensmitteln, die Sie bisher gar nicht oder nur selten essen, und verfeinern Sie Ihre Kochkunst durch neue Rezepte.

Kochen Sie von nun an so, dass Sie möglichst alle Geschmackssinne ansprechen. Bei mir gehören z.B. etwas Essig oder ein Spritzer Zitronensaft mittlerweile zur Standard-Ergänzung bei fast jedem Rezept dazu.

Auch möchte ich Ihnen empfehlen, alle Sinne anzusprechen – nicht nur den Geschmackssinn. Riechen Sie an Ihrem Essen und fühlen Sie seine Konsistenz im Mund und auf der Zunge. Um Ihre Mahlzeiten noch vielseitiger zu gestalten, können Sie sich mit einfachen Tricks behelfen und hier mal etwas getrocknete Tomate, dort etwas Käse oder geröstete Kerne hinzufügen. Dazu können Sie selbstverständlich auch gezielt Gewürze einsetzen. Allein dadurch lässt sich das Geschmacksspektrum auf ein ganz neues Level heben. Wichtig ist nur, dass Sie frische Gewürze verwenden. Alte, abgelagerte Ware wird Sie geschmacklich kaum abholen und weiterbringen.

Und ein letzter Tipp: Abonnieren Sie gute Kochkanäle in den sozialen Medien, suchen Sie nach Foodblogs und Büchern, die Sie inspirieren und kochen Sie Rezepte nach, die Ihnen gefallen. Trauen Sie sich ruhig mal, etwas Neues auszuprobieren und Zutaten und Gewürze untereinander auszutauschen: Warum nicht die Sauce des einen Rezepts mit der Beilage eines anderen Rezeptes kombinieren? Sie werden merken, dass Sie nach und nach immer mehr kulinarische Nuancen und Genüsse entdecken.

Sie können Ihr Gericht auch als eine Art Kunstwerk betrachten und ganz nach dem Motto „künstlerische Freiheit" ausprobieren, was Ihnen persönlich eben zusagt oder welche Kombination aus Aromen und Zutaten Sie interessiert. Nur wer ausprobiert, kann auch Erfahrungen sammeln. Und ein kleiner Tipp am Rande .... Sie haben ein köstliches Rezept zusammengestellt oder gefunden? Dann direkt speichern oder aufschreiben. Nichts geht über eine köstliche Sammlung an tollen Rezepten.

> **Tipp:** Lassen Sie sich auch einmal überraschen und fragen Sie beim nächsten Besuch an der Fleisch- und Wursttheke nach Empfehlungen der Verkäufer. Dadurch bringt Josephina z.B. immer wieder neuen schmackhaften Käse mit nach Hause.

3. JEDE KRANKHEIT MÖCHTE IHNEN AUCH ETWAS MITTEILEN.

In dieser Phase meines Lebens wurde ich mehr und mehr krank. Eine Krankheit sollte man aber im engeren Sinne nicht nur als etwas Negatives sehen, sondern sie als Signal des Körpers verstehen und deuten. Das ist gewiss nicht immer leicht, doch es kann darin ein wertvoller Schlüssel liegen, dem eigenen Leben eine neue Richtung zu geben.

Manche Krankheit möchte uns vielleicht mitteilen, dass wir an einem bestimmten Punkt nicht weiterkommen. Dass wir gestresst sind und Ruhe benötigen. Dass wir uns zu viel aufhalsen und damit völlig über unsere Grenzen hinausgehen. Auch können Erkrankungen auf einen Mangel im Körper hinweisen, der beispielsweise durch fehlende Nährstoffe zustande kommt. Dann gilt es, diesen Mangel zu erkennen und zu beheben. Gerade in der Lebensphase bis Mitte 30 ist diese Erkenntnis sehr wichtig, denn hier verändert sich der Körper erneut und die ersten größeren Wehwehchen kommen ans Licht.

Eine Blutuntersuchung kann hierzu erste Aufschlüsse geben. Sie können dadurch sehen, was Ihrem Körper gerade fehlt und ihm durch gezielte Supplementierung die Chance zur Selbstheilung geben.

MEINE 7 HIGHLIGHTS AUS DIESER ZEIT WAREN:

- – Bauernsalat „Greek Style"
- – Orientalische Blumenkohlsuppe
- – Pebre – Chilenischer Koriander-Tomatensalat
- – Paella
- – Tomatenrisotto mit grünem Spargel
- – Köfte – Türkische Frikadellen
- – Cremige Blaubeer-Nicecream

Trainingstipps zum Kurkumi-Geschmacksexperten:

1. Probieren Sie beim nächsten Restaurantbesuch die Bewusstseinsübung aus.
2. Lösen Sie negative Glaubenssätze und wandeln Sie diese in neue, positive.
3. Kochen Sie beim nächsten Mal bewusst mit der Einbeziehung der 5 Geschmackssinne.

EINE KURZE ZUSAMMENFASSUNG:

- Ändern Sie Ihr Leben, wenn Sie spüren, dass Sie noch nicht zufrieden sind.
- Gehen Sie auch das ein oder andere Risiko ein – nur wer säht, wird später auch ernten.
- Fangen Sie spätestens in dieser Lebensphase damit an, sich mit bewusster und ausgewogener Ernährung zu beschäftigen. Ihr Körper wird es Ihnen danken.
- Egal, was Sie im Leben tun – Sie werden das anziehen, wonach Sie sich im Innersten sehnen.
- Lernen Sie, Ihr Essen bewusst wahrzunehmen und lösen Sie sich von negativen Glaubenssätzen.
- Üben Sie sich in bewusstem Genuss – jeden Tag aufs Neue.
- Probieren Sie neue Dinge aus und bilden Sie sich kontinuierlich weiter. Erlauben Sie sich, vom Leben überrascht zu werden.
- Jede Krankheit möchte Ihnen etwas mitteilen. Schauen Sie daher genau hin und kümmern Sie sich gut um sich selbst. Nehmen Sie eine solche Situation auch als Aufforderung, Ihrem Leben eine neue Richtung zu geben.

BAUERNSALAT
„GREEK STYLE"

Zubereitungszeit:
30 Minuten

Kategorie / Typ:
Salat / Low Carb

Schwierigkeitsgrad:
einfach

Zubereitungsart:
Schüssel

Zutaten:
(für 4 Portionen)
3 rote Zwiebeln (ca. 150 g)
2 rote Paprikaschoten
1 Salatgurke
500 g Cherrytomaten
300 g Feta
100 ml Weißweinessig
20 ml Zitronensaft
40 ml Olivenöl*
75 g Oliven
1 EL Salatgewürz*
Salz*, Schwarzer Pfeffer*

ZUBEREITUNG:

– 3 Zwiebeln schälen, 2 Paprikaschoten waschen entkernen und
dann beides in Ringe schneiden. Gurke waschen und in Scheiben
schneiden. 500 g Tomaten putzen und halbieren oder vierteln.
300 g Feta in Würfel schneiden.

– Die Vinaigrette aus 100 ml Essig, 20 ml Zitronensaft, Salz und
Pfeffer anrühren. Anschließend 40 ml Öl untermischen.

– Das klein geschnittene Gemüse, 75 g Oliven und den Feta in
eine Schüssel geben und mit der Vinaigrette beträufeln. Gerne
auch noch Salatgewürz hinzugeben.

– Vor dem Servieren nochmals mit Salz und Pfeffer abschmecken.

TIPP:
VERWENDEN SIE EIN
HOCHWERTIGES OLIVENÖL
UND VERFEINERN SIE IHREN
SALAT MIT FRISCHEN KRÄU-
TERN UND GEHACKTEN
NÜSSEN.

Nährwerte pro Portion (4 gesamt): Kalorien 375, Kohlenhydrate 10 g, Eiweiß 14 g, Fett 31 g | *z.B. von Azafran

ORIENTALISCHE BLUMENKOHLSUPPE

Zubereitungszeit:
40 Minuten

Kategorie / Typ:
Suppe / Low Carb, vegan
(ohne Honig und Joghurt)

Schwierigkeitsgrad:
mittel

Zubereitungsart:
Herd

Zutaten:
(für 4 Portionen)
1 großer Blumenkohl (ca. 1,5 kg)
20 ml Olivenöl* plus etwas zum
Backen
1 Zwiebel
300 ml Wasser
1 Dose Kokosmilch (à 400 ml)
½ EL Gemüsebrühe-Pulver*
1 EL Ras-el-Hanout Gewürz-
mischung*
nach Bedarf 5 g Honig
1 Knoblauchzehe
Salz*, Pfeffer*
optional Joghurt zum Garnieren
optional Petersilie oder Korian-
der zum Garnieren

ZUBEREITUNG:

– Den Blumenkohl waschen, in kleine Röschen schneiden, mit Olivenöl bepinseln und in einem Ofen bei 160°C Umluft 15-20 Minuten rösten.

– 1 Zwiebel schälen und grob würfeln. In einem beschichteten Topf 20 ml Olivenöl erhitzen und die Zwiebelwürfel darin anbraten.

– 300 ml Wasser sowie 400 ml Kokosmilch hinzugeben und die Zwiebeln damit ablöschen. ½ EL Gemüsebrühe-Pulver mit hineingeben. Den Blumenkohl ebenfalls hinzugeben und köcheln lassen.

– So lange kochen, bis der Blumenkohl vollständig gar ist.

– Nach dem Köcheln mit einem Pürierstab komplett mit den Gewürzen wie 1 EL Ras-el-Hanout, 5 g Honig und 1 Zehe Knoblauch zerkleinern. Dann mit Salz und Pfeffer abschmecken.

– Gerne auf kleiner Stufe kurz weiterköcheln und dann in die gewünschte Schüssel geben.

Nährwerte pro Portion (4 gesamt): Kalorien 360, Kohlenhydrate 18 g, Eiweiß 12 g, Fett 24 g | **z.B. von Azafran*

TIPP:
NACH BEDARF MIT
JOGHURT UND FRISCHEN
KRÄUTERN GARNIEREN.

PEBRE
CHILENISCHER KORIANDER-TOMATEN-SALAT

Zubereitungszeit:
15 Minuten

Kategorie / Typ:
Salat / Low Carb, vegan

Schwierigkeitsgrad:
einfach

Zubereitungsart:
Schüssel

Zutaten:
(für 4 Portionen)
4 aromatische Tomaten
2 Bund frischer Koriander
(ca. 400 g)
3 Knoblauchzehen
1 mittelgroße rote Zwiebel
3 EL Balsamico-Essig*
4 EL Olivenöl*
20 ml Limettensaft
Chiliflocken* nach Bedarf
Salz*

ZUBEREITUNG:

– 4 aromatische Tomaten in Würfel schneiden.

– 2 Bund frischen Koriander, 3 Knoblauchzehen sowie eine mittelgroße Zwiebel fein schneiden. Mit den Tomatenwürfeln vermischen.

– Für das Dressing 3 EL Balsamico, 4 EL Olivenöl, 20 ml Limettensaft mit etwas Chiliflocken und Salz abschmecken.

– Dies alles unter die Koriandermischung heben und genießen.

TIPP:
GEBEN SIE ETWAS
„CRUNCH" IN FORM VON
NÜSSEN ALS TOPPING
DAZU.

Nährwerte pro Portion (4 gesamt): Kalorien 148, Kohlenhydrate 7 g, Eiweiß 4 g, Fett 11 g | *z.B. von Azafran

PAELLA

Zubereitungszeit:
1 Stunde

Kategorie / Typ:
Hauptgericht

Schwierigkeitsgrad:
schwierig

Zubereitungsart:
Herd/Grill

Zutaten:
(für 4 Portionen)
4 Hähnchenkeulen
200 g Kaninchenfleisch
10 ml Olivenöl*
600 g Tintenfisch
100 g Tintenfisch (Sepien)
1 kleine grüne Paprikaschote
1 kleine rote Paprikaschote
2 Zwiebeln
400 g stückige Tomaten
2 Knoblauchzehen
100 g Erbsen
0,2 g Safran*
750 ml Fisch- oder Gemüsefond
1 EL Gemüsebrühe-Pulver*
300 g Paellareis
6 Miesmuscheln
100 g Venusmuscheln
3 Langusten oder Flusskrebse
Salz*, Pfeffer*
1 Zitrone, in Spalten geschnitten

ZUBEREITUNG:

– 4 Hähnchenkeulen und 200 g Kaninchenfleisch pfeffern, salzen und in einer Paellapfanne mit 10 ml Olivenöl goldbraun anbraten.

– Das Fleisch herausnehmen. Jetzt 600 g Tintenfisch und 100 g Sepien anbraten. Diese ebenfalls herausnehmen.

– Die beiden Paprikaschoten (grün und rot) waschen und würfeln. 2 Zwiebeln schälen und ebenfalls würfeln. Ein wenig Paprika zum späteren Dekorieren beiseitelegen. Paprika- und Zwiebelstücke in der Paellapfanne anbraten. Fleisch hinzugeben und alles unter ständigem Wenden für 10 Minuten lang anbraten.

– 400 g stückige Tomaten und die 2 gehackten Knoblauchzehen hinzufügen. Unter Rühren schmoren, bis die ganze Flüssigkeit verdampft ist. 100 g Erbsen, 0,2 g Safran, 750 ml Fond, 1 EL Gemüsebrühe-Pulver und 300 g Reis hinzufügen. Alles durch-rühren und auf kleiner Flamme köcheln lassen.

– Wenn die Hälfte der Flüssigkeit verdampft ist, 6 Miesmuscheln, 100 g Venusmuscheln, angebratenen Tintenfisch und Sepien hinzufügen, umrühren und weiter köcheln lassen.

– Danach mit den beiseitegelegten Paprikastücken sowie den 3 Langusten garnieren sowie salzen und pfeffern. Nun nicht mehr umrühren, mit Alufolie bedecken und auf kleinster Flamme fertiggaren.

– In der Pfanne servieren und Zitronenspalten dazu reichen.

Nährwerte pro Portion (4 gesamt): Kalorien 1335, Kohlenhydrate 80 g, Eiweiß 142 g, Fett 46 g | *z.B. von Azafran

Enjoy it all!

TIPP:
HÖREN SIE SICH FÜR
DIE ATMOSPHÄRE SPANI-
SCHE GITARRENMUSIK
BEIM ESSEN AN.

TIPP:
EINE NUANCE SAFRAN
RUNDET DAS GERICHT
OPTIMAL AB.

TOMATENRISOTTO
MIT GRÜNEM SPARGEL

Zubereitungszeit:
1 Stunde

Kategorie / Typ:
Beilage / vegetarisch

Schwierigkeitsgrad:
mittel

Zubereitungsart:
Herd

Zutaten:
(für 4 Portionen)
1 Zwiebel
2 Knoblauchzehen
10 ml Olivenöl*
280 g Risottoreis
100 ml Wasser
400 ml passierte Tomaten
40 g Tomatenmark
1 EL Gemüsebrühe-Pulver*
300 g grüner Spargel
100 g Parmesan
Salz*, Pfeffer*
optional Cocktailtomaten

ZUBEREITUNG:

– 1 Zwiebel und 2 Knoblauchzehen schälen.

– Beides klein hacken und in einer beschichteten Pfanne mit 10 ml Olivenöl andünsten. Dies ist ganz wichtig: nicht braun werden lassen.

– Sobald beides weich ist, 280 g Risottoreis für 2 Minuten mit andünsten. Auch hier: nicht braun werden lassen!

– Mit ein wenig Wasser ablöschen. Anschließend das restliche Wasser, 400 ml passierte Tomaten, 40 g Tomatenmark sowie 1 EL Gemüsebrühe-Pulver einrühren. Auf niedriger Temperatur weiter köcheln.

– Währenddessen 300 g grünen Spargel säubern und bei Bedarf die Enden leicht schälen. Grillen oder anbraten.

– Zum Schluss 100 g Parmesan in das Risotto einrühren. Mit Salz und Pfeffer abschmecken.

– Auf einem Teller anrichten und mit dem Spargel toppen.

– Auf Wunsch mit Cocktailtomaten sowie Parmesan dekorieren.

Nährwerte pro Portion (4 gesamt): Kalorien 412, Kohlenhydrate 59 g, Eiweiß 17 g, Fett 10 g | *z.B. von Azafran

KÖFTE
TÜRKISCHE FRIKADELLEN

Zubereitungszeit:
30 Minuten

Kategorie / Typ:
Hauptgericht / Low Carb
(ohne Beilage)

Schwierigkeitsgrad:
mittel

Zubereitungsart:
Herd

Zutaten:
(für 4 Portionen)
100 g Zwiebel
1 Handvoll Petersilie
500 g Rinderhackfleisch
1 TL Knoblauchpulver*
1 EL Türkisch Allrounder Gewürzmischung*
½ TL Kreuzkümmel* gemahlen
Salz*, Pfeffer*
15 ml Olivenöl* zum Anbraten

ZUBEREITUNG:

– 100 g Zwiebel schälen und klein hacken. Handvoll Petersilie ebenfalls zerkleinern und beides in eine Schüssel geben.

– Alle Zutaten wie 500 g Rinderhack, 1 TL Knoblauchpulver, 1 EL Türkisch Allrounder und ½ TL Kreuzkümmel ebenfalls in die Schüssel geben.

– Das Ganze salzen und pfeffern. Daraus ca. 25 Bällchen formen. Die Bällchen dürfen gerne ein wenig oval sein.

– Eine Pfanne vorbereiten, Olivenöl hineingeben und die kleinen Frikadellen von beiden Seiten anbraten.

TIPP:
DIE FERTIGEN FRIKADELLEN MIT EIN WENIG FRISCHER PETERSILIE GARNIEREN.

Nährwerte pro Portion (4 gesamt): Kalorien 318, Kohlenhydrate 4 g, Eiweiß 27 g, Fett 22 g | *z.B. von Azafran

CREMIGE BLAUBEER-NICECREAM

Zubereitungszeit:
10 Minuten + Kühlzeit

Kategorie / Typ:
Dessert / vegan

Schwierigkeitsgrad:
einfach

Zubereitungsart:
Mixer

Zutaten:
(für 4 Portionen)
400 g reife Bananen
200 g tiefgekühlte Blaubeeren
200 ml Mandelmilch
2 EL Heidelbeerpulver*
1 TL Vanillepulver*
20 g gefriergetrocknete Heidel-
beeren*

ZUBEREITUNG:

– 400 g Banane schälen, in Scheiben schneiden und mindestens 10 Stunden einfrieren.

– Die gefrorenen Bananenstückchen mit 200 g gefrorenen Blaubeeren, 200 ml Mandelmilch, 2 EL Heidelbeerpulver sowie 1 TL Vanillepulver in einen Hochleistungsmixer geben und so lange mixen, bis eine cremige Masse entsteht.

– Die Nicecream in eine Schüssel umfüllen und mit 20 g gefrier-getrockneten Heidelbeeren garnieren.

TIPP:
UM AUCH MAL SPONTAN EINE NICE CREAM ZUBEREITEN ZU KÖNNEN, SOLLTEN SIE IMMER EIN PAAR GESCHÄLTE BANANENSTÜCKE EIN-GEFROREN HABEN.

Nährwerte pro Portion (4 gesamt): Kalorien 158, Kohlenhydrate 30 g, Eiweiß 2 g, Fett 2 g | *z.B. von Azafran

VOM „KELLER-START-UP" ZUM ERFOLGREICHEN UNTER-NEHMEN (ALTER 35-42)

„Der Mensch ist, was er isst."

Ludwig Feuerbach (deutscher Philosoph 1804-1872)

In der Lebensphase ab 35 hinterfragt man viele Dinge: Führt man ein authentisches Leben? Konnte man sich bisher entfalten? Und, wenn nicht bereits sowieso geschehen, beginnen viele, über die Familienplanung und Partnerschaft nachzudenken.

Wie ich darauf komme? Weil auch ich diese Phase durchlebt habe. Ich lebte mit *Azafran* meinen beruflichen Traum, hatte mit Josephina genau die richtige Partnerin an meiner Seite und eine eigene Familie war demnach auch nicht mehr ausgeschlossen.

***

Weihnachten 2015 machte Josephina mir mein bisher schönstes Geschenk, auch wenn es ein ungeplantes war: Sie war schwanger! So sollte sich für uns ein ganz neuer Lebensabschnitt als junge Familie auftun, weshalb wir beschlossen, nun final zusammenzuziehen.

Neben der wunderschönen Nachricht von Josephinas Schwangerschaft mussten wir im Sommer 2016 jedoch auch den schmerzlichen Verlust zweier sehr nahestehender Menschen hinnehmen. So ereilte uns im Juni die traurige Nachricht, dass bei Josephinas geliebter Oma Elfi Krebs im Endstadium diagnostiziert wurde. Sie starb nur ein paar Wochen später im Juli. Im August verließ uns auch meine geliebte Oma Gilda, die mit 91 Jahren jedoch ein wunderbares Alter erreichte.

Als schließlich im September 2016 unsere bezaubernde Tochter Charlotte geboren wurde, nahm das Leben für uns wieder eine positive Wendung. Da war sie endlich, unser ungeplantes Wunschkind!

Vom ersten Moment an war Charlotte unser Sonnenschein. Doch wie für viele frisch-gebackene Eltern waren auch für Josephina und mich die ersten Monate nach Charlottes Geburt reich an schlaflosen Nächten. Natürlich machten sich dadurch schnell wieder meine Erschöpfungserscheinungen bemerkbar. Und so ging ich nach anfänglicher Euphorie körperlich schon ziemlich bald wieder auf „Krücken". Zum Glück waren

Josephina und ich bereits ein gut eingespieltes Team und so konnten wir uns den Rücken gegenseitig freihalten.

Zu Ehren von Charlotte gründeten wir mit „Charlottes Finest" unsere Zweitmarke speziell für Kindergewürzmischungen. Auch Josephinas Spitzname „Fine" findet sich in der Namensgebung wieder. Gemeinsam machten wir uns an die Entwicklung diverser Gewürzmischungen, die vor allem den kindlichen Gaumen überzeugen und sich daher besonders gut für die Familienküche eignen. Unsere kleine Charlotte war hier mit ihrem bereits sehr kritischen Feinsinn wohl die ehrlichste Testesserin, die wir uns hätten wünschen können. War sie zufrieden, hatte das auf jeden Fall eine zentrale Aussagekraft für unsere Produktentwicklung.

Nach der Geburt übernahm Josephina immer mehr Aufgaben bei Azafran und brachte die Firma durch ihr kreatives Wesen und ihre vielen guten Ideen weiter nach vorne. Nebenbei folgte sie ihrer Leidenschaft als Eventmanagerin und ermöglichte der Firma viele neue Impulse – nicht nur geschäftlich gesehen, sondern auch durch unvergessliche Feste und legendäre Weihnachtsfeiern.

Zudem kümmerte sie sich fortan um viele administrative Dinge und übernahm auch unser Personalmanagement. Durch sie entwickelte Azafran im Lauf der Zeit eine wunderbare, weibliche Seele, die es in der Firma bis dato so nicht gegeben hatte. Das weitverbreitete Sprichwort „Hinter jedem erfolgreichen Mann steht eine starke Frau" erhielt für mich dank Josephina eine ganz neue, reale Bedeutung.

> **Merken Sie sich:** *„Hinter jedem erfolgreichen Mann steht eine starke Frau."*

Bald schon konnten wir mit unserer Lotti gemeinsam wieder in Restaurants essen gehen, was wir sehr genossen. Zudem hatten wir durch meine Mutter und Josephinas Vater zwei großartige Babysitter in der Nähe wohnen, die uns tatkräftig unterstützten.

Zeit mit meiner Charlotte zu verbringen, ist für mich auch heute etwas ganz Besonderes. Ich wollte nie zu der Sorte Vater zählen, die später bedauern, dass sie doch gerne mehr Zeit für ihre Kinder gehabt hätten. Dieses Versprechen gab ich Charlotte bereits im Geburtssaal, als das kleine Wesen zum ersten Mal auf meiner Brust lag. Auch dieser Moment ist mir bis heute wie magisch in Erinnerung geblieben und macht mich immer wieder dankbar.

Die hohe Priorität meiner Familie war aber auch einer der Gründe dafür, warum wir unser Sortiment immer nur in kleinen Schritten expandierten. Wir überstürzten nichts um der Karriere willen, sondern ließen uns Zeit, unser Sortiment sorgfältig auszubauen. Auch die Entwicklung unserer Eigenkreationen geschah lieber in Ruhe, statt in Masse.

Dazu war es für uns auch immer wichtig, dass wir gute Lieferanten für unsere Produkte fanden. Es ist wahrscheinlich auch einer der Gründe, warum wir Testsieger für Oregano bei Stiftung Warentest im Heft 10/2020 wurden. Auf die Siegelnutzung verzichteten wir allerdings aufgrund der 5-stelligen Nutzungsgebühren.

Sicherlich könnte man nun einwenden, dass doch gerade bei Internetfirmen die Skalierung in den Anfangszeiten so wichtig ist. Denn wer nicht skaliert, wird vom Markt verdrängt. Zudem muss man die Mitbewerber im Blick behalten, denn auch wir erfuhren, dass unser Geschäftsmodell schnell von anderen Firmen kopiert wurde. Doch wir wussten gleichzeitig auch, dass gewisse Elemente unserer Firma niemals kopiert werden können – und das war in erster Linie unsere Persönlichkeit, die uns als Unternehmen von Anfang an einzigartig machte.

So ließen Josephina und ich uns nicht von unserem Weg abbringen – im Gegenteil: Wir etablierten uns weiter als Familienunternehmen und bildeten uns stetig fort, anstatt uns auf den bereits erreichten Erfolgen auszuruhen. Da Weiterentwicklung für uns nicht nur beruflich, sondern auch privat einen hohen Stellenwert besitzt, beschäftigte sich Josephina in dieser Zeit ganz bewusst mit Themen rund um Persönlichkeitsentwicklung sowie der Frage, wie wir langfristig ein starkes Team aus motivierten und kompetenten Mitarbeitern aufbauen könnten. Ich ließ mich davon anstecken und so zahlte sich diese Entwicklung später ebenfalls positiv für Azafran aus.
Ganz nach dem Motto „Stillstand ist Rückstand".

> **Tipp:** *Vertrauen Sie auf sich und wertschätzen Sie Ihre Einzigartigkeit. Sie sind das Original und nicht kopierbar.*

Die Entwicklung unserer Firma war damals enorm. Natürlich wurde dies auch von unseren Lieferanten wahrgenommen und so entwickelten sich großartige Partnerschaften auf Augenhöhe. Eine dieser Partnerschaften führte mich im Jahre 2018 in die USA, wo ich den Mutterbetrieb einer unserer Partner besuchen durfte.

Deren Lebensmittelchemikerin hat mir in einer sehr intensiven Woche gezeigt, wie man professionell Gewürzmischungen ohne Zusatzstoffe herstellt. Durch diesen Aufenthalt gelang es uns endlich, das Geheimnis unserer bis dahin zugekauften Currymischung zu lüften und sogar noch zu verbessern. Seit diesem Aufenthalt verkürzte sich die Entwicklungszeit neuer Mischungen in unserem Hause um 50 Prozent. Sie können sich vorstellen, dass ich meinem Partner für dieses „Praktikum" sehr dankbar bin. Zudem bekam ich ein Angebot, Azafran in die USA zu bringen. Logistik, Warenfluss etc. wären vorhanden gewesen. Einzig um den Vertrieb und Marketing hätte ich mich kümmern sollen. Dazu eine neue Firmenbeteiligung von 50 Prozent für die neue US-Firma.

Im ersten Moment klang das nach einem Traumangebot – doch ich lehnte es trotzdem ab. Für mich war meine Familie einfach wichtiger als eine derartige Vergrößerung unserer Firma. Außerdem hätte ich mit dieser zusätzlichen Verantwortung weniger Zeit für das deutsche Hauptgeschäft gehabt. Des Weiteren hielten sich auch meine Gesundheit und Erschöpfungsgedanken weiter in meinem Kopf auf. Beweggründe, die sich aus heutiger Sicht als richtig und wichtig erwiesen haben.

> **Tipp:** *Man muss im Leben lernen, Prioritäten zu setzen. Besinnen Sie sich daher immer wieder auf Ihre wesentlichen Werte.*

2019 traf uns der nächste Schock: Der Krebs meines Vaters war zurück. Eine erneute Operation stand bevor und das, obwohl mein Vater bereits körperlich stark angeschlagen war. Doch zum Glück ging auch dieses Mal alles gut und es handelte sich um einen gutartigen Tumor. Trotzdem geht ein solch großer Eingriff immer mit Nebenwirkungen einher, weshalb meine Mutter kurze Zeit später mit der intensiven Pflege meines Vaters an ihr persönliches Limit kam. So entschied sie sich schweren Herzens, meinen Vater in einem Pflegeheim unterzubringen.

Auch, wenn manche diese Entscheidung als kühl oder gar herzlos auffassten und sich infolgedessen von meiner Mutter abwendeten – ich stand hinter ihrer Entscheidung. Sie hatte so viele Jahre dafür gekämpft, dass mein Vater überhaupt noch am Leben sein kann und sich mit ihrer verbleibenden Kraft um meine Firma gekümmert. Nun war es an der Zeit, dass sie auf sich schaute. Die Verlegung meines Vaters ins Pflegeheim änderte nichts an unserem stabilen familiären Bezug. Bis heute geht es ihm dort wunderbar und wir besuchen ihn, so oft wir können.

Durch neue Produkte wie Kurkuma, Ingwer, Zimt und unseren Sencha-Grüntee, deren Wirkung auf unsere Gesundheit vielfach erforscht werden, rutschten wir langsam auch immer mehr in den Gesundheitssektor. Viele Telefonate mit unseren Kunden brachten mir immer neue Erkenntnisse im Umgang mit Ernährung und vielen Krankheiten und so beschloss ich, mich in diese Thematik ebenfalls mehr und mehr einzuarbeiten.

Dass sich einige Gewürze äußerst positiv auf die Gesundheit des Menschen auswirken könnten, wusste ich bereits durch Safran. Doch ich wusste auch, dass ich als Händler aufgrund der sogenannten EU-Healthclaim-Verordnung nicht mit gesundheitsbezogenen Aussagen für unsere Produkte werben darf – weder im Internet noch auf dem freien Markt.

Falls es Sie interessiert, was Gewürze einem alles Gutes tun können, lesen Sie sich die vielen positiven Erfahrungsberichte und Bewertungen unserer Kunden durch. Wie förderlich sich insbesondere Kurkuma auswirken konnte, zeigte das Beispiel meines guten Freundes Jan Müller, der dieser Wunderwurzel eine übergeordnete Rolle in seiner Selbsttherapie gegen seine chronische Krankheit – Multiple Sklerose – zuordnete. Einen schönen, ausführlichen Erfahrungsbericht darüber schrieb er in seinem Buch

„Kurkuma therapeutisch nutzen". Durch ihn lernte ich viele neue Wege im kulinarischen Umgang mit Gewürzen kennen, denn er war außerdem noch ein leidenschaftlicher Hobbykoch. Leider starb Jan im Herbst 2020 in Folge einer Herzoperation.

Mein lieber Freund Jan, auch Dir werde ich für Deine Lehren immer dankbar bleiben.

Inwiefern nun unser Kurkuma tatsächlich zu seiner Gesundheit beitragen konnte, kann ich leider nicht beurteilen. Sicherlich war es eine Kombination verschiedener Faktoren, wie der Ernährung und Bewegung. Fakt ist aber, dass die gesundheitsfördernden, entzündungshemmenden Eigenschaften von Kurkuma immer besser wissenschaftlich erforscht und belegt werden können. Somit zählt Kurkuma inzwischen zu den besterforschten Pflanzen überhaupt.

Und selbst wenn Sie zur Gruppe der Supertaster gehören und somit Bitterstoffe intensiver wahrnehmen, sollten Sie um Kurkuma trotzdem nicht zwangsläufig einen Bogen machen. Eventuell können Sie an dieser Stelle einfach auf Kurkumakapseln ausweichen.

Mich freuen solche Fortschritte und Forschungsansätze sehr, weil sie mir bewusst machen, dass wir mit Azafran nicht nur ein wunderbares, kulinarisches Geschäft aufgebaut haben, sondern auch eine Firma, die Menschen dabei unterstützt, zurück zu ihrer eigenen Gesundheit zu finden.

Der Fokus aufs Thema Gesundheit sollte uns in dieser Zeit auch privat begleiten, als Josephina an sich mehrere kleinere, gesundheitliche Probleme bemerkte. Sie zögerte nicht lange und begann, aktiv nach Lösungen zu suchen, was auch mich bestärkte, wieder mehr an meiner Gesundheit zu arbeiten.

Die Thematik fesselte mich unerwartet und ich verschlang plötzlich Bücher, die ich vermutlich früher nie gelesen hätte. Besonders fasziniert war ich von der sogenannten Molekularmedizin. Auch mit meiner Ernährung beschäftigte ich mich intensiv. Nach so vielen Jahren, in denen ich hauptsächlich das aß, was mir schmeckte, mich aber sonst nicht wirklich bewusst um eine ausgewogene Nährstoffzufuhr kümmerte, fragte ich mich nun selbst, was ich ernährungstechnisch zu meinen Gunsten verändern kann.

Und tatsächlich schienen viele meiner nun seit fast zehn Jahren anhaltenden, chronischen Erschöpfungserscheinungen auf einen Nährstoffmangel hinzuweisen. Dies gab mir den Anlass zu einer ausführlichen Blutanalyse, um zu sehen, was mir fehlte.

Festgestellt werden konnte neben ein paar anderen Mängeln vor allem ein hoher Mangel an Vitamin D – was für mich eigentlich keine große Überraschung war. Denn Antriebsschwäche und Müdigkeit wiesen darauf auch ohne Nachweise glasklar hin.

Danach begann ich neben der Änderung einiger Ernährungsgewohnheiten mit der Einnahme gewisser Nahrungsergänzungsmittel, was mir bereits nach kurzer Zeit so gut half, dass ich mich zum ersten Mal seit Jahren wieder fit fühlte. Auch meinen Vater haben sie zum Teil sehr gut unterstützt.

Einzig meine Atemprobleme und mein chronischer Husten wurden durch die Nahrungsergänzungsmittel zunächst nicht besser, weshalb ich Anfang 2020 ein weiteres Mal zu einem Lungenfacharzt ging. Dieser diagnostizierte mir ein chronisches Asthma und stellte zudem eine leichte allergische Reaktion auf Gräser fest.

Mit der Verschreibung eines Asthmasprays und Antihistaminika war es von ärztlicher Seite her erst einmal getan. Doch der Gedanke, nun dauerhaft auf diese Medikation angewiesen zu sein, gefiel mir ganz und gar nicht. Konnte es nicht auch eine andere Lösung geben?

Da meiner lieben Josephina sehr viel an meinem Wohlergehen liegt, bat sie mich, mich zusätzlich bei einem Osteopathen vorzustellen. Ich muss ehrlicherweise sagen, dass ich mir nicht allzu große Hoffnungen machte. Doch schon nach der ersten Behandlung konnte ich so tief ein- und ausatmen wie schon seit Jahren nicht mehr.

Völlig verblüfft von diesem positiven Erlebnis, erzählte ich meinem Lungenfacharzt davon, der mir jedoch viel mehr sein Unverständnis als seinen Zuspruch signalisierte. In seinen Augen waren Osteopathen wie alle anderen Experten abseits der klassischen Schulmedizin nicht viel mehr als Scharlatane, die ihren Patienten das Geld aus der Tasche ziehen.

Ebenso sperrte er sich gegen jeglichen Versuch einer sachlichen Diskussion und verschloss sich auch gegenüber der Tatsache, dass ich durch die alternative Herangehensweise bereits eine deutliche Besserung erfahren hatte. Vielleicht können Sie sich vorstellen, dass dies das letzte Mal war, dass ich seine Praxis betrat.

Bitte verstehen Sie mich richtig: Ich möchte damit keinesfalls behaupten, dass alle Ärzte und Arzneimittel auf dieser Erde schlecht sind. Die Schulmedizin leistet täglich so viel Gutes und Großartiges und wir sollten dankbar sein für die Möglichkeiten, die sie uns schenkt. Gleichzeitig sollten wir uns nicht vor alternativen Ansätzen verschließen. Vielleicht ist es längst an der Zeit, von einem extremen Denken im Sinne von „entweder Schulmedizin oder alternative Behandlungswege" Abstand zu nehmen. Warum können wir nicht beides sinnvoll miteinander kombinieren? Schließlich hat beides seine Daseinsberechtigung und könnte sich im Sinne eines „Synergie-Effektes" bestimmt sehr positiv für viele Menschen auswirken.

Die Erfahrung mit meinem Arzt bestärkte mich also noch mehr darin, die Verantwortung für meine Gesundheit nicht nur an Außenstehende abzugeben. Auch wurde ich daran erinnert, nicht selbst so engstirnig und festgefahren in meiner Denkweise zu sein. Wenn es mir mit einer alternativen Behandlung besser geht, warum sollte ich diese nicht anwenden und zumindest einmal ausprobieren?

> **Tipp:** Hinterfragen Sie die Dinge im Leben stets mit rationalem Menschenverstand und übernehmen Sie die Verantwortung für Ihr persönliches Glück. Lesen Sie Bücher und bilden Sie sich Ihre eigene Meinung. Legen Sie den Glauben ab, man könne eines Tages auslernen – denn Bildung geschieht jeden Tag, ein Leben lang.

In puncto Persönlichkeitsentwicklung besuchte ich meine ersten Seminare. Die erste Erkenntnis hieraus war, dass ich bereits unbewusst viele Dinge aus diesem Bereich umgesetzt habe.

Dass sich unsere persönliche Weiterentwicklung auch auf unsere Unternehmensführung auswirken würde, lag eigentlich auf der Hand. So wurde Josephina durch ihre vorherige Entwicklung innerhalb kürzester Zeit zu einer perfekten Personalerin, die mit ihrer freundlichen Art und guten Menschenkenntnis genau die richtigen Personen in unser Team holte. Ob Sie es glauben oder nicht – stimmte die Chemie innerhalb eines Arbeitsverhältnisses nicht, so löste sich dieses wie von Zauberhand selbst. So konnte sich über die Monate hinweg ein wunderbares Team formen, das hinter der Marke Azafran steht.

Durch die Teilnahme an den Seminaren lernte Josephina auch die Persönlichkeitstrainerin und Influencerin Mandy-Kay Bart kennen. Mit Mandy-Kay haben wir später gemeinsam ebenfalls ein paar tolle Produkte entwickelt.

> **Tipp:** Der große Unterschied zwischen „Durchschnitt" und „Weltklasse" ist in der Regel nicht das Arbeiten an den eigenen Schwächen, sondern die Konzentration auf die vorhandenen Stärken und Talente.

Auch auf unseren Alltag als Familie hat sich diese Entwicklung ausgezahlt – besonders im Umgang mit unserer Charlotte. Da wir vieles, was wir durch die Erziehung unserer Eltern vorgelebt bekommen hatten, nun doch selbst hinterfragten, konnten wir nach und nach neue, authentische Grundlagen und Werte für die Erziehung unserer Tochter finden und lernen.

Dadurch konnten wir sie hinsichtlich ihrer individuellen Stärken und Interessen besser und leichter fördern. Das soll nicht bedeuten, dass unsere Eltern uns etwas „Falsches" vorlebten. Sowohl Josephina als auch ich stammen aus ganz normalen Elternhäusern, in denen ein guter, liebevoller Umgang miteinander gelebt wurde. Und dennoch ist vor allem Josephina eine Meisterin im Andersdenken, wenn es um Erziehung geht.

Trotz alledem sind wir uns vollkommen bewusst, dass wir nicht alles perfekt machen. Aber ich denke, das müssen wir auch gar nicht. Fehler machen ist menschlich und man sollte bei seinem Kind stets authentisch bleiben. Zum authentischen Verhalten gehören nun mal auch ab und an kleine Fehlentscheidungen.

Wir bemühen uns jedoch darum, diese Entscheidungen stets wohl durchdacht zu handhaben und nicht voreilig zu agieren. Denn zuvor bewusst getroffene Entscheidungen kann man danach leichter als Fehlentscheidung akzeptieren und besser daraus lernen als zu schnell und gedankenlos getroffene Aussagen oder Taten.

Außerdem bringen uns Perfektionismus und übermäßige Strenge nicht weiter und wirken sich letztendlich eher negativ auf unsere Kinder aus. Solch ein unangemessenes Verhalten kann in hohem Ausmaße sogar der Vertrauensebene schaden. Und Vertrauen ist die Basis für alles Gute. Ob Vertrauen zu den Eltern, Vertrauen zu Freunden, zum Arbeitgeber und vor allem Vertrauen zu sich selbst.

Letzteres ist der erste Schritt zu einem erfolgreichen und glücklichen Leben aber auch zu einer harmonievollen und fairen Erziehung. Wir sollten öfter unnötigen Druck herausnehmen und täglich selbst mit einem guten Beispiel vorangehen, denn für unsere Kinder sind wir als Eltern oft die größten Vorbilder. Und auch, wenn auf dem Markt unzählige Erziehungsratgeber existieren, die uns Orientierung schenken können, so weiß ich als Vater heute, dass wir am Ende eigentlich nur auf unser Bauchgefühl hören müssen.

> **Tipp:** *Unsere Kinder sind Meister im Beobachten! Gehen Sie im Umgang mit Ihrem Kind einfach selbst mit gutem Beispiel voran und seien Sie so ganz nebenbei ein Vorbild.*

Auch hinsichtlich der Ernährung unserer Tochter nahmen wir unsere Vorbildfunktion sehr ernst und bemühten uns, sie für eine gesunde, ausgewogene und abwechslungsreiche Kost zu begeistern. So entwickelte sich Charlotte schon früh zu einer Feinschmeckerin, die typische Kindergerichte wie Nudeln mit Tomatensoße ebenso lieben lernte wie Oliven, Scampi oder Lachs.

Stolz sind wir auch auf ihre freundliche Art und Willenskraft. Mit 4 1/2 Jahren konnte sie zum Beispiel schon ein paar Meter ohne Schwimmflügel im Urlaub schwimmen. Und es ist jetzt nicht so, dass wir mit ihr außer dem Babyschwimmen einen Schwimmkurs im Verein besuchten. Solche Dinge wollen wir jetzt buchen, um Sie dahingehend weiter zu stärken.

Um Charlotte nicht zu sehr mit unseren Prägungen hinsichtlich bestimmter Lebensmittel zu beeinflussen, sahen wir von Bewertungen bestimmter Speisen in ihrer Gegenwart ab. So gab es beispielsweise kein Kategorisieren in „gute", „schlechte" oder gar „verbotene" Lebensmittel. Heute bin ich der festen Überzeugung, dass Kinder eine viel bessere Chance haben, ihre eigenen Vorlieben und Abneigungen in puncto Ernährung zu entdecken, wenn sie dabei möglichst vorurteilsfrei sind.

Das Thema Ernährung ließ uns auch in der nächsten Zeit nicht los. Durch gemeinsame Freunde lernten wir die unterschiedlichsten Ernährungsmodelle kennen und kamen so erstmals mit der Low-Carb-Ernährung und speziellen Stoffwechselkuren in Kontakt, die wir auch an uns selbst ausprobierten. Tatsächlich gelang es Josephina in diesem Zusammenhang sogar, vom Rauchen loszukommen. Falls Sie jetzt sagen, das will ich auch, dürfen Sie gerne Kontakt mit Josephina unter fine@azafran.de aufnehmen.

Ich will nun mit diesem Buch sicher keine Ernährungsdiskussionen entfachen. Welche Ernährungsform für welchen Menschen korrekt ist, muss letztendlich jeder selbst entscheiden. Und doch ist die Ernährung ein wichtiger Punkt im Umgang mit unserer Gesundheit. Ich habe dieses Buch deshalb dahingehend aufgebaut, dass alle Menschen in allen Lebenslagen etwas Passendes finden können, egal welcher Ernährungsphilosophie sie folgen.

Auch bei unseren Gewürzmischungen benutzen wir teilweise Zutaten wie Salz oder Zucker. Das machen wir aber bewusst, um ein abgerundetes Aroma zu erzielen. Obwohl viele Menschen heutzutage an „Süße" gewöhnt sind, möchten wir mit unseren Produkten ganz klar alle Geschmackssinne ansprechen. Deshalb verzichten wir gezielt auf viel schlimmere Zusatzstoffe wie Hefeextrakt und Co. In unsere Gewürzmischungen (außer dem Glühwein / Apfelpunsch Gewürzzucker) geben wir maximal die Mengen hinein, die wir persönlich vertreten können. In den Nährwertangaben sind diese in der Regel auch weitaus höher deklariert, da auch viele Gewürze, Kräuter und Gemüse von Natur aus Zucker in Form von Fructose enthalten.

Keine Sorge: Wie genau Sie Ihre Gewürzmischungen auch selbst herstellen können, verrate ich Ihnen etwas später auf Seite 164.

Im Ganzen sollte man nicht vergessen, dass die Gewürze im Essen nur einen kleinen Teil ausmachen – reduziert man gezielt Brot, Nudeln, Reis, Pizza und Co., reduziert man automatisch wesentlich höhere Anteile an Zucker in der Gesamtnahrung. Wir ernähren uns sehr bewusst und essen zudem alle unsere Produkte selbst als Familie. Ich denke, dass dieser Punkt bereits als Qualitätsmerkmal ausreichen sollte.

Ich würde auch niemals etwas verkaufen, was im Endeffekt bewusst Menschen krank machen würde. Auch unsere Allergenhinweise „Kann Spuren von … enthalten" auf den Verpackungen sollen Menschen gezielt schützen. Natürlich mischen wir keine Nüsse in unser Salz oder andere Produkte. Jedoch kann es vorkommen, dass auf der einen Seite der Produktion gerade Nüsse verpackt werden und auf der anderen Seite Salz. Durch die Luft können so Staubpartikel in andere Produkte gelangen. Eine solche Info ist für einen Menschen mit einer starken Nussallergie sehr wichtig. In der Regel sollten unsere Produkte aber auch in diesem Bereich, wenn dann überhaupt, nur sehr geringe Partikel aufweisen. Jedoch, Vorsicht ist besser als Nachsicht.

Persönlich versuche ich aus gesundheitlichen Gründen aktuell weitestgehend auf raffinierten Haushaltszucker und Mehl, Nudeln und Kartoffeln zu verzichten. Natürlich esse ich zu besonderen Anlässen auch gerne mal ein Stück Kuchen oder gönne mir eine Kartoffel oder ein Stück Brot. Ich habe mich zu dieser Ernährungsumstellung entschlossen, damit mein Körper wieder neue Energie schöpfen kann und die Selbstheilung aktiviert wird. Mein Asthma und meine Erschöpfungserscheinungen sind quasi verschwunden. Nach jahrelangem Leiden ist mir dieser Punkt wichtiger. Und so werden wir auch in Zukunft unser Leben etwas anders gestalten als bisher.

Abgeleitet habe ich diese Einstellung aus vielen verschiedenen Büchern, die ich gelesen habe. Epigenetik und molekulare Medizin sind sehr spannende Bereiche. Indirekt tragen wir mit dem ein oder anderen Produkt auch bereits zu den Thematiken bei.

Ansonsten bildete ich mich noch in einer inneren Herzensangelegenheit weiter: Ich beschloss, meinem 15-jährigen Ich eine Freude zu machen und Koch zu werden. Leider konnte ich zeitlich nicht noch abends in einer echten Küche einer offiziellen IHK-Ausbildung nachgehen. Jedoch bildete ich mich mit Online-Video-Kursen fort und entwickelte schnell dieses neue kreative Talent in mir – Dinge neu zu kreieren. Durch meine Tätigkeit der Rezeptentwicklung vieler unserer Gewürzmischungen und auch durch den Kontakt zu Profi-Köchen, wie Josephinas Freund Riad aus dem Hala und anderen Köchen und Kunden, entwickelte ich eine Passion für die Erstellung hochwertiger Gerichte. Besonders der Videokurs des Sterne-Kochs Harald Wohlfahrt brachten mich auf ein neues Niveau. Auch probiere ich mich beispielsweise an ungewöhnlichen Dingen wie unter anderem der Kombination von orientalischen Einflüssen mit deutscher oder asiatischer Küche. Auch Dinge wie veganes Kochen mit Fleisch sind für mich kein Widerspruch in sich.

Wenn diese Aussage Sie vielleicht etwas verwundern mag, erkläre ich Ihnen diese Tatsache sehr gerne: Das ist meiner Meinung nach dem geschuldet, dass die vegane Küche alles andere als langweilig ist. Durch den gezielten Verzicht auf tierische Produkte stellt die Küche einen besonders hohen Anspruch an sich, bei der mit allen Geschmacksknospen auf der Zunge auf besondere Art und Weise gespielt wird. Kombiniert man diese nun mit hochwertigem Bio-Fleisch oder -Käse, hat man eine ganz neue Art an Geschmacksvielfalt erschaffen.

Und so nennt mich Josephina heute einen sehr guten Hobby-Koch. Einfluss hat diese Tatsache zudem auch auf unsere Kunden gehabt. Auf unserer Webseite befindet sich heute eine große Datenbank an Kochrezepten für jedermann. Diese können Sie kostenlos auf www.azafran.de/blog/ besuchen, sowie auf Facebook, Instagram, Pinterest oder auch in unserem E-Mail-Rezeptletter verfolgen. Unsere eigene Kochgruppe auf Facebook habe ich Ihnen bereits am Anfang dieses Buches vorgestellt.

Hier kommen Sie zu unserem umfangreichen Foodblog:
www.azafran.de/blog/

> **Tipp:** *Vergessen Sie niemals Ihre alten Träume.*

Wir haben unseren Blog mit vielfältigen und abwechslungsreichen Rezepten bestückt,
sodass für wirklich jeden Geschmack das Richtige dabei ist. Und wer nach einer bestimmten Ernährungsform lebt, kann in übersichtlichen Kategorien durch die Rezepte
stöbern: Egal ob vegan oder BBQ, Kuchen backen oder Low Carb, Süßes oder Saures
u.v.m. Unser Blog richtet sich an Menschen, die interessiert sind an hochwertigen und
abwechslungsreichen Rezepten.

Firmentechnisch entwickeln wir uns ebenfalls immer weiter. Angetrieben durch viele
Dinge der Persönlichkeitsentwicklung, integrierten wir unsere Mitarbeiter mehr und
mehr im Unternehmen. Durch diese Verantwortungsübertragung und Einführung von
Firmenprinzipien für die Mitarbeiter konnten wir ein perfektes Firmenklima in Harmo-
nie und Einklang entwickeln. Unsere Mitarbeiter sollen in allererster Linie Spaß bei der
Arbeit haben. Und so wurden auch unsere Firmenveranstaltungen durch Josephina als
Eventmanagerin immer zu großen Highlights.

Natürlich legen wir bei diesen Veranstaltungen immer einen großen Fokus auf gutes
Essen. Wir besuchten besondere Restaurants oder kochten gemeinsam in großartigen
Kochschulen – dabei spielten unsere Gewürzschätze von Azafran eine große Rolle. Mir
gab diese Entwicklung vor allem die Zeit zur Weiterentwicklung der Firma. So kann ich
am Unternehmen arbeiten und uns für zukünftige Dinge besser aufstellen. Zudem kann
ich mich nun mehr der persönlichen und gesundheitlichen Entwicklung widmen.

2021 haben wir mit unserer Firma schon viel erreicht: Über ½ Millionen Kunden und
einen jährlichen Millionen-Umsatz. Ganz besonders habe ich mich aber zu unserem
zehnjährigen Firmenjubiläum über die Mitarbeiterbriefe und andere positive Firmen-
ereignisse gefreut.

Vor allem haben mich die persönlichen Zeilen berührt und die uns entgegengebrachte
Dankbarkeit. Dankbarkeit zum Beispiel von einer Mitarbeiterin, die mit Ende 50 auf dem
Arbeitsmarkt keine Chance mehr sah, aber unbedingt noch arbeiten wollte. Wir gaben
ihr eine Chance.

Ungelernte Kräfte, die bei uns zu Führungspersönlichkeiten reiften. Ein Auszubildender,
der, ohne ein Wort Deutsch zu sprechen, vor 3 Jahren bei uns ein Vorstellungsgespräch

auf Englisch hatte und vor ein paar Wochen seine Ausbildung erfolgreich mit gutem Realschulabschluss abschloss.

Auch unser erstes Liebespaar bei Azafran möchte demnächst heiraten. Geflohen vor Krieg und Elend in ihren Heimatländern im Nahen Osten, lernten sie sich in unserer Firma kennen und lieben. Es ist einfach wundervoll, was durch eine positive Firmenentwicklung alles so passiert.

Kulinarisch gesehen waren diese Zeiten ein besonderes Highlight für mich! Wir aßen in sehr vielen guten Restaurants. Erwähnenswert ist auch das Kennenlernen der höheren asiatischen Küche in einigen guten Restaurants in Dubai oder auch dem „Hanami by Tim Raue" auf der MeinSchiff 5. Josephina und ich wurden ein besonderes Team: auf persönlicher und auf kulinarischer Ebene!

MEINE 3 KULINARISCHEN LEHREN AUS DIESER LEBENSPHASE
Heute bin ich der festen Überzeugung, dass man alles erreichen kann, wenn man an sich glaubt. Zudem sollte man niemals stehen bleiben, denn (Persönlichkeits-)Entwicklung hört praktisch nie auf. Zufriedenheit kann eine Art Stillstand erzeugen, den es jedoch zu hinterfragen und gegebenenfalls zu überwinden gilt. Denn auch, wenn Zufriedenheit ein wunderbares Endziel darstellen könnte, sollte man nie aufhören, neugierig auf das Leben zu bleiben und sich auch mal überraschen zu lassen.

1. DIE KLEINEN FEINHEITEN MACHEN DIE UNTERSCHIEDE
Durch Josephina lernte ich eine weitere Weisheit im Umgang mit der Verfeinerung des Geschmackssinnes: Und zwar, dass gerade die kleinen Feinheiten den Unterschied ausmachen.

Josephina ging schon immer den „Extra-Schritt", um etwas perfekt zu machen. So werden beispielsweise in ihrer Hühnersuppe alle Zutaten separat gekocht und erst kurz vor dem Servieren zusammengegeben. Auf ein Rührei kommt stets noch frischer Schnittlauch. Ein Eiersalat wird mit ausgelassenem Speck zubereitet und auf die Tomatensauce werden noch ein paar angeröstete Pinienkerne oder Granatapfelkerne gestreut.

Spielen Sie mit verschiedenen Konsistenzen von Lebensmitteln. Hier mal ein knuspriges Topping auf einer cremigen Speise, dort mal ein kalter Klecks Crème fraîche in der heißen Suppe. „Spannung erzeugen" sagt man dazu in der gehobenen Küchensprache.

Für uns sind solche kleinen, vermeintlich simplen Spielereien der entscheidende Unterschied zum Normalen. Wir wollen Kulinarik und Genuss jeden Tag aktiv leben. Deswegen ist auch unser Familienfrühstück am Wochenende immer davon geprägt, dem anderen ein besonderes Erlebnis zu verschaffen.

Wir lieben kleine Schüsseln, die wir im „Tapas-Style" alle mit unterschiedlichen Dingen befüllen. So verbringen wir unsere Wochenenden quasi regelmäßig im heimischen 5-Sterne-Restaurant.

Unsere Gewürze, Kräuter und Salze kommen natürlich auch überall zum Tragen, aber das muss ich Ihnen wahrscheinlich an dieser Stelle nicht noch einmal schreiben.

2. VERGLEICHEN SIE ESSEN

Wie ich meine im Sortiment befindlichen Produkte aussuche, habe ich Ihnen weiter oben bereits mitgeteilt. Genau auf dieselbe Art und Weise können auch Sie Ihren Geschmackssinn schulen und verfeinern.

Ein einfacher Tipp ist es, ähnliches Essen in unterschiedlichen Konstellationen auszuprobieren. Das können Sie bereits bei Ihrem Lieblings-Griechen um die Ecke feststellen. Sicherlich haben Sie schon in anderen Restaurants griechisch gegessen. Da sie aber immer wieder zu demselben Restaurant zurückkehren, scheinen Sie dieses Restaurant zu favorisieren. Vermutlich essen Sie eben Ihr Lieblingsgericht genau dort einfach am liebsten, weil es beispielsweise jedes Mal auf den Punkt gewürzt ist.

Diesen Sachverhalt können Sie sich auch zu Hause zunutze machen. Kochen Sie sich eine Sauce Bolognese und verfeinern Sie sie zur Abwechslung mit einem Hauch Zimt oder Kakao. Oder nutzen Sie eines unserer zahlreichen Internetrezepte. Vielleicht entdecken Sie so Ihre neue Lieblingssauce?

Vergleichen Sie zudem Ihre Zutaten. Kaufen Sie einmal Gemüse, Obst oder Fleisch im Hofladen um die Ecke und vergleichen Sie diese mit der Ware aus dem Discounter. Ihr Geschmack sollte jetzt schon in der Lage sein, die Unterschiede zu schmecken. Denn wenn ein Gemüse in einem nährstoffreichen Boden gedeiht oder ein Tier sich artgerecht ernährt, werden Sie dies nicht nur geschmacklich merken. Auch gesundheitlich wird es Ihnen Ihr Körper danken, wenn er mit den richtigen Nährstoffen versorgt wird.

3. HINTERFRAGEN SIE IHRE ESSGEWOHNHEITEN

Gesundheitlich sollten Sie spätestens jetzt einmal Ihre Essgewohnheiten zumindest auf den Prüfstand stellen. Warum ich das jetzt so direkt sage? Weil auch ich in dieser Lebensphase an einem Nährstoffmangel gelitten habe. Generell haben Sie aber natürlich recht und jeder ist für sich selbst verantwortlich.

Deswegen gehe ich auf diesen Punkt an dieser Stelle auch nicht weiter ein. Was ich Ihnen jedoch gerne noch mitgeben möchte: Oft muss es auch gar keine komplett radikale Kehrtwende sein, da bereits kleine, aber dafür kontinuierliche Veränderungen einen spürbaren Unterschied im Leben und der eigenen Gesundheit bewirken können.

MEINE 7 HIGHLIGHTS AUS DIESER ZEIT WAREN:

- Sommerlicher Salat mit Erdbeeren, Spargel und Burrata
- Orientalisches Hähnchen
- Gebratene Chinesische Nudeln
- Veganes Linsen-Chili
- Klassisches ungarisches Gulasch
- Süß-Sauer-Hähnchen mit Mienudeln
- Energy Balls mit Datteln und Nüssen

Trainingstipps zum Kurkumi-Geschmacksexperten:

1. Probieren Sie beim nächsten Eier- oder Nudelsalat den Extra-Schritt aus.
2. Gehen Sie bewusst zu einem neuen Restaurant in Ihrer Nähe und vergleichen Sie das Essen mit Ihrem Lieblingsrestaurant.
3. Reflektieren Sie schriftlich Ihr aktuelles Essverhalten.

EINE KURZE ZUSAMMENFASSUNG:

- Leben Sie ein authentisches Leben gemäß Ihren Vorstellungen und entfalten Sie sich.
- Lösen Sie sich von Einstellungen, die Ihnen nicht entsprechen und definieren Sie Ihr eigenes, inneres Wertesystem.
- Lernen Sie, was Ernährung für Sie und Ihre Familie bedeutet und achten Sie auf eine ausgewogene, hochwertige und vielseitige Kost.
- Hinter jedem erfolgreichen Mann steht eine starke Frau.
- Der größte Unterschied zwischen „Durchschnitt" und „Weltklasse" ist in der Regel nicht das Arbeiten an den eigenen Schwächen, sondern die Konzentration auf vorhandene Stärken und Talente.
- Kinder sind Meister im Beobachten! Gehen Sie im Umgang mit Ihrem Kind einfach selbst mit gutem Beispiel voran und seien Sie so ein Vorbild.
- Vergessen Sie niemals Ihre alten Träume und suchen Sie nach Möglichkeiten, Sie zu erreichen.
- Die kleinen Feinheiten machen die Unterschiede.
- Vergleichen Sie Essen und hinterfragen Sie Ihre Essgewohnheiten.

SOMMERLICHER SALAT
MIT ERDBEEREN, SPARGEL UND BURRATA

Zubereitungszeit:
20 Minuten

Kategorie / Typ:
Salat / Low Carb,
vegetarisch

Schwierigkeitsgrad:
einfach

Zubereitungsart:
Schüssel

Zutaten:
(für 4 Portionen)
400 g gemischter Salat
200 g Erdbeeren
400 g grüner Spargel
20 ml Olivenöl*
1 Avocado
2 Burrata
1 TL Bruschetta-Gewürz*
Salz*, Pfeffer*
40 ml Balsamico-Essig*

ZUBEREITUNG:

– 400 g Salatmix gründlich waschen und mithilfe einer Salatschleuder trocknen. Den Salat auf vier Schüsseln verteilen.

– 200 g Erdbeeren waschen und vierteln.

– 400 g grünen Spargel waschen, kurz in Salzwasser blanchieren und dann mit 20 ml Olivenöl in einer Pfanne anbraten.

– 1 ganze Avocado aufschneiden und in kleine Würfel schneiden.

– Alle Zutaten in den Schüsseln verteilen.

– Die beiden Burrata halbieren und jeweils eine Hälfte davon in die Mitte der Schüssel geben.

– Mit 1 TL Bruschetta-Gewürz sowie Salz und Pfeffer verzieren und zum Schluss, ganz nach Belieben, mit 40 ml Balsamico garnieren.

Nährwerte pro Portion (4 gesamt): Kalorien 332, Kohlenhydrate 12 g, Eiweiß 10 g, Fett 26 g | *z.B. von Azafran

TIPP: ALS TOPPING FRISCHE KRÄUTER UND GEHACKTE NÜSSE VERWENDEN.

TIPP:
ALS TOPPING VER-
LEIHEN GRANATAPFEL-
KERNE DEM GERICHT EINE
AUFREGEND FRUCHTIGE
NOTE.

ORIENTALISCHES HÄHNCHEN

Zubereitungszeit:
2 Stunden 30 Minuten

Kategorie / Typ:
Hauptgericht

Schwierigkeitsgrad:
schwierig

Zubereitungsart:
Backofen

Zutaten:
(für 4 Portionen)
1 frisches ganzes Hähnchen
(ca. 1,7 kg)
Saft einer Zitrone
50 ml Olivenöl*
1 EL Zatar* oder Sumach*
1 EL Harissa*
1 EL Ras-el-Hanout*
400 ml Wasser
etwas Salz*
200 g Couscous
1 Handvoll Petersilie

ZUBEREITUNG:

– Das Hähnchen mit dem Saft der Zitrone beträufeln.

– Aus 50 ml Öl und den Gewürzen (1 EL Zatar, 1 EL Harissa, 1 EL Ras-el-Hanout) eine Paste zusammenrühren.

– Das Hähnchen in eine große Schüssel geben. Achtung! Am besten Handschuhe anziehen.

– Die Paste auf dem Hähnchen verteilen. Richtig schön ein-massieren und für mindestens 1 Stunde einwirken lassen.

– Anschließend den Backofen auf 220°C vorheizen. Das Hähn-chen in einen Bräter geben und für mindesten 60 Minuten im Backofen garen.

– Ca. 10 Minuten vor Ablauf der Zeit 400 ml Wasser für den Couscous aufsetzen. Wasser salzen, aufkochen und 200 g Couscous hinzugeben. Nach kurzem Köcheln diesen anschließend zum Quellen beiseite stellen. Eine Handvoll Petersilie fein hacken und hinzugeben.

– Das Hähnchen mit dem Couscous servieren.

Nährwerte pro Portion (4 gesamt): Kalorien 1076, Kohlenhydrate 38 g, Eiweiß 91 g, Fett 57 g | *z.B. von Azafran

GEBRATENE CHINESISCHE NUDELN

Zubereitungszeit:

20 Minuten

Kategorie / Typ:

Hauptgericht /
vegetarisch

Schwierigkeitsgrad:

mittel

Zubereitungsart:

Herd

Zutaten:

(für 4 Portionen)
200 g Nudeln (z.B. Bavette)
1 Knoblauchzehe
10 ml Olivenöl* zum Anbraten
1 Paprika
1 Karotte
100 g Bambussprossen (Abtropfgewicht)
50 g Zuckerschoten
50 ml Sojasauce
½ TL Ingwerpulver*
50 ml Wasser
5 ml Agavendicksaft
5 ml Reissirup
1 TL Chinesische 5-Gewürzmischung*
½ EL Gemüseallrounder*
2 EL Pflanzenöl
2 Lauchzwiebeln
15 g Sesam
1 g Chiliflocken*

ZUBEREITUNG:

– 200 g Nudeln al dente kochen. Danach beiseitestellen.

– Pfanne vorbereiten. Knoblauchzehe klein hacken und in 10 ml Olivenöl anbraten. Paprika und Karotte waschen und stifteln. 100 g Bambussprossen abgießen. Jetzt alles anbraten.

– 50 g Zuckerschoten waschen und erst mal zur Seite stellen.

– In einer Schüssel 50 ml Wasser, 50 ml Sojasauce, ½ TL Ingwerpulver, 5 ml Agavendicksaft, 5 ml Reissirup, 1 TL Chinesische 5-Gewürzmischung und ½ EL Gemüseallrounder vermischen. Wenn das Gemüse so weit gar ist, die Soja-Mischung hinzugeben und ein wenig köcheln lassen.

– Nun alles mit den gekochten Nudeln verrühren. Die Zuckerschoten mit dazutun. Köcheln lassen. Die Nudeln saugen nun die Sauce mit auf. Wenn die Flüssigkeit aufgesaugt ist, 2 EL Pflanzenöl hinzugeben und die Nudeln noch einmal scharf bei hoher Temperatur anbraten.

– Zeitgleich die 2 Lauchzwiebeln in kleine Ringe schneiden. Wenn die Nudeln fertig sind, die Lauchzwiebeln darübergeben und mit Sesam und Chiliflocken bestreuen.

Nährwerte pro Portion (4 gesamt): Kalorien 292, Kohlenhydrate 47 g, Eiweiß 10 g, Fett 6 g | *z.B. von Azafran

TIPP:
SIE KÖNNEN DIE NUDELN AUCH MIT MARINIERTEM HÄHNCHEN (NICHT VEGETARISCH) ODER TOFU (VEGETARISCH) ERGÄNZEN.

TIPP:
ALS TOPPING ETWAS PETERSILIE UND VEGANEN KÄSE VERWENDEN.

VEGANES LINSEN-CHILI

Zubereitungszeit:
45 Minuten +
Einweichzeit

Kategorie / Typ:
Hauptgericht / vegan

Schwierigkeitsgrad:
mittel

Zubereitungsart:
Herd

Zutaten:
(für 4 Portionen)
250 g rote Linsen
3 Zwiebeln
2 Knoblauchzehen
Öl zum Anbraten
1 Paprikaschote
200 ml passierte Tomaten
1 Dose stückige Tomaten
(à 400 g)
Wasser nach Bedarf
1 Dose Kidneybohnen
(à 400 g)
1 Dose Bohnenmix (Paprika/
Mais/Erbsen, à 280 g)
1 ½ EL Chili-con-Carne-Gewürz*
1 Prise baskischer Chili*
Salz*
1 EL Petersilie zum Garnieren
100 g veganer Käse als Topping

ZUBEREITUNG:

– Zuerst 250 g rote Linsen für mehrere Stunden, am besten über Nacht, einweichen lassen.

– 3 Zwiebeln und 2 Knoblauchzehen schälen, würfeln und in einem großen Topf mit etwas Öl anbraten.

– Paprika waschen, würfeln und zu den Zwiebeln hinzugeben.

– 200 ml passierte Tomaten, 400 g stückige Tomaten und die eingeweichten Linsen dazutun. Alles zum Kochen bringen. Bei Bedarf gerne immer wieder Wasser nachgeben. Die Linsen nehmen sehr viel Flüssigkeit auf.

– Bohnenmix und Kidneybohnen abgießen.

– Das Chili kocht für ca. 30 Minuten und kann danach mit den Gewürzen (1 ½ EL Chili-con-Carne-Gewürz, 1 Prise baskischer Chili und Salz) abgeschmeckt werden. Die Bohnen erst jetzt hinzufügen, ansonsten werden sie zu matschig.

– Das Chili mit 1 EL gehackter Petersilie und 100 veganem Käse garnieren.

Nährwerte pro Portion (4 gesamt): Kalorien 557, Kohlenhydrate 74 g, Eiweiß 32 g, Fett 10 g | *z.B. von Azafran

KLASSISCHES UNGARISCHES GULASCH

Zubereitungszeit:
2 Stunden

Kategorie / Typ:
Hauptgericht / Low Carb

Schwierigkeitsgrad:
schwierig

Zubereitungsart:
Herd / Backofen

Zutaten:
(für 4 Portionen)
30 g Butterschmalz
750 g Gulaschfleisch (z.B. Rind)
200 g Zwiebeln
3 Knoblauchzehen
1 Bund Suppengrün (je 1 Lauch, Möhre, Sellerie)
2 Tomaten
30 g Tomatenmark
400 ml Rotwein
1 Dose stückige Tomaten (400 g)
1 TL Rohrohrzucker*
400 ml Rinderfond
1 ½ EL Paprika edelsüß*
2 TL Pink Flor de Sal*
1 TL Pfeffer* 1 TL Kümmel*,
3 g Zitronenabrieb,
1 EL Majoran*, 3 Lorbeerblätter*,
5 Wacholderbeeren*,
1 Messerspitze Zimtpulver*
1 Paprikaschote
60 g eiskalte Butter, gewürfelt
10 g Petersilie als Deko

ZUBEREITUNG:

– Backofen auf 160°C vorheizen. 30 g Butterschmalz in einer Schmorpfanne erhitzen und darin 750 g Gulasch sehr heiß anbraten. Gulasch aus der Pfanne nehmen und zur Seite stellen.
– 200 g Zwiebeln grob schneiden, 3 Knoblauchzehen hacken, in die Pfanne geben und kurz darin schwenken. Das Suppengemüse klein schneiden und mit 2 Tomaten ca. 2 Minuten mit anbraten. 30 g Tomatenmark hinzugeben und ebenfalls mit anbraten.
– Nun das Gemüse mit 100 ml Rotwein ablöschen. Den Wein verdampfen lassen. Wenn die Flüssigkeit leicht andickt, noch einmal 100 ml Rotwein hinzugeben und verdampfen lassen. Den Vorgang noch ein drittes Mal mit 200 ml wiederholen.
– Wenn der Rotwein verdampft ist, die Dosentomaten und 1 TL Zucker zum Gemüse hinzugeben und ebenfalls leicht anbraten. Den Herd ausmachen und 400 ml Rinderfond hineingießen.
– Nach und nach die Gewürze (1 ½ EL Paprika edelsüß, 2 TL Pink Flor de Sal, 1 TL Pfeffer, 1 TL Kümmel, 3 g Zitronenabrieb, 1 EL Majoran, 3 Lorbeerblätter, 5 Wacholderbeeren und 1 Messerspitze Zimt) hinzugeben und das Ganze umrühren.
– Jetzt das Gulaschfleisch wieder in die Pfanne geben und die Schmorpfanne in den vorgeheizten Ofen stellen. Alles bei 160°C (mit Deckel) für 90 Minuten schmoren lassen. Paprika in Streifen schneiden und nach 60 Minuten Garzeit zum Fleisch hinzugeben. Danach noch weitere 30 Minuten backen.
– Die Schmorpfanne aus dem Ofen nehmen, das Fleisch mit Paprikastreifen und etwas Gemüse aus der Pfanne nehmen und warm stellen. Nun das restliche Gemüse und die Flüssigkeit aus der Pfanne durch ein Sieb in einen Topf gießen. Den Gemüsesud schön ausdrücken und passieren.
– Die Sauce nun für 3 Minuten aufkochen und den Topf vom Herd nehmen.
– Jetzt die 60 g eiskalten Butterwürfel in der Sauce schmelzen. Der Vorgang nennt sich monieren und macht die Sauce cremig und leicht buttrig.
– Dazu passen hervorragend Kartoffeln oder Spätzle.

Nährwerte pro Portion (4 gesamt): Kalorien 617, Kohlenhydrate 25 g, Eiweiß 47 g, Fett 28 g | *z.B. von Azafran

TIPP:
GULASCH KANN
MAN WUNDERBAR
EINFRIEREN.

TIPP:
MIT FRISCHEM
KORIANDER
BESTREUEN.

SÜSS-SAUER-HÄHNCHEN
MIT MIENUDELN

Zubereitungszeit:
45 Minuten

Kategorie / Typ:
Hauptgericht

Schwierigkeitsgrad:
mittel

Zubereitungsart:
Herd

Zutaten:
(für 4 Portionen)
500 g Hähnchenbrustfilet
1 TL Paprikapulver*
1 TL Currypulver*
20 ml Olivenöl*
80 ml Sojasauce
1 Paprikaschote
1 Dose Ananas (500 g)
5 Jalapeño-Ringe
250 g Mienudeln
2 Lauchzwiebeln
Salz*, Pfeffer*

ZUBEREITUNG:

– 500 g Hähnchen waschen, trocken tupfen und in feine Streifen schneiden.

– In einen Gefrierbeutel geben und mit 30 ml Sojasauce, 20 ml Olivenöl, 1 TL Paprikapulver und 1 TL Currypulver vermengen.

– Für 15-20 Minuten einwirken lassen.

– Paprika waschen, würfeln und kurz in Salzwasser blanchieren. Die Ananas aus der Dose herausholen. Die Flüssigkeit zur Seite stellen.

– Hähnchen in beschichteter, hoher Pfanne scharf anbraten. Paprika hinzugeben und weiter anbraten. Ananas in kleine Würfel schneiden und dazutun.

– Weitere 50 ml Sojasauce und einen guten Schuss von der Ananasflüssigkeit in die Pfanne geben. Köcheln lassen. Falls es zu wenig Flüssigkeit ist, diese mit Wasser aufstocken. Mit Salz und Pfeffer abschmecken.

– Wer es scharf mag, kann 5 Jalapeño-Ringe mit hineingeben. Ansonsten diese einfach weglassen.

– 250 g Mienudeln nach Packungsanweisung kochen.

– 2 Lauchzwiebeln in Ringe schneiden und darüberstreuen.

– Mienudeln und in einen tiefen Teller geben und die Sauce darüber verteilen.

Nährwerte pro Portion (4 gesamt): Kalorien 526, Kohlenhydrate 66 g, Eiweiß 41 g, Fett 10 g | *z.B. von Azafran

ENERGY BALLS
MIT DATTELN UND NÜSSEN

Zubereitungszeit:
10 Minuten

Kategorie / Typ:
Snacks / vegan

Schwierigkeitsgrad:
einfach

Zubereitungsart:
Mixer

Zutaten:
(das Grundrezept für ca. 20
Kugeln)
400 g Datteln
200 g Nüsse*
100 g gehackte Nüsse*
1 ½ EL Kakaopulver*
½ TL Zimt* oder Vanille*

ZUBEREITUNG:

– 400 g Datteln mit 200 g Nüssen nach Wahl zusammengeben und pürieren.

– 1 ½ EL Kakaopulver hinzugeben sowie ½ TL Zimt oder Vanille unterrühren.

– Nun aus der Masse viele kleine Bällchen formen und diese in 100 g gehackten Nüssen wälzen.

– Anschließend bis zum Verzehr im Kühlschrank aufbewahren.

Nährwerte pro Portion (pro Ball): Kalorien 126, Kohlenhydrate 7 g, Eiweiß 4 g, Fett 8 g | *z.B. von Azafran

TIPP:
ANSTELLE IN GEHACK-
TEN NÜSSE KANN MAN DIE
ENERGY BALLS AUCH IN
SESAM ROLLEN.

DIE ZUKUNFT VON AZAFRAN (ALTER 42-49)

„Zu fällen einen schönen Baum, braucht's eine halbe Stunde kaum. Zu wachsen, bis man ihn bewundert, braucht er, bedenkt es, ein Jahrhundert!"

(Eugen Roth, deutscher Lyriker 1895-1976)

In der Lebensphase der 40er-Jahre mag die Frage aufkommen, ob man noch genug Herausforderungen in seinem Beruf oder Leben hat. Konnte man sich bisher wahrhaft verwirklichen? Und wie lassen sich gewisse Dinge vereinfachen, um in Zukunft weiter an Lebensqualität zu gewinnen?

* * *

Auch ich selbst stelle mir solche Fragen beim Schreiben dieses Buches. Und so möchte ich in dem folgenden Kapitel gerne auf die zukünftige Entwicklung unserer Firma eingehen. Ob all das tatsächlich so eintreten wird, kann ich nicht mit Gewissheit sagen. Ich bin jedoch sehr zuversichtlich, dass sich die Dinge durch unser bewusstes Zutun in die richtige Richtung entwickeln werden.

Obwohl wir regelmäßig Angebote für Firmenübernahmen erhalten, ist es aktuell nicht geplant, die Firma zu verkaufen oder sie durch Finanzinvestoren auszubauen. Dennoch gibt es natürlich großartige Unternehmen, bei denen ich mir die Anfrage für eine Zusammenarbeit anhören würde. Wie genau eine solche Kooperation dann im Detail aussehen würde, ist jedoch vom jeweiligen Kontext abhängig. Der Erhalt unserer Firmenkultur und Werte steht für uns über allem – so viel ist sicher. Außerdem macht uns die eigene Arbeit am Unternehmen einfach zu viel Spaß. Es gibt zahlreiche Dinge, die wir bisher noch nicht umsetzen konnten und deswegen sehe ich Azafran derzeit noch nicht als fertig an.

Firmentechnisch werden wir in den nächsten Jahren vor allem den Aspekt Nachhaltigkeit angehen. Uns ist es schon immer sehr wichtig gewesen, einen Beitrag für die Umwelt zu leisten. Auch wenn das vielleicht nicht direkt auf den ersten Blick ersichtlich ist, so möchte ich Ihnen unser Bestreben am Beispiel unserer Verpackungen kurz veranschaulichen: Aus rein ökologischer Sicht mögen unsere Aluminiumverpackungen erst einmal nicht wirklich überzeugen. Sieht man aber das große Ganze dahinter, wird man seine Meinung sicherlich noch einmal überdenken.

So sind unsere Verpackungen aktuell die einzigen Beutel am Markt, die zu 100 Prozent sowohl licht- als auch luftundurchlässig sind. Wir wissen hier sehr genau, worüber wir reden, denn wir haben schon viele alternative Verpackungen getestet. Gewürze und Kräuter sind sehr luft- und lichtempfindliche Produkte, weswegen wir eine Glasverpackung für Gewürze nie verstanden haben. Da wir uns auf das Großpackungsmodell eingestellt haben und immer unsere Kundenzufriedenheit im Hinterkopf haben, wollen wir, dass unsere Kunden auch noch in 6 oder 12 Monaten großartige Produkte in ihren Tüten haben. Wichtig in diesem Zusammenhang zu wissen ist, dass unsere Verpackung ein Verbund aus ALU und PE-Kunststoff ist. Unsere Gewürze sind in keinem direkten Kontakt mit dem Aluminium.

Durch das Prinzip der luft- und lichtgeschützten Verpackungsart werfen unsere Kunden zwar weniger weg und kaufen dadurch auch automatisch seltener bei uns nach. Aber ein zufriedener Kunde bleibt auch für immer unser Kunde, was uns letztendlich wichtiger ist, als immer nur neue Kunden zu gewinnen. Ein weiterer klarer Vorteil unserer luft- und lichtgeschützten Verpackungen ist ebenfalls, dass der Kunde die Verpackung länger behält und dadurch weniger Müll produziert.

Zurück zu unserer Verpackung. Diese besteht im Schnitt aus 6-12 g Müll, der über das duale System gesammelt und auch recycelt werden kann. Durch dieses geringe Gewicht und die optimale Größe unserer Beutel sparen wir jede Menge Versand- und das auch dazugehörige Volumengewicht beim Transport. Das so gering wie möglich gehaltene Volumengewicht unserer Pakete ermöglicht so auch DHL, die CO_2-Bilanz niedriger zu halten. Wir sind nicht umsonst bei DHL einer der beliebtesten Kunden, da wir unsere Produkte komprimiert verpacken. Das ist auch der Grund, warum wir aktuell als einziger Gewürz-Onlineshop in Deutschland existieren, bei dem innerhalb von Deutschland keine Versandkosten anfallen – egal, bei welchem Bestellwert.

Klar können Sie jetzt so argumentieren, dass wir die Versandkosten sicherlich in unsere Produktkosten einkalkuliert haben. Das haben wir, aber mit einer Mischkalkulation auf Basis der oben beschriebenen Ersparnisse. Letztendlich zwingt uns dieses Vorgehen sogar dazu, jede einzelne Sendung perfekt zu verpacken. Diesen Zwang hat ein Unternehmen nicht, wenn es pauschal Versandkosten abrechnet.

Ich weiß auch, dass die Offenlegung dieser anderen Sichtweise auf unsere Verpackung, einige Menschen dennoch nicht davon abbringt, diese zu kritisieren. Wir gehen damit aber sehr offen um. Uns ist an dieser Stelle die Kundenzufriedenheit, durch die bessere Haltbarkeit, wichtiger als dieser besondere Wunsch vereinzelter Menschen.

Verschließen werden wir uns aber einer zukünftigen Entwicklung nicht. Sollte es irgendwann eine gleichwertige alternative Verpackung zu unseren Beuteln geben, werden wir diese liebend gerne nutzen. Wir stehen dazu bereits im ständigen Kontakt mit den

Herstellern unserer Verpackungen, die in diesem Bereich viele Produktentwicklungen vorantreiben.

Tipp: *Gehen Sie bewusst mit anderen Sichtweisen um.*

Hinsichtlich der Nachhaltigkeit unterstützt unsere Firma viele Projekte. Manche auf direktem Weg, manche indirekt. Viele unserer Lieferanten und Farmerverbände tun sehr viel Gutes in ihren Ursprungsregionen. Hier werden z.B. Konzepte für nachhaltige und ökologische Landwirtschaft, faire Entlohnung der Farmer sowie Projekte wie Schul- und Bewässerungsmöglichkeiten im Ursprung gefördert. Wir freuen uns immer sehr darüber, von solchen Projekten zu erfahren, denn so wissen wir, dass wir mit unserem Einkauf helfen, die Welt ein bisschen besser zu machen.

Zusätzlich unterstützen wir Organisationen wie „Slowfood" sowie die „Wohllebens Waldakademie".

Wenn man sich einmal mit dem Thema Wald und Bäume beschäftigt, wird man leider schnell feststellen, dass viele unserer Wälder in Deutschland allein für die Holzwirtschaft existieren. So ist es kein Wunder, dass zahlreiche dieser Wälder in Deutschland im großen Maße sterben. Die ursprünglich in Europa dominierenden Urwälder in Form großer Buchenwälder sind fast ausgestorben. Solche Flächen aber zu schützen, indem man den Städten die Gelder zahlt, die sie von der Forstwirtschaft bekommen würden und dann einfach gar nicht mehr anzufassen, ist für mich wahre Natur.

Denn ein paar Bäume zu pflanzen ist zwar im Ansatz nicht verkehrt, doch braucht die Natur so was gar nicht. Sie benötigt einfach Flächen und die Bäume werden dort von allein wachsen und gedeihen. Ein bestes Beispiel dafür ist Tschernobyl in der Ukraine. Die Natur braucht keinen Menschen, um sich zu regenerieren. Sie braucht einfach nur genügend Flächen, in die kein Mensch eingreift, um so zu gedeihen, wie sie es eigentlich soll. Deswegen ist uns der Schutz bereits existierender Flächen wichtiger, als irgendwo anders neue Bäume zu pflanzen, wo man gar nicht weiß, was aufgrund der politischen Lage in diesen Ländern später mit den Bäumen geschieht. Meiner Meinung nach sollte man am besten noch heute beginnen, Projekte zu unterstützen, die Urwälder schützen, indem sie diese Wälder kaufen / pachten und danach der Natur überlassen.

Wir sind in diesem Bereich bereits aktiv und werden das Thema auch in Zukunft noch weiter ausbauen. Das Schöne daran ist, dass wir durch das Wachstum unseres Unternehmens auch die finanziellen Möglichkeiten haben, um mehr Gutes in der Welt zu bewegen.

Tipp: *Wer Gutes tut – im Kleinen wie auch im Großen –, übernimmt wahre Verantwortung für sich und andere.*

Privat werden wir weiter im Einklang mit Lotti und unserer Familie leben. Wir möchten wieder mehr Sport und Bewegung in unseren Alltag einbauen und weiter an der Firma arbeiten.

Ernährungstechnisch werden wir weiter versuchen, bestmöglich auf stark verarbeitete Lebensmittel sowie Zucker zu verzichten und uns durch Nahrungsergänzungsmittel vital und fit zu halten. Durch meine Erfahrungen der letzten Jahre durfte ich erkennen, dass unser Körper die großartige Fähigkeit besitzt, zu regenerieren und sich selbst zu heilen – sofern wir ihm die entsprechenden Umstände dafür schaffen.

Ganz auf Kohlenhydrate werde ich nicht verzichten. Es kommt auch hier auf die Art der Kohlenhydrate an. Ein gutes Beispiel dafür sind z.b. Linsen und Hülsenfrüchte, die weiterhin auf meinem Speiseplan stehen werden.

Verreisen werden wir als Familie auch weiterhin. Neue kulinarische Erlebnisse warten auf uns. Auch wenn wir sicherlich, sobald Lotti in die Schule kommt, etwas eingeschränkter sein werden.

Aus Sicht von Azafran werden wir weiterhin Vollgas geben. Wir möchten uns als Unternehmen gemeinsam mit unserem Team weiterentwickeln, neue Produkte aufnehmen und unseren Kunden höchsten Mehrwert durch hochwertige Produkte und faire Preise bieten. Das Schöne ist außerdem, dass wir entschieden haben, uns kontinuierlich und in unserem eigenen Tempo weiterzuentwickeln – ganz bewusst, ohne Druck oder Zwang und dabei weiterhin auf Qualität statt auf Masse zu setzen.

Als persönliches Ziel habe ich mir vorgenommen, in den kommenden Jahren weiter an meiner Kochleidenschaft zu feilen und mich mit voller Hingabe um meine kleine Familie zu kümmern.

MEINE 3 TIPPS FÜR DIE LEBENSPHASE DER 40ER-JAHRE
1. FRAGEN SIE DEN KOCH NACH UNBEKANNTEN ZUTATEN

Das klingt jetzt sehr banal – oder? Aber wie wollen Sie Ihren Geschmack verfeinern, wenn Sie gar nicht wissen, was Sie da gerade schmecken?

Josephina hat schon vielen Köchen gute Ideen entlocken können. In der Regel sind diese im Umgang mit ihren Zutaten auch sehr offen und hüten diese nicht unbedingt wie Coca-Cola ihre berühmte Formel.

Wir konnten auf diese Art zum Beispiel unser geliebtes Rotkohl-Rezept optimieren. Manchmal sind es lediglich sehr feine Noten, die einem Essen erst das gewisse Extra schenken. Wer diese nicht in Erfahrung bringt, wird leider auch nicht schlauer. Doch genau darum geht es ja, wenn wir unseren Geschmackssinn bestmöglich entwickeln möchten.

Denselben Trick können Sie auch beim Riechtraining und einem Besuch in einer Parfümerie mit den netten Verkäufern anwenden.

2. MIT MEDITATION ZU MEHR BEWUSSTHEIT

Dass ich in meiner Jugend bereits mit Meditation in Berührung kam, hatte ich Ihnen schon erzählt. Wie machtvoll dieses Instrument jedoch ist, stellte ich vor allem Anfang meiner 40er-Jahre fest. Der meditative Zustand spielt nämlich auch im Umgang mit Persönlichkeitsentwicklung und Gesundheit eine wichtige Rolle.

Gerade als Anti-Aging und Anti-Stressmittel ist Meditation eine gute Abwechslung, um sich ein besseres Bewusstsein für sich selbst zu verschaffen.

Auch für das Schärfen unserer Geschmackssinne können wir diese Technik wunderbar nutzen. Machen Sie dazu gerne einmal den Selbstversuch: Schließen Sie die Augen. Atmen Sie tief und gleichmäßig durch die Nase ein und aus. Versuchen Sie nun, sich allein auf Ihre Atmung zu besinnen und die Gedanken in Ihrem Kopf durch diesen bewussten Fokus „leiser" werden zu lassen.

Nehmen Sie nun Ihren Körper ganz bewusst wahr. Wandern Sie dazu in Gedanken von den Füßen über den Rumpf hinauf zu Ihrem Kopf und fühlen Sie für einen kurzen Moment in die jeweiligen Bereiche hinein.

Führen Sie nun eine Gabel mit Essen zu Ihrem Mund und riechen Sie daran, während Sie Ihre Augen geschlossen halten. Sie werden anschließend ein neues, intensiveres Geschmackserlebnis erfahren, das verspreche ich Ihnen.

Auch im Umgang mit Getränken können Sie durch diese bewusste Wahrnehmung und Konzentration auf Ihren Geruchs- und Geschmackssinn zum Beispiel Tee, Kaffee oder Wein bewerten. Machen Sie es wie die Profis und schlürfen Sie zunächst etwas Flüssigkeit in dem Mund und spucken diese dann wieder aus. So können Sie z.B. Nuancen wie Umami im grünen Tee oder spezielle, fruchtige sowie holzige Noten im Wein entdecken.

Falls Ihnen das zu esoterisch ist, müssen Sie das natürlich auch nicht umsetzen.

Wenn Sie ein wirklicher Weinexperte sind, kann diese Technik vielleicht auch helfen, Ihren Geschmack etwas mehr im Detail zu verbessern. Nicht, dass es Ihnen einmal so geht wie den Probanden einer Studie des Weinexperten Frédéric Brochet von der Universität Bordeaux im Jahr 2001. Hier lud Brochet insgesamt 54 angehende Weinexperten der Universität zur Verkostung eines roten sowie eines weißen Weines ein. Nach der Verkostung beschrieben diese den roten Wein als intensiv, tief und würzig und den weißen Wein als lebhaft, frisch und blumig. Das einzige Problem dabei war nur, dass es sich in beiden Fällen um ein und denselben Weißwein handelte. Die „rote" Version war nur zuvor mit Lebensmittelfarbe eingefärbt worden.

3. NUTZEN SIE DIE BEWUSSTHEIT AUCH FÜR IHREN KÖRPER

Wer sich über die Macht der Meditation mit dem Thema „Bewusstheit" vertraut macht, kann dadurch auch seinen Körper besser kennenlernen. So können Sie durch gezielte Bewusstseinsübungen beispielsweise auch auf andere Dinge in Ihrem Körper eingehen. Vielleicht fangen Sie dadurch mal wieder an zu fühlen und zu spüren. Ihr Körper ist keine Maschine. Er ist nicht ausschließlich dazu gemacht, um zur Arbeit zu gehen, danach unter Stress zum Einkaufen zu hetzen, um dann vom Fernseher oder Handy abgelenkt versucht, zur Ruhe zu kommen. Durch Meditation und andere Bewusstseinsübungen können Sie an dieser Stelle nicht nur Ihren Geschmack schärfen, sondern auch mehr Entschleunigung und Ruhe in Ihren Alltag bringen. Nutzen Sie diese Technik für Ihr ganzheitliches Ich.

Und ja, vielleicht ist dieser Weg der Bewusstheit nicht für jeden Menschen geeignet. Das akzeptiere ich gerne. Auf Ihrer Reise zum Kurkumi-Geschmacksexperten sollten Sie von der Technik aber zumindest einmal gelesen haben.

MEINE 7 KULINARISCHEN HIGHLIGHTS IN DEN 40ER-JAHREN:

- Bunter Salat
- Käse-Lauch-Suppe mit Hack
- Rinderfond kochen und selber machen
- Überbackenes Bruschetta-Hähnchen
- Indisches Palak Paneer (Spinat-Curry)
- Goldene Milch
- Saftige Low-Carb Erdbeer-Donuts

Trainingstipps zum Kurkumi-Geschmacksexperten:

1. Fragen Sie den Koch nach unbekannten Zutaten!
2. Probieren Sie die Mediationsübung bei Ihrem nächsten kulinarischen Highlight aus.
3. Reflektieren Sie schriftlich Ihr Stresslevel im Alltag.

EINE KURZE ZUSAMMENFASSUNG

- Auch jetzt können Sie sich immer noch selbst verwirklichen.
- Auch ein ALU-PE-Beutel kann nachhaltig sein. Es kommt hier immer auf den Blickwinkel an. Gehen Sie bewusst mit anderen Sichtweisen um.
- Die Natur braucht keinen Menschen, um sich zu regenerieren. Sie braucht nur einfach Flächen, in die kein Mensch eingreift, um so zu werden, wie sie eigentlich sein soll.
- Wer Gutes tut, übernimmt wahre Verantwortung.
- Fragen Sie den Koch nach unbekannten Zutaten.
- Mit Meditation zu mehr Bewusstheit und Geschmack.

BUNTER SALAT

Zubereitungszeit:
15 Minuten

Kategorie / Typ:
Salat / Low Carb, vegan

Schwierigkeitsgrad:
einfach

Zubereitungsart:
Schüssel

Zutaten:
(für 4 Portionen)
1 Kopfsalat
200 g Cocktailtomaten
150 g Gurke
150 g frische Champignons
1 Zwiebel
2 Knoblauchzehen
80 g Mais aus der Dose (Ab-
tropfgewicht)
125 g eingelegte Pfefferonen
25 g Sonnenblumenkerne
25 g Kürbiskerne
30 ml Olivenöl*
20 ml Balsamico-Essig*
30 ml Wasser
1 Spritzer Zitrone
1 TL Rohrohrzucker*
1 TL Kräutersalz*
½ EL Salatkräuter*
1 Prise Chiliflocken*
1 EL Kürbiskerne

ZUBEREITUNG:

– Den Kopfsalat waschen, in Stücke schneiden und in eine große Schüssel geben.

– 200 g Cocktailtomaten waschen und vierteln. 150 g Gurke waschen und klein schneiden. 150 g Champignons waschen und in Scheiben schneiden.

– Die Zwiebel schälen, in Scheiben schneiden und diese halbieren. Die beiden Knoblauchzehen würfeln. 80 g Mais abtropfen lassen.

– Gemüse und 125 g Pfefferonen in die Salatschüssel geben, 25 g Sonnenblumenkerne und 25 g Kürbiskerne ebenfalls dazugeben und nun alles gut verrühren.

– Für das Dressing: 30 ml Olivenöl, 20 ml Balsamico, 30 ml Wasser, Spritzer Zitrone, 1 TL Rohrohrzucker, 1 TL Kräutersalz, ½ EL Salatkräuter und 1 Prise Chiliflocken mixen. Das Dressing im Salat unterheben.

– Mit 1 EL Kürbiskernen garnieren.

TIPP:
DAZU PASSEN KLEIN GESCHNITTENER MOZZA-RELLA SOWIE FETA (VEGETARISCH).

Nährwerte pro Portion (4 gesamt): Kalorien 230, Kohlenhydrate 12 g, Eiweiß 9 g, Fett 15 g | *z.B. von Azafran

KÄSE-LAUCH-SUPPE
MIT HACK

Zubereitungszeit:
20 Minuten

Kategorie / Typ:
Suppe / Low Carb

Schwierigkeitsgrad:
einfach

Zubereitungsart:
Herd

Zutaten:
(für 4 Portionen)
600 g Rinderhackfleisch
800 g Lauch
500 ml Wasser oder Gemüse-
fond
1 EL Gemüsebrühe-Pulver*
600 g Schmelzkäse light

ZUBEREITUNG:

– 600 g Rinderhack in einer beschichteten Pfanne anbraten. Da das Hack bereits Fett enthält, kann man in dem Fall darauf verzichten.

– 800 g Lauch waschen und in Streifen schneiden. Wenn das Hack angebraten ist, diesen gerne mit hineingeben.

– Wenige Minuten mit anbraten.

– Dann 500 ml Wasser (oder Fond) und 1 EL Gemüsebrühe-Pulver hinzugeben. Weiter köcheln lassen.

– 600 g Schmelzkäse light hinzugeben und darin schmelzen.

– Alles ein paar Minuten köcheln lassen, damit die Suppe schön cremig wird.

TIPP:
FÜR DIE VEGETARI-
SCHE VARIANTE EINFACH
DAS HACKFLEISCH DURCH
SOJAGRANULAT ER-
SETZEN.

Nährwerte pro Portion (4 gesamt): Kalorien 612, Kohlenhydrate 15 g, Eiweiß 56 g, Fett 36 g | *z.B. von Azafran

TIPP:
IN PLASTIKDOSEN
PORTIONIEREN
UND EINFACH
EINFRIEREN.

RINDERFOND KOCHEN
UND SELBER MACHEN

Zubereitungszeit:
11 Stunden

Kategorie / Typ:
Saucen / Low Carb

Schwierigkeitsgrad:
schwierig

Zubereitungsart:
Herd / Backofen

Zutaten:
(für 4 Portionen)
1,5 kg Fleischknochen vom Rind
500 g Markknochen vom Rind
2 Möhren
200 g Lauch
100 g Knollensellerie
100 g Petersilienwurzel
1 rote Zwiebel (à 50 g)
1 Knoblauchzehe
1 weiße Zwiebel (à 50 g)
200 g Tomatensauce (ohne Würze)
1 Rinderbeinscheibe
10 g Butterschmalz zum Anbraten
25 g Tomatenmark
250 ml Rotwein
5 Liter Wasser
1 Bund Petersilie
5 Lorbeerblätter*
1 TL Pfefferkörner*

ZUBEREITUNG:

– Die Knochen waschen und trocken tupfen. Das Gemüse (2 Möhren, 200 g Lauch, 100 g Knollensellerie, 100 g Petersilienwurzel) waschen und (mit Schale) würfeln.
– Die rote Zwiebel und den Knoblauch halbieren. Die weiße Zwiebel in grobe Würfel schneiden.
– Backofen auf 220°C Umluft vorheizen. Knochen auf ein Backblech geben und mit 200 g Tomatensauce einreiben. Das Ganze für 25 Minuten in den Backofen geben. Nach 25 Minuten die Knochen wenden und noch einmal für 20 Minuten im Backofen weiter rösten. Nun das restliche Gemüse darüber geben und noch einmal alles für weitere 10 Minuten im Backofen rösten.
– Währenddessen (im Ansatztopf des Fonds) die Beinscheibe und die Zwiebelhälften und -stücke zusammen mit dem Knoblauch scharf von allen Seiten in 10 g Butterschmalz anbraten.
– 25 g Tomatenmark hinzugeben und dies auch kurz mit anbraten.
– Nun die Masse mit 1/3 von 250 ml Rotwein ablöschen und diesen verdampfen lassen. Sobald die Sauce leicht angedickt ist, das nächste 1/3 Rotwein hinzugeben und diesen ebenfalls verdampfen lassen. Das Ganze noch ein weiteres Mal machen. Sud mit 1 Liter Wasser ablöschen.
– Die Knochen, das Gemüse, die letzten 4 Liter Wasser und 1 Bund Petersilie sowie 5 Lorbeerblätter und 1 TL Pfefferkörner mit in den Topf geben.
– Den Fond kurz aufkochen lassen und danach den Herd direkt auf eine niedrige Temperatur (z.B. 4 von 12) einstellen. Den Fond nun etwa 8-10 Stunden leicht köcheln lassen.
– Sobald der Fond fertig ist, das Gemüse und die Knochen in ein Sieb geben, durchseihen und die Flüssigkeit abkühlen lassen.
– Optional am nächsten Tag die Masse noch einmal durch ein Sieb geben und so das Fett abschöpfen.
– Den Fond nun in saubere Weckgläser füllen, im Kühlschrank lagern und zeitnah verwenden.

Nährwerte pro Portion (4 gesamt): Kalorien 594, Kohlenhydrate 21 g, Eiweiß 40 g, Fett 32 g | *z.B. von Azafran

ÜBERBACKENES
BRUSCHETTA-HÄHNCHEN

Zubereitungszeit:
45 Minuten

Kategorie / Typ:
Hauptgericht / Low Carb

Schwierigkeitsgrad:
mittel

Zubereitungsart:
Herd / Backofen

Zutaten:
(für 4 Portionen)
4 Hähnchenbrustfilets (à 200 g)
300 g Tomaten
2 rote Zwiebeln (ca. 120 g)
20 g Basilikum
15 ml Olivenöl*
1 EL Bruschetta-Gewürz*
Salz*, Pfeffer*
200 g geriebener Mozzarella

ZUBEREITUNG:

– Die 4 Hähnchenbrustfilets waschen und abtupfen.

– 300 g Tomaten achteln und in eine Schüssel geben.

– 2 rote Zwiebeln schälen, in Scheiben schneiden und einmal halbieren. Ebenfalls in die Schüssel geben.

– 20 g Basilikum grob hacken auch dazugeben.

– 15 ml Olivenöl und 1 EL Bruschetta-Gewürz dazutun.

– Das Bruschetta-Gemisch kurz beiseite stellen.

– Hähnchen mit Salz und Pfeffer würzen und von beiden Seiten in einer Pfanne scharf anbraten.

– Die Hähnchenbrustfilets in eine Auflaufform geben und mit dem Bruschetta-Gemisch großzügig bestreichen.

– Das Bruschetta-Hähnchen mit Käse bestreuen und für 30 Minuten bei 180°C Umluft backen.

Nährwerte pro Portion (4 gesamt): Kalorien 447, Kohlenhydrate 7 g, Eiweiß 60 g, Fett 19 g | *z.B. von Azafran

TIPP:
DAZU PASST EIN KNACKIGER BLATT-SALAT ODER OFEN-GEMÜSE.

TIPP:
PANEER KANN MAN ZU HAUSE GANZ EINFACH SELBER MACHEN. DAZU BENÖTIGT MAN NUR 2 ZUTATEN: MILCH UND ZITRONENSAFT. REZEPTE FINDEN SIE IM INTERNET.

INDISCHES PALAK PANEER
(SPINAT-CURRY)

Zubereitungszeit:
30 Minuten

Kategorie / Typ:
Hauptgericht / Low Carb,
vegetarisch

Schwierigkeitsgrad:
mittel

Zubereitungsart:
Herd

Zutaten:
(für 4 Portionen)
100 g Zwiebeln
30 ml Olivenöl*
200 g gestückelte Tomaten
500 g Spinat, gefroren
1 TL Knoblauchpulver*
1 TL Ingwerpulver*
1 Prise Muskat*
½ EL Garam Masala*
1 TL Rohrohrzucker*
½ EL Gemüseallrounder*
200 ml Kokosmilch
Salz*
200 g Paneer-Käse
1 EL Petersilie oder Koriander
als Deko

ZUBEREITUNG:

– 100 g Zwiebeln schälen und würfeln. In einen Topf 20 ml Olivenöl geben, aufheizen und die Zwiebeln darin andünsten.

– Mit 200 g gestückelten Tomaten ablöschen und 500 g gefrorenen Spinat hinzugeben.

– Ebenfalls 1 TL Knoblauchpulver, 1 TL Ingwerpulver, 1 Prise Muskatnuss, ½ EL Garam Masala, 1 TL Rohrohrzucker und ½ EL Gemüseallrounder hinzugeben und alles köcheln lassen.

– Zum Schluss noch 200 ml Kokosmilch mit hineingeben und mit Salz abschmecken.

– 200 g Paneer würfeln, in 10 ml Öl anbraten und auf dem Curry verteilen. Mit Koriander oder Petersilie garnieren.

Nährwerte pro Portion (4 gesamt): Kalorien 352, Kohlenhydrate 13 g, Eiweiß 16 g, Fett 25 g | *z.B. von Azafran

GOLDENE MILCH

Zubereitungszeit:
15 Minuten

Kategorie / Typ:
Getränke / Low Carb

Schwierigkeitsgrad:
einfach

Zubereitungsart:
Herd

Zutaten:
(für 4 Portionen)
400 ml Wasser
2-3 EL Kurkuma*
½ TL gemahlener Pfeffer*
1 TL Kardamom*
1 EL Zimt*
1000 ml Mandelmilch
20 ml Mandelöl
20 g Honig (optional)

ZUBEREITUNG:

– 400 ml Wasser, 2-3 EL Kurkuma, ½ TL gemahlener Pfeffer, 1 TL Kardamom und 1 EL Zimt in einem Topf bei mittlerer Hitze für ca. 6-8 Minuten leicht aufkochen, bis eine cremige Paste entsteht. Wichtig ist, die Masse nicht zu stark zu erhitzen.

– Einen Liter Mandelmilch hinzufügen und noch einmal erhitzen.

– 20 ml Mandelöl und 20 g Honig zum Süßen hinzufügen und abschmecken.

TIPP:
GEMAHLENEN ZIMT ALS TOPPING VERWENDEN.

Nährwerte pro Portion (4 gesamt): Kalorien 139, Kohlenhydrate 13 g, Eiweiß 2 g, Fett 9 g | *z.B. von Azafran

TIPP:
GEBEN SIE EINE PRISE PFEFFER AN DIE ERDBEEREN. ALS TOPPING KANN MAN HERVORRAGEND KAKAO-PULVER VERWENDEN.

SAFTIGE LOW-CARB
ERDBEER-DONUTS

Zubereitungszeit:
40 Minuten

Kategorie / Typ:
Dessert / Low Carb

Schwierigkeitsgrad:
mittel

Zubereitungsart:
Backofen

Zutaten:
(für 4 Portionen)
1 Hühnerei (bestenfalls Bio-Qualität)
30 g Erythrit*
100 g Apfelmark
50 g Quark
35 g Kokosmehl
25 g Mandelmehl
5 g Flohsamenschalen
5 g Bio-Backpulver
½ TL Vanillepulver*
½ TL geriebene Tonkabohne*
etwa 50 ml Mandelmilch
60 g frische Erdbeeren

ZUBEREITUNG:

– Den Backofen auf 170°C Umluft vorheizen.

– Hühnerei und 30 g Erythrit mit einem Handmixer schaumig schlagen.

– 100 g Apfelmark und 50 g Quark hinzugeben und verrühren.

– Anschließend kommen die trockenen Zutaten (35 g Kokosmehl, 25 g Mandelmehl, 5 g Backpulver und 5 g Flohsamenschalen) sowie ½ TL Vanillepulver und ½ TL geriebene Tonkabohne dazu.

– Nun 50 ml Mandelmilch hinzugeben und alles zu einem Teig vermischen. Sollte die Konsistenz noch zu klebrig sein, etwas mehr Mandelmilch dazugeben. Der Teig sollte eine cremige Konsistenz haben.

– 60 g Erdbeeren vierteln und unter den Teig geben.

– Den Teig in 6 Donut-Formen füllen und bei 170°C Umluft 25 Minuten backen.

– Nach dem Auskühlen können die Donuts nach Belieben garniert werden.

Nährwerte pro Portion (6 gesamt): Kalorien 76, Kohlenhydrate 5 g, Eiweiß 6 g, Fett 3 g | *z.B. von Azafran

GESCHMACKSTRAINING FÜR BEST AGER / MEHR GENUSS BEIM KOCHEN (ALTER 49-56)

„Kochen ist eine Sprache, durch die man Harmonie, Kreativität, Glück, Schönheit, Poesie, Komplexität, Magie, Humor, Provokation und Kultur ausdrücken kann."

Ferran Adrià (Spanischer Spitzenkoch)

In zehn Jahren, von heute aus gesehen, werde ich in meinen persönlichen 50ern ankommen. In dieser Lebensphase sollte man sich nach Möglichkeit (wieder) mehr Raum für Kreativität geben, seinen authentischen Selbstausdruck gefunden haben und vorhandene Ressourcen und Energie für die weitere Selbstverwirklichung nutzen.

Woher ich das weiß? Natürlich nicht, weil ich das Leben in Lebensphasen eingeteilt habe, sondern weil die Lehre der Sieben-Jahres-Zyklen im anthroposophischen Weltbild von Rudolf Steiner Anfang des 20. Jahrhunderts auf die Entwicklung der Psyche und des Charakters eines Menschen definiert wurden. Alle sieben Jahre ändern sich zudem alle Körperzellen in einem Menschen und nicht umsonst gibt es das Sprichwort „Das verflixte 7. Jahr".

Ich persönlich freue mich schon auf diese Lebensphase, denn hier kann das Leben vielleicht noch einmal ganz neue Erfahrungen für mich bringen. Auch kenne ich einige Menschen in dieser Lebensphase, die sich noch einmal neu entdecken – vielleicht in Form einer neuen Passion oder einer Selbstständigkeit. Andere Menschen fangen in dieser Zeit sogar noch einmal ein Studium an oder ändern ihr Leben um 180 Grad.

Ich finde solche Entscheidungen großartig. Es ist schön, wenn Menschen auch in diesem Alter noch einmal anfangen, aus dem Herzen heraus zu leben, und sich vor ihren Wünschen nicht verschließen.

***

Da mit dem 50. Lebensjahr der Geruchs- und Geschmackssinn der Menschen stetig abnimmt, möchte ich dieses Kapitel dazu nutzen, um Ihnen ein besonderes Geschmackstraining und eine Erweiterung Ihrer Kochkunst zu vermitteln.

Lassen Sie uns daher mit ein paar praktischen Tipps und Tricks im Umgang mit Gewürzen beginnen:

- Zuallererst sollten Sie sich einmal einen Überblick über Ihr Gewürzregal verschaffen. Öffnen Sie alle Gläser, Tüten oder Dosen mit Gewürzen und Kräutern, die Sie in Ihrem Schrank finden und riechen Sie daran.
- Sollten Sie bei einem Produkt keinen Geruch mehr wahrnehmen, legen Sie etwas davon auf die Zunge. Wenn Sie auch auf diese Weise kein Aroma wahrnehmen, können Sie die Tüte entsorgen.
- Beginnen Sie am besten mit den Zutaten und Vorräten, die Sie bereits zu Hause haben, und verwenden Sie diese direkt beim Kochen. Wichtig ist dabei zu beachten: Je dominanter das Aroma eines Produktes ist, desto sparsamer sollten Sie bei der Dosierung sein.
- Besuchen Sie nun Freunde und Verwandte und fragen Sie nach, ob Sie auch mal an deren Gewürzschubladen gehen dürfen. Notieren Sie sich neue, unbekannte Gerüche, die Ihnen gefallen und kaufen Sie sich diese Produkte z.B. bei Azafran für zu Hause.
- Wenn Sie irgendwann einmal die Möglichkeit haben, einen Gewürzladen, Messe- oder Marktstand zu besuchen, können Sie dort ganz neue Kreationen für sich entdecken. Probieren Sie sich durch die vielen verschiedenen Gläser hindurch und genießen Sie die unglaubliche Aromenvielfalt.

GESCHMACKS- UND DUFTBEISPIELE FÜR GEWÜRZE – TRAINING FÜR IHRE GESCHMACKSSINNE

Anhand der Darstellung einiger wichtiger Gewürze möchte ich Ihnen an dieser Stelle noch ein paar Empfehlungen geben, wie Sie Ihren Geschmackssinn bewusst wahrnehmen und trainieren können. Falls Sie einige der hier beschriebenen Produkte in Ihrer eigenen Küche haben, können Sie die Beschreibungen sogar direkt ausprobieren.

Und so gehen Sie vor: Wählen Sie einige Ihrer Gewürze aus, deren Aromen Sie gerne erkunden möchten. Schließen Sie dazu die Augen und riechen Sie an den Tüten und Dosen. Nehmen Sie anschließend eine kleine Prise des entsprechenden Gewürzes in den Mund und versuchen Sie dann anhand der nachfolgenden Hilfestellung, die unterschiedlichen Düfte und Geschmäcker zu deuten und zu beschreiben. Eventuell visualisieren Sie die Gewürze auch mit einem bereits fertigen Gericht, welches Ihnen unmittelbar in den Sinn kommt.

Anis – Süß-bitter und sehr aromatisch, geht in Richtung Lakritze. <u>Verwendungsbeispiel</u>: In Brot, an Obstsalat oder zu Kartoffeln / Schwein.

Bockshornklee – Geschmacklich bitter, leichte Süße, nussig und aromatisch. <u>Verwendungsbeispiel</u>: Passt sehr gut an Kürbis / Süßkartoffeln, Brot oder auch zu indischen Fisch- oder Lammcurrys.

Chili – Hauptsächlich Schärfe, dazu kommen Unteraromen in Form von bitter, fruchtig, erdig, rauchig, frisch, süß und blumig. Verwendungsbeispiel: Passt sehr gut an tropische Früchte, Tomaten, Schokolade oder Fleisch.

Fenchel – Süß, bitter und aromatisch – geht in Richtung Anis und Lakritze. Verwendungsbeispiel: Passt sehr gut an Gemüse, Rind- und Schweinefleisch, fetten Fisch sowie Brot.

Galgant – Sauer, bitter, aber auch warm, süß, würzig – geht auch in Richtung Zimt. Verwendungsbeispiel: Passt zu Rind- und Hühnerfleisch, Obst und Fisch.

Ingwer – Sauer, bitter, erfrischender zitrusartiger Geruch mit warmem und scharfem Geschmack. Verwendungsbeispiel: Passt zu Karotten, Kürbis, Fisch, Mango oder Schweinefleisch.

Kardamom – Süß, bitter aromatisch, scharf – geht auch in Richtung Eukalyptus. Verwendungsbeispiel: Reis, Lamm- und Hähnchenfleisch, Kaffee, Tee oder Backwaren.

Knoblauch – Bitter, kräftiger, leicht süßer aber auch charakteristischer Geruch und Geschmack. Verwendungsbeispiel: Garnelen, Gemüse, Kichererbsen und Lammfleisch.

Koriander – Bitter – im Gegensatz zu den Blättern werden die Samen auch als angenehm warm, blumig, nussig und würzig beschrieben. Verwendungsbeispiel: Fisch, Apfel, Birne, Brot und Backwaren.

Kreuzkümmel – Bitter – stark aromatisch und charakteristisch. Verwendungsbeispiel: passt zu Rinder-, Hähnchen- und Lammfleisch, Hülsenfrüchten, Gemüse und Joghurt.

Kümmel – Bitter, kräftig aromatisch sowie warm. Verwendungsbeispiel: passt zu Kohl, Rind- und Lammfleisch, Käse, Fisch und auch Geflügel

Kurkuma – Sauer, bitter – vom Geruch her erdig – im Aroma holzig-blumig. Verwendungsbeispiel: passt zu weißer Schokolade, Blumenkohl, Lamm- und Schweinefleisch sowie Milchprodukten.

Lorbeer – Aromatisch, leicht bitter. Verwendungsbeispiel: Passt zu Gemüse, Fleisch, Eintöpfen, Meeresfrüchten und Rotkohl / Sauerkraut.

Macis – Bitter aromatisch, harzig warm und etwas feiner als Muskatnuss. Verwendungsbeispiel: Passt zu Käse, Kartoffeln, Gemüse sowie Hühner- und Schweinefleisch.

Muskatnuss – Bitter aromatisch, harzig-warm, dazu süß-scharf und würzig im Geschmack. Verwendungsbeispiel: Passt zu Kartoffeln, Blumenkohl, Käse und Lammfleisch.

Nelken – Bitter aromatisch intensiver Duft – feurig betäubender, auch brennender Geschmack. Verwendungsbeispiel: Passt zu Rotkohl, Pfirsich, Rind- und Schweinefleisch sowie Kaffee und Tee.

Paprika – Bitter, süß und aromatisch – bei scharfen Varianten auch mit Schärfe. Verwendungsbeispiel: Passt zu Hühner-, Schweine- und Rindfleisch (z.b. Gulasch) oder Gemüse und Frischkäse.

Piment – Süß, bitter kräftig aromatisch. Ein Hauch von Nelken, Zimt und Muskat. Im Geschmack auch in Richtung Pfeffer. Verwendungsbeispiel: Passt zu Tomaten, Rind- und Schweinefleisch sowie süßem Gebäck.

Pfeffer – Scharf und bitter aromatisch. Die Schärfe ist beim weißen Pfeffer am ausgeprägtesten. Verwendungsbeispiel: Erdbeeren, Fleisch, Gemüse.

Safran – Sehr intensiv duftend – leicht bitterer eigener Charakter im Geschmack. Hinweis: Einzigartig wird er durch über 150 geschmacksgebende Substanzen. Verwendungsbeispiel: Reis, Fisch, Lammfleisch und Milchprodukte.

Senf – Eher geruchsneutral, vor allem scharf, auch etwas bitter. Verwendungsbeispiel: Passt zu Käse, Fisch und Pastinaken.

Sumach – Schmeckt leicht säuerlich, herb, aber zugleich auch frisch. Verwendungsbeispiel: Passt zu Milchprodukten, Fisch, Hähnchenfleisch sowie Tomaten und Kichererbsen.

Schwarzkümmel – Würzig-scharfer Geschmack. Verwendungsbeispiel: Passt zu Lammfleisch, Gemüse, Reis und Brot.

Sternanis – Ähnlich dem Anis bitter-süß, nur ausgeprägter – warm, süß, aromatisch. Verwendungsbeispiel: Rind- und Schweinefleisch, Gemüse, Reis und Meeresfrüchte.

Tonkabohnen – Vom Geschmack her gehen Tonkabohnen in Richtung Vanille und Bittermandel. Verwendungsbeispiel: Passt zu Konfitüre, Milchprodukten und Kuchenteig.

Wacholderbeeren – Intensiver süßlich-bitterer und harziger Geschmack. Verwendungsbeispiel: Passt zu Kohl, Zitrusfrüchten, Wild, Rindfleisch und Schokolade.

Zimt – Kräftig aromatisch, süß, angenehm, warm und dabei kaum bitter. Verwendungsbeispiel: Passt zu Tomate, Gebäck, Lamm- und Rindfleisch oder Obst.

Zwiebel – Getrocknete Zwiebeln haben einen bitter-aromatischen, würzigen Geruch und einen milden süßen Geschmack. <u>Verwendungsbeispiel</u>: Passt zu Tomate, Rind- und Schweinefleisch oder Joghurt / Quark.

> *Tipp: Nehmen Sie für Ihren Test zudem gerne das Aromarad auf den nächsten Seiten zu Hilfe.*

Nutzen Sie zudem verschiedene **Salze und Kräuter**, um Ihren Geschmack weiter zu trainieren. Rosmarin ist beispielsweise etwas bitter, Basilikum besitzt mehr Schärfe. Beim Salz können Sie ebenfalls viele Dinge herausschmecken, zum Beispiel welche Mineralien und Nuancen es hat und wie intensiv es unter anderem in der Kombination mit Wasser wird.

Spielen Sie mit diesen neugewonnenen Eindrücken gezielt beim Kochen. Probieren Sie aus, die Bilder aus Ihren Visualisierungen nachzukochen. Ich bin mir sicher, Sie haben bereits selbst viele neue Ideen kreiert.

> *Tipp: Schulen und trainieren Sie Ihren Geruchs- und Geschmackssinn am besten täglich. Spielen Sie zudem mit der Intensitätsskala der fünf Geschmacksrichtungen.*

IHRE EIGENEN GEWÜRZMISCHUNGEN HERSTELLEN

Nun geht es darum, aus all diesen Schätzen eigene Gewürzmischungen herzustellen. Dazu können Sie auf Rezeptsuche im Internet gehen. Hier können Sie Rezepte für nahezu alles finden.

Seien Sie kreativ! Lehnen Sie ein Rezept bitte nicht aufgrund einer Einzelzutat ab, nur weil Sie diese nicht mögen.

Wandeln Sie das Rezept um und tauschen Sie die Zutat einfach mit einer anderen aus, die Ihnen mehr zusagt.

Ein schöner Tipp ist es, ähnliche Hauptaromen verschiedener Gewürze miteinander zu kombinieren. Nehmen Sie die folgende Einteilung daher gerne zur Orientierung:
   – würzig (z.B. Nelken, Piment, Anis, Sternanis, Zimt)
   – nussig (z.B. Muskatnuss, Macis)
   – geröstet (z.B. geräucherter Paprika, Sesam)
   – erdig (z.B. Kurkuma, Kreuzkümmel, Schwarzkümmel)
   – holzig (z.B. Wacholder)
   – grün (z.B. Kardamom, Galgant, Lorbeer, Kräuter)
   – zitrisch (z.B. Zitronengras, Amchur)
   – fruchtig (z.B. Paprika, Amchur)
   – einzigartig (z.B. Safran)
   – schwefelig (z.B. Knoblauch, Zwiebeln, Senf)
   – feurig (z.B. Pfeffer, Chili, Ingwer)
   – blumig (z.B. Koriander, Rosenblüten)

GEWÜRZ-AROMARAD

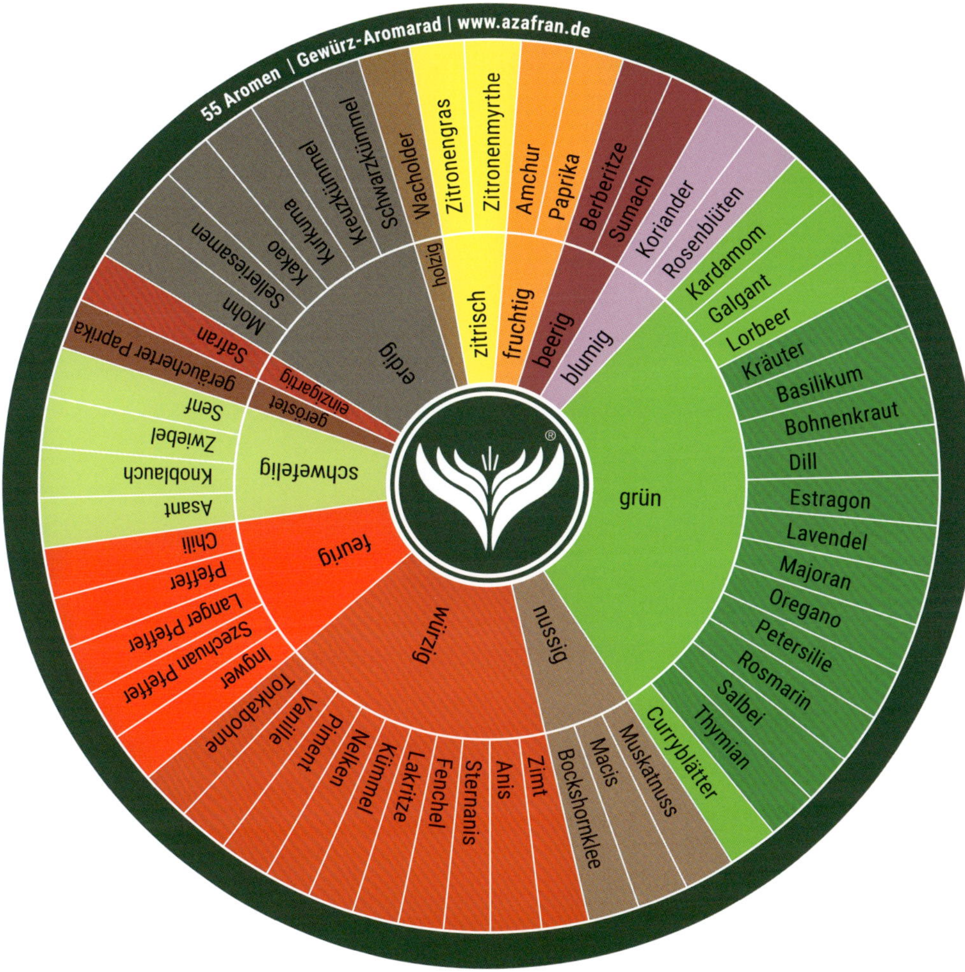

Die Aromen im Aromarad (von außen nach innen):

55 Aromen | Gewürz-Aromarad | www.azafran.de

- erdig / holzig: Kreuzkümmel, Schwarzkümmel, Wacholder
- zitrisch: Zitronengras, Zitronenmyrthe
- fruchtig: Amchur, Paprika
- beerig: Berberitze, Sumach
- blumig: Koriander, Rosenblüten
- grün: Kardamom, Galgant, Lorbeer, Kräuter, Basilikum, Bohnenkraut, Dill, Estragon, Lavendel, Majoran, Oregano, Petersilie, Rosmarin, Salbei, Thymian, Curryblätter
- nussig: Muskatnuss, Macis, Bockshornklee
- würzig: Zimt, Anis, Sternanis, Fenchel, Lakritze, Kümmel, Nelken, Piment, Vanille, Tonkabohne
- feurig: Ingwer, Szechuan Pfeffer, Langer Pfeffer, Pfeffer, Chili
- schwefelig: Asant, Knoblauch, Zwiebel, Senf, geräucherter Paprika
- einzigartig / geröstet: Safran, Mohn, Selleriesamen, Kakao, Kurkuma

Sie können sich das Gewürz-Aromarad kostenlos auf der folgenden Webseite herunterladen und ausdrucken:

www.azafran.de/aromarad.html

(In diesem Aromarad habe ich Ihnen die Hauptaromen bereits grob unterteilt.)

Zusätzlich könnte man die Hauptaromen nun noch in Nebenaromen einteilen und daraus gewisse Kombinationen ableiten. Ein Nebenaroma von Ingwer ist beispielsweise zitrisch, von Anis und Wacholder dagegen blumig-süß.

Für einen Selbstversuch finden Sie hier ein paar Orientierungen mit genauen Maßangaben:

Gewürzzucker: Enthalten in der Regel ca. 90 % Zucker (also 90 g Zucker auf 100 g Gewürzmischung) und ca. 10 % Gewürze wie Vanillepulver, Tonkabohnen oder Zimt.

Gewürzsalze: Hier gibt es Produkte mit 60 % Salzanteil und 40 % Kräuteranteilen, aber auch Produkte mit ca. 90 % Salzanteil und nur 10 % Kräutern und Gewürzen. Verwenden Sie bei der Herstellung solch einer Mischung möglichst hochwertiges Salz, zum Beispiel ein naturbelassenes Flor de Sal.

Ein Rezept für ein selbst gemachtes Gewürzsalz könnte wie folgt lauten:
Mixen Sie 93,5 g Flor de Sal mit jeweils 1 g Pfeffer, 1 g Koriandersamen, 1 g Ingwer, 1 g Cayennepfeffer, 1 g Thymian, 1 g Basilikum und 0,5 g Majoran. Abrunden könnten Sie eine solche Mischung mit etwas Muskat oder Piment.

Bei reinen **Gewürzzubereitungen** sollten Sie maximal 25-35 % Salz und 20% Zucker verwenden. Den Rest sollten Sie mit Gewürzen auffüllen. So können Sie unter anderem Ihre eigene BBQ-Gewürzmischung herstellen.

Ein Beispiel für eine Grillmarinade ist 25 % Paprika edelsüß, 25 % Meersalz, 15 % brauner Zucker, 10 % Knoblauchgranulat, 10 % Cayennepfeffer, 5 % Kreuzkümmel, 5 % Senfpulver und 5 % Pfeffer miteinander zu vermischen.

Sie sehen, dass man auch hier mit eher „süßen" Gewürzen in der höheren Dosierung arbeitet und dominante sowie scharfe Zutaten eher im unteren Bereich ansiedelt.

Tipp: Es lohnt sich sehr, ganze Gewürze frisch zu zermahlen oder zu mörsern. In diesem Zustand ist der Geruch am intensivsten. Achten Sie jedoch darauf, dass gewisse Gewürze wie Zimt sehr fein gemahlen werden müssen, da Sie sonst schnell holzig schmecken. Am besten verwenden Sie einen leistungsstarken Mixer wie beispielsweise einen Thermomix® oder eine elektrische Kaffeemühle.

Ansonsten können Sie versuchen, eigene Gewürzmischungen anhand bestimmter aromatischer Bedürfnisse in Gerichten zu kreieren. An dieser Stelle wären wir aber schon bei der absoluten Königsdisziplin, wie sie die Profiköche beherrschen.

Hier können Sie die Einzelgewürze wie oben bereits beschrieben in Geschmacksbilder aufteilen und diese mit Gemeinsamkeiten dahingehend kombinieren, dass am Ende ein perfektes Aroma in Ihrem Gericht entsteht.

Ein Beispiel dazu wäre ein leckeres Gulasch-Rezept. Diesem möchten Sie etwas Durchdringendes, Süßes, Bitteres und Aromatisches verleihen. Dazu können Sie nun Gewürze wie Paprika (süß-aromatisch), Wacholder (süßlich-bitter), Lorbeer (bitter-aromatisch) und Kümmel (kräftig-aromatisch) kombinieren.

Wer von Ihnen jetzt richtig auf den Geschmack gekommen ist, kann sein Wissen mit den Büchern „Gewürze – Aromen kombinieren, Kochen perfektionieren" von Dr. Stuart Farrimond oder „Aroma – Die Kunst des Würzens" von Thomas Vilgis und Thomas Vierich weiter vertiefen oder sie einfach nur zum Verfestigen des bereits vorhandenen Wissens nutzen. Die Bücher kategorisieren Gewürze und Kräuter in ihre Haupt-Aromagruppen und geben tiefe Einblicke in die Kombinationsmöglichkeiten von Gewürzen in Speisen und Gewürzmischungen anhand ähnlicher Haupt- und Nebenaromen.

Tipp: Die meisten Gewürze lösen sich eher in Öl und Alkohol als in Wasser. Rösten Sie daher bestimmte Gewürze und Gewürzmischungen auch einmal in Öl an. So entfalten sich besondere Röstaromen.

MEHR AROMA BEIM KOCHEN

Eine weitere Möglichkeit des Geschmackstrainings ist das Kochen selbst. Lassen Sie Ihrer Kreativität freien Lauf. Wem das Kochen nicht so sonderlich liegt, der sollte als Hilfe die Nutzung einer Küchenmaschine, wie dem Thermomix®, in Erwägung ziehen.

Als Allererstes sollten wir uns an dieser Stelle aber die Frage beantworten, warum bestimmte Aromen in Lebensmitteln zusammenpassen.

Hier gilt als Grundsatz, dass alle Lebensmittel spezifische Inhaltsstoffe haben. Dazu zählen beispielsweise säurehaltige Ester, scharfe Phenole, blumige und zitrische Terpene oder schwefelhaltige Thiolen. Diese Inhaltsstoffe werden in der klassischen Küche kombiniert, um daraus Ergänzungen im Gericht und Fülle zu erzeugen.

Der positive Nebeneffekt: Sie können die Zutaten genau für sich steuern und entscheiden, wie das Essen schmecken soll.

Tipp: Versuchen Sie in erster Linie, alle Geschmacksrichtungen abzudecken. Fehlt der Reiz eines Sinnes, kann es sein, dass Sie das Essen als nicht vollkommen empfinden.

Ein wichtiger Faktor im Umgang mit Geschmack und Kochen ist die richtige Garmethode. Denn es macht einen Unterschied, ob Sie Ihr Essen dünsten, rösten oder braten. Dabei werden je nach Zubereitungsweise neben der Konsistenz der Lebensmittel auch die Geschmäcker unterschiedlich hervorgehoben.

Ihr Essen bekommt beim Rösten zum Beispiel eine süßliche Note, eine ausgeprägte, dichtere Aromavielfalt und entwickelt auf diese Weise ganz neue Nuancen. Das ist auch der Grund, wieso in der indischen Küche Gewürze vor dem Kochen meist kurz angeröstet werden.

Die Garmethode des Röstens wurde durch Louis Camille Maillard zum ersten Mal 1912 als die „Maillard-Reaktion" beschrieben. Im Grunde zeigt sie die molekulare Veränderung von Proteinen ab einer Temperatur von 140°C bis 160°C. Denn dadurch kommt es zum Zusammenschluss von Aminosäuren und Zucker und das erklärt den unfassbar leckeren Geschmack von Röstaromen.

Auch durch Sous-vide-Garen, Dünsten oder die Zubereitung im Schnellkochtopf intensivieren Sie die Aromen in Ihrem Essen.

Neben dem Garen ist das Fermentieren von Lebensmitteln eine weitere Möglichkeit, neue Geschmackserlebnisse zu erzeugen. Ein Beispiel dafür ist Sauerteigbrot gegenüber industriellem Brot oder selbst hergestelltes Sauerkraut und Kimchi.

Auch den gezielten Einsatz von Lebensmittelaromen können Sie an dieser Stelle zu Ihrem Vorteil nutzen. Mit konzentrierten Aromen kann man wahre Geschmacksexplosionen im Essen erzeugen. Achten Sie hierbei jedoch bestenfalls auf 100 Prozent natürliche Konzentrate. Meist reichen bereits ein paar Tropfen aus, um Ihr Gericht noch etwas mehr zu unterstreichen. Etwas Bittermandel- oder Vanilleextrakt im Kuchen kennt vermutlich jeder – ein oder zwei Tropfen Limetten- und Chili-Aroma im Curry aber nicht unbedingt.

Tipp: *Nutzen Sie Lebensmittelaromen auch in Zerstäubern als Würzsprays. Dadurch können Sie Aromen mit gut gesalzenem Wasser kombinieren.*

Selbstverständlich möchte ich Ihnen an dieser Stelle auch ein paar weitere Basis- und Profi-Tipps im Umgang mit Geschmack und Essen geben:

Fleisch

Probieren Sie unterschiedliche Fleischarten aus und vergleichen Sie diese. Generell empfehle ich Ihnen, hochwertiges Fleisch von Bio-Bauernhöfen einzukaufen.

Das *perfekte Steak* braten Sie wie folgt: Nehmen Sie das Fleisch ca. 1 Stunde vorher aus dem Kühlschrank. Geben Sie es danach auf einen weißen Teller und erwärmen Sie es für 12 Minuten bei 120°C im Backofen, bevor Sie es anschließend kurz von allen Seiten in Butter anbraten.

Glasieren Sie zum Schluss das Fleisch, indem Sie es nach dem Anbraten kurz mit der Garflüssigkeit übergießen. Dadurch gelangt noch etwas von der Flüssigkeit in das Fleisch hinein und intensiviert den Geschmack.

Neben dieser Garmethode eignet sich besonders Sous-vide zur schonenden Zubereitung von Fleisch (z.B. Roastbeef oder Schweinerücken). Hierbei wird die optimale Kerntemperatur Ihres Fleisches durch Niedrigtemperatur-Garung (z.B. 56°C bei Roastbeef oder 60°C beim Schweinerücken) erzielt. Dazu wird das Fleisch in einen luftdicht verschlossenen Beutel gegeben und gart z.B. im Wasserbad bis zur gewünschten Kerntemperatur. Dadurch, dass das Fleisch in seinem eigenen „Saft" liegt, bleiben viele Aromen enthalten. Wer das Geschmackserlebnis beim Sous-vide-Garen von Rindfleisch oder Lamm intensivieren möchte, kann etwas Butter, Salz und einen Zweig Rosmarin mit in den Beutel geben. Am Ende des Garvorgangs wird das Fleisch kurz angebraten.

Salzen oder Würzen sollten Sie ein Steak erst hinterher. Allerdings kann Salz die Konsistenz von Fleisch auch verbessern, sofern man es ca. 15 Minuten im Voraus verwendet. In diesem Fall beginnen Salz und Wasser als Salzlake in das Fleisch hineinzuziehen und dort Proteine aufzuweichen. Das lohnt sich vor allem bei dickeren Stücken Fleisch, wie z.B. Braten.

Beim Grillen / BBQ kombiniert man an dieser Stelle sehr oft Salz mit etwas Zucker, um später beim scharfen Anbraten leckere Karamellaromen zu erzeugen. Beim Sous-vide vorgegarten Fleisch kann man diese Technik z.B. gut einsetzen. Pfeffern sollten Sie Ihr Fleisch immer erst hinterher. Gerade hohe Temperaturen können den Pfeffer verbrennen und bitter werden lassen.

Generell sollte man sich die folgende Faustregel merken: Fleisch soll nach Fleisch schmecken. Wer dabei noch Geschmackstraining betreiben möchte, kann dieses am besten mit Eintöpfen wie z.B. Gulasch machen. Denn bei diesen Gerichten kann man hervorragend mit den oben beschriebenen Gewürzen spielen.

> **Tipp:** Eine weitere Möglichkeit Fleisch aromatisch zu perfektionieren, ist die Kunst des Grillens und BBQ. Gerade Smoker verleihen Fleisch, Fisch oder Gemüse leckere Rauchnuancen von Buchen oder anderen Holzarten. Für besonders leckere Maillard-Reaktionen sind Hochtemperatur-Gasgrills mit Temperaturen um die 700-800°C geeignet (Hinweis: Sie sollten das Fleisch vorher bei niedriger Temperatur im Backofen vorgaren). Abschließend das Ganze mit etwas fermentiertem Pfeffer abrunden und Sie erhalten die Grundlage eines perfekten Fleischgenusses.

Fisch
Einen Fisch perfekt zu garen kann eine schwierige Herausforderung in der Küche sein.

Eine besonders aromatische und schonende Art, Fisch zuzubereiten, ist z.B. die Foliengarmethode:
– Als Erstes sollten Sie Ihr Fischfilet (z.B. Lachs, Kabeljau) falls nötig entgräten und dunkle Stellen wegschneiden. Danach schneiden Sie das Filet in 3 oder 4 Stücke und geben sie in eine ofenfeste Form.

- Bepinseln Sie das Fischfilet mit etwas Butter und würzen Sie den Fisch mit Estragon, einer Fischgewürzmischung, Meersalz (das Meersalz kann man auch vor dem Anrichten hinzufügen) und ein paar Zitronenscheiben.
- Spannen Sie nun eine klassische hitzebeständige Folie über die Form und geben Sie den Fisch bei 80°C Umluft für 12-15 Minuten in den Backofen.

Durch diese sehr schonende Garmethode erhalten Sie ein wunderbares Geschmackserlebnis.

Fisch braten
Falls Sie Ihren Fisch lieber gebraten mögen, können Sie wie folgt vorgehen:
- Beim Anbraten von Fischfiletstücken sollten Sie nur die Hautseite für eine spätere krossere Kruste bemehlen, den Fisch danach auf der Hautseite in eine kalte Pfanne legen und langsam erhitzen, damit sich die Haut nicht zu schnell aufwölbt.
- Braten Sie den Fisch nun auf der Hautseite bei mittlerer Hitze, bis er kross ist. Erst dann wenden Sie den Fisch auf die Fleischseite und braten diese kurz für 1-2 Minuten weiter.
- Gewürzt wird die Fleischseite mit Zitrone, Salz und etwas weißem Pfeffer.

Fisch kalt garen
Auch kaltes „garen" ist bei Fisch z.B. mit Salz, Zucker oder Säure möglich. Ein Beispiel für die Salz-Zucker-Version ist z.B. gebeizter Lachs oder für die Säure z.B. Ceviche, bei der Säure in Form von Limettensaft die Fischstruktur von z.B. Kabeljau oder Lachs in einen gegarten Zustand verwandelt.

Fisch räuchern
Nutzen Sie bei Fisch zudem die Möglichkeit des Räucherns. Ähnlich wie beim Fleisch haben Sie über die Holzarten unheimlich viele Möglichkeiten, Geschmack und Rauch-aromen in Ihren Fisch zu bekommen. Evtl. haben Sie wie ich einen Hobbyräucherer in Ihrer Nachbarschaft wohnen?

Beilage
Dass ich nicht unbedingt der Freund von Kohlenhydrat-Beilagen in Form von Kartoffeln, Nudeln oder Reis bin, habe ich ja bereits erwähnt. Dennoch möchte ich den Liebhabern von diesen Zutaten ein paar Tipps geben:

Kartoffeln kann man wunderbar mit Kräutern wie Rosmarin beim Dampfgaren verfeinern.

Beim Pastakochen können Sie etwas Gemüsebrühe-Pulver oder Safran mit ins Nudel-wasser geben. Gerade der Safran wird Ihrer Pasta ein neues Geschmackserlebnis und intensive gelbe Farbe verleihen.

Reis kann man ebenfalls zusammen mit Gemüsebrühe-Pulver, Safran oder Kardamom garen. Die harten Kardamomkapseln werden dabei schön weich und können mitgegessen werden. Garen Sie einmal ganze Tomaten zusammen mit Reis. So bekommen Sie noch ein paar Umami-Noten in das Gericht.

Sie sehen, dass man allein mit ein paar Kräutern und Gewürzen klassische Beilagen mit neuen Aromen aufwerten kann.

Ansonsten gilt: Nicht das Salz beim Garen vergessen!

Gemüse

Mit Gemüse können Sie unzählige geschmackliche Kompositionen und Dinge entdecken und trainieren.

Zuerst sollten Sie Gemüse bewusst kennenlernen. Probieren Sie dazu Karotten, Erbsen, Tomaten, Paprika und Co. einmal pur und roh. Achten Sie beim Kauen auf die unterschiedlichen Facetten und Nuancen und nehmen Sie die Aromen bewusst wahr. Am besten geht das mit „alten" Gemüsesorten oder mit Gemüse in Demeter-Qualität zur Erntezeit.

Probieren Sie das Gemüse nun auf die gleiche Art und Weise im gegarten Zustand:

Probieren Sie auch hier verschiedene Garmethoden aus wie zum Beispiel Dämpfen und Blanchieren. Beim Dämpfen behält Ihr Gemüse bestmöglich seine Aromen und Vitalstoffe. Durch das Blanchieren von Blumenkohl können Sie seinen strengen Geschmack etwas abmildern.

> *Tipp: Sie sehen, es muss nicht immer unbedingt das Intensivieren von Aromen sein. Auch eine gezielte Neutralisation in Kombination mit anderen geschmacksgebenden Dingen kann zum Ziel führen. Blumenkohl zum Beispiel können Sie mit etwas Salz und Muskatnuss oder mit Käse würzen.*

Auch die Kombination vom Blanchieren und späteren Rösten (z.B. auf dem Grill oder in der Pfanne) von Gemüse kann ein Hochgenuss sein. Probieren Sie das z.B. einmal mit Brokkoli aus.

> *Tipp: Selbst mit einem Küchenbrenner können Sie so manch ein Gemüse (z.B. Paprika) in kurzer Zeit mit leckeren Röstaromen versorgen.*

Probieren Sie außerdem einmal, Wurzelgemüse wie Karotten mit Schale zu garen. Bürsten Sie die Bio-Karotten dazu einfach mit einer Gemüsebürste ab. Viele Aromen und andere Inhaltsstoffe wie Vitamine liegen direkt unter der Schale und intensivieren so den Geschmack.

Generell setzt das Garen von Gemüse Aromen, Nährstoffe und Mineralien frei, denn diese können im rohen Zustand durch Stärke umhüllt und verschlossen sein. Aromatisieren Sie Ihr Gemüse mit einem guten Öl (z.B. Olivenöl oder auch Nussbutter) und etwas Säure, wie Essig und Zitronensaft, oder geben Sie ein breites Stück Bio-Orangenschale mit zum nächsten Ofen-Wurzelgemüse. Auch das Bräunen und Rösten mit der Maillard-Reaktion kann beim Gemüse für neue leckere Aromen sorgen.

Ebenso spielen die Schnitttechniken bei der Wahrnehmung von Aromen eine wichtige Rolle. Als Beispiel hatte ich Ihnen weiter vorne im Buch das Zucchini-Experiment erklärt.

Stellen Sie auch einmal Ihr Tomatenmark selbst her. Pürieren Sie dazu 5 kg Tomaten mit etwas Meersalz und kochen Sie die Masse für 1 Stunde ein. Rösten Sie die Masse am Ende im Backofen für weitere 30 Minuten bei 160°C Umluft. Füllen Sie das fertige Tomatenmark in sterile Gläser und verwenden Sie es zum Kochen oder direkt auf geröstetem Brot mit etwas Olivenöl und Pfeffer.

Ist es nicht wunderbar, wie außergewöhnlich und vor allem auch unterschiedlich sich Gemüse auf dem Teller und Ihrer Zunge anfühlen kann?

Wer sich intensiv mit dem Thema Geschmack und Gemüse auseinandersetzen möchte, dem empfehle ich die Bücher von Antje de Vries und Yotam Ottolenghi.

Kräuter
Kräuter kann man in harte (z.B. Rosmarin, Thymian, Lorbeerblätter, Salbei, Oregano) oder weiche (z.B. Minze, Petersilie, Basilikum, Korianderblätter, Dill, Schnittlauch) Kräuter unterteilen. Beim Kochen empfehle ich Ihnen die „harten" Kräuter von Anfang an mitzukochen, um eine bestmögliche Intensität der Aromen zu erhalten. Die „weichen" Kräuter sollte man dagegen eher klein hacken und am Ende der Garzeit über das Essen geben.

Ein weiterer Tipp beim Umgang mit Kräutern, wie z.B. Rosmarin, ist, diesen nicht einfach nur in das Essen zu geben, sondern ihn vorher zusammen mit etwas Öl und Butter mit Zwiebeln und Knoblauch anzubraten. Durch das Öl lösen sich die Aromen und der Geschmack gelangt so wesentlich intensiver in Ihren Kochtopf.

Auf die gleiche Art und Weise können Sie auch Rosmarin zusammen mit Öl in einem Mixer pürieren und dadurch leckere eigene Kräuteröle herstellen.

Als weiteren Tipp aus der Molekularküche können Sie zudem Aromaöle unter Stickstoffdruck in einem einfachen Sahnespender herstellen. Geben Sie dazu einfach ein paar Kräuter wie Rosmarin zusammen mit Öl, Wasser oder einer Alkoholflüssigkeit in den Spender und stellen Sie ihn für ca. 20 Minuten in den Kühlschrank. Lassen Sie dann das

Gas vorsichtig ab, ohne das Öl zu versprühen, sieben Sie abschließend das Öl aus dem Spender und füllen Sie es in eine sterile Flasche.

Saucen
Bei Saucen befindet man sich gewissermaßen in der Königsdisziplin des Kochens und auch des Geschmackes. Wichtig ist, sein Hauptaugenmerk auf die Basis der Sauce in Form von Fonds zu legen. Diese sollte man unter der Verwendung von natürlichen Zutaten in Kombination mit sehr viel Zeit und Liebe herstellen. Zudem sollte man eine Sauce niemals zu früh abschmecken.

> *Tipp:* Wer bei Brühen und Fonds nicht so viel Zeit ansetzen möchte, kann an dieser Stelle auch einen Schnellkochtopf ausprobieren.

Zum Binden von dunkler Sauce eignet sich Butter hervorragend. Rühren Sie diese einfach in gefrorenem Zustand und in kleinen Stücken als letzten Schritt in die Sauce.

Wer es lieber etwas dicker bzw. sämiger mag, kann eine Mischung von gleichen Teilen Mehl und weicher Butter zum Binden von Saucen verwenden.

Zusätzlich können auch Saucenschäume eine Besonderheit darstellen. Diese werden besonders gerne in der Sternegastronomie eingesetzt.

Rinderfond
Mein Rezept für einen leckeren Rinderfond finden Sie auf Seite 151.

Hühnerfond
Einen Hühnerfond, mit einem leichten asiatischen Touch, können Sie schnell aus folgenden Zutaten herstellen:
2 kg Hühnerflügel oder Karkassen
Speiseöl
200 g Karotten, grob geschnitten
150 g Knollensellerie, grob geschnitten
1 Stange Lauch, grob geschnitten
80 ml Sojasauce
2 Lorbeerblätter
1 TL Pfefferkörner
3 Liter Wasser

Zubereitung:
Braten Sie die Hühnerflügel / Karkassen mit etwas Speiseöl in einem größeren Topf goldbraun an oder garen Sie diese auf einem Backblech im Backofen.

Nehmen Sie die Hühnerflügel aus dem Topf heraus. Braten Sie das Gemüse mit etwas Öl im Topf an.

Löschen Sie dann das Gemüse mit der Sojasauce ab und geben Sie die Hühnerflügel / Karkassen, die Gewürze und das Wasser ebenfalls in den Topf.

Kochen Sie das Wasser kurz auf und stellen Sie dann die Herdplatte auf Stufe 4-5 herunter. Decken Sie die Brühe ab und lassen Sie diese nun 3 Stunden vor sich hin simmern.

Nach den 3 Stunden sieben Sie die Flüssigkeit ab und geben diese z.B. in ein Bügelglas mit Dichtung oder portionieren Sie den Fond in einer 200 ml großen Vorratsdose zum späteren Einfrieren.

> **Tipp:** Kombinieren Sie für die späteren Saucen auch einmal Sahne mit etwas Brühe. Spielen Sie gerne mal mit fein pürierten Zutaten in Ihren Saucen. So dicken Gemüse und Obst wie Karotten, Sellerie, Äpfel oder Bananen Ihre Sauce an und geben ihnen gleichzeitig eine feine Note.

Ansonsten lohnt es sich auch mal, die Saucen, Pasten oder Salsas, die Sie aus dem Supermarkt kennen, selbst herzustellen. Sie werden überrascht sein, wie einfach das geht und wie gut selbstgemachter Ketchup, Mayonnaise oder eine BBQ-Sauce schmecken. Werden Sie einfach kreativ.

Suppen

Auch das Thema Suppen kann Ihren Geschmack wunderbar trainieren. Hier kommen viele unterschiedliche, kulinarische Einflüsse perfekt zur Geltung, wenn man diese auf Basis guter Fonds und Zutaten vorbereitet. Das Gute an Suppen ist zudem, dass man Fehler in der Regel schnell wieder ausbügeln kann. So kann ich Ihnen folgende Tipps mit an die Hand geben, um den Geschmack Ihrer Suppe dementsprechend zu neutralisieren:

- Die Suppe ist zu salzig geraten? Geben Sie Wasser, Sahne, Frischkäse oder Milch hinzu. Auch das Hineinreiben einer Kartoffel kann zu viel Salz neutralisieren.
- Die Suppe ist zu scharf? Strecken Sie sie mit Wasser, Milch, Sahne oder Joghurt.
- Die Suppe ist zu sauer? Hier hilft eine Messerspitze Natron oder etwas Süße in Form von Honig oder Zucker.
- Die Suppe ist zu süß? Fügen Sie zum Ausgleich etwas Säure in Form von Zitrone oder auch Schärfe hinzu. Ansonsten könne Sie die Suppe einfach mit mehr Flüssigkeit strecken.

Nutzen Sie zur Zubereitung von Suppen ggf. auch einen Schnellkochtopf. Die aromatischen Ergebnisse werden Sie bestimmt überzeugen.

Auch kalte Suppen können Ihren Geschmack schulen. Eines meiner Lieblingsgerichte aus Spanien ist die andalusische Tomatensuppe „Gazpacho".

Diese können Sie einfach selbst herstellen:
1 kg Tomaten
100 g Salatgurke
1 grüne Paprikaschote
2 Knoblauchzehen
50 ml Olivenöl
30 ml Balsamico-Essig
3 Prisen Pfeffer
½ TL Flor de Sal
1 EL italienische Kräuter
1 Messerspitze Chili

Alle Zutaten für 3 Minuten in einem Hochleistungsmixer pürieren und danach mit 200 ml Wasser aufgießen, umrühren und im Kühlschrank für einige Stunden kalt stellen. Zusammen mit etwas klein geschnittenen Gurken, Paprika und in Knoblauch gerösteten Brotwürfeln servieren.

Besonders gut kommen Röstaromen in der Suppe zur Geltung. Rösten Sie dazu beispielsweise Blumenkohl, Brokkoli, Aubergine, Kürbis oder Tomatenmark für die nächste Suppenbasis vorher an.

Verfeinern Sie Ihre Suppen zudem einmal mit herzhaften Umami-Noten. Diese können Sie mit Käse, Bohnen, Fonds oder in Form eines Toppings mit Sojasauce oder „Maggi" erzeugen.

Tipp: *Spielen Sie bei Suppen mit unterschiedlichen Temperaturen und Konsistenzen. Geben Sie z.B. in Ihre Tomatensuppe einen Klecks Crème fraîche, ein paar Tropfen aromatisiertes Öl und ein paar Kerne oder Petersilie als Topping. Lassen Sie außerdem immer ein paar Gemüse- oder Fleischstückchen in der Suppe, damit auch der Tastsinn etwas spüren kann.*

Salate
Salate können Sie schnell und einfach mit neuen Aromen verfeinern – z.B. mit Kräutern, Öl und Essig.

Gerade die Essigvielfalt am Markt wird oft unterschätzt. So gibt es nicht nur klassischen Balsamico-Essig zu kaufen, sondern auch Versionen mit Vanille, Himbeere, Erdbeere, Maracuja etc.

Es ist ein Hochgenuss, auf einem „Foodmarkt" oder einer Messe an einem Essig- und Öl-Stand verschiedene Dinge auszuprobieren.

Sie können Aromaessig übrigens ganz leicht selbst herstellen, indem Sie schwach alkoholische Getränke wie Wein oder verdünnte Brände mit Essigsäurebakterien zur

Fermentation bringen und diese daraus gewonnenen Essige mit Fruchtmark kombinieren. Die daraus resultierenden Fruchtessige können wahre Geschmackswunder in Ihrem Salat werden.

Auch die Art des Öls – ob Sesamöl, Rapsöl, Kürbiskernöl, Arganöl, Olivenöl, weitere aromatisierte Öle – kann sich positiv auf den Gesamtgeschmack von Salaten auswirken.

Pimpen Sie Ihre Salate zudem mit Käse, Nüssen, Kernen, Pilzen, Blüten, Früchten, Sprossen oder Antipasti auf. Salate bieten unglaublich facettenreiche Möglichkeiten, um Geschmack, Duft und Konsistenzen im Mund zu vereinen.

Nutzen Sie unterschiedliche Schnitttechniken und seien Sie auch bei der Dekoration einfallsreich. Alleine die Optik eines schönen bunten Salates kann das Geschmackserlebnis steigern.

Bei Salaten können Sie außerdem sehr gut mit Fermentation arbeiten. Ein selbst fermentierter Krautsalat oder Kimchi können einen Salat geschmacklich wunderbar aufwerten. Umami bekommen Sie in einen Salat durch Eier, Käse, getrocknete Tomaten, Bohnen und Pilze.

> **Tipp:** Selbst einen einfachen Gurkensalat kann man mit etwas rosa Pfeffer, Kresse und Radieschen auf ein neues Level heben. Mein absoluter Geheimtipp ist Umami-Power im Salat – und zwar in Form von gedörrten, am besten selbst getrockneten Demeter-Tomaten zur Erntezeit. Diese kleinen Tomatenchips geben jedem Salat das gewisse Extra.

Als letzten Punkt in der Rubrik Salat möchte ich Ihnen noch mein Rezept für ein Umami-Salatdressing verraten:

Mixen Sie dazu in einem Mixer, Thermomix® oder mit einem Pürierstab 50 g angeröstete Cashewkerne mit 2 TL Senf, 1 Knoblauchzehe, 1 EL Sojasauce, Saft einer ½ Zitrone, 1 TL Kapern, 1 EL getrocknete Tomaten, 80 ml Olivenöl, 1 TL Honig, 1 TL Salz, 100 ml Gemüsebrühe, 1 TL italienische Kräuter oder Oregano, 25 g Parmesan und 25 ml Sahne. Wer es vegan mag, kann den Honig mit einer Dattel ersetzen und den Parmesan und die Sahne weglassen.

Vegane Küche

Dass die vegane Küche sehr facettenreich ist, habe ich Ihnen bereits beschrieben. Den typischen Umami-Geschmack erreichen Sie beispielsweise durch getrocknete Tomaten, Bohnen, Pilze oder Misopaste.

Hervorragende Möglichkeiten, um den Eigengeschmack zu konzentrieren, bieten das Einkochen und Trocknen. Deswegen sollten Sie sich unbedingt einmal mit Saucen und

Fonds beschäftigen. Ein gut eingekochter Gemüsefond kann die Basis von zahlreichen kulinarischen Leckereien werden. Mein Tipp: Verwenden Sie hier z.B. einmal übergebliebenes Spargelwasser als Basis.

Für einen Gemüsefond verwende ich gerne folgendes Rezept:
150 g Staudensellerie, grob geschnitten
500 g Tomaten, geviertelt
1 Bund Petersilie, grob gehackt
1 kg Möhren, grob geschnitten
2 Stangen Lauch, grob geschnitten
400 g Knollensellerie, grob geschnitten
400 g Pilze, geviertelt
6 Zwiebeln, grob geschnitten
4 Knoblauchzehen, zerdrückt
200 ml Weißwein
3 Lorbeerblätter
9 Körner Piment
5 Wacholderbeeren
12 Pfefferkörner
3 Stängel Rosmarin
5 Stängel Thymian
6 Liter Wasser

Das Gemüse kurz in einem sehr großen Topf anbraten und mit Weißwein ablöschen. Dann Gewürze, Kräuter und das Wasser in den Topf geben und 4-6 Stunden simmern lassen. Danach die Flüssigkeit absieben und in kleine Gläser oder Vorratsdosen abfüllen und nach Bedarf einfrieren.

Auch wenn Sie keinen Gemüsefond zur Hand haben sollten, können Sie relativ schnell eine Umami-Powerflüssigkeit als Saucen- oder Suppenbasis herstellen. Geben Sie dazu einfach ein paar getrocknete Pilze (z.B. Steinpilze oder Pfifferlinge) zusammen mit etwas Gemüsebrühe-Pulver in einen Mixer und gießen beides mit heißem Wasser auf. Die Pilz-Gemüseflüssigkeit verwenden Sie dann als Basis.

Ähnliches können Sie mit Tomatenwasser machen, indem Sie vollreife Tomaten mit etwas Salz, Pfeffer, Knoblauch und Basilikum pürieren und dann durch ein Passiertuch über Nacht absieben. Auch diese Suppen- oder Saucenbasis ist Umami und Geschmack pur.

Außerdem spielen in der gehobenen veganen Küche Gewürze, Kräuter, Blüten, Sprossen, Keimlinge sowie unterschiedliche Öle und Essige eine zentrale Rolle. Nutzen Sie diese Möglichkeiten und experimentieren Sie damit.

Ein weiterer Baustein einer guten veganen Küche sind Nüsse. Um diese besonders geschmacksintensiv zu bekommen, können Sie die Nüsse Ihrer Wahl für 12 Stunden in Wasser einlegen, danach mit einem Dörrgerät wieder trocknen und anschließend z.b. mit ein paar Gewürzen und etwas Salz im Ofen kurz anrösten.

Verwenden Sie außerdem auch Räuchernoten in Ihrer veganen Küche. Geräucherte Paprika oder Rauchsalz runden Ihr Essen perfekt ab.

Für besondere Umami-Noten eignen sich in der veganen Küche neben Pilzen und getrockneten Tomaten auch Bohnen. Stellen Sie an dieser Stelle ggf. eine Bohnenpaste selbst her. Neben Umami bekommen Sie so auch füllige Kokumi-Noten.

> **Tipp:** *Für besondere Röstaromen in der veganen Küche eignen sich Pilze ausgesprochen gut. Diese am besten ohne Fett anbraten und erst angeröstet in der heißen Pfanne kurz durch aromatisiertes Öl (z.B. mit Gemüsebrühpulver, Zwiebeln, Knoblauch oder Rosmarin) veredeln.*

Asiatische, indische und orientalische Küche

Die asiatische, indische sowie orientalische Küche bietet ebenfalls ein breites Spektrum an Geschmacksvielfalt an. Wer in diesen Küchen beheimatet ist, wird demnach vermutlich schon automatisch seinen Geschmack geschärft haben. Hauptbestandteile sind Gewürze sowie außergewöhnliche Saucen, Fonds, Früchte und Öle.

Wer die asiatische Küche auf ganz einfache Art in die deutsche Küche integrieren möchte, kann z.B. Misopaste in eine klassische Gemüsesuppe geben oder einmal Folgendes ausprobieren:
- Arbeiten Sie anstelle von Salz mit Soja- oder Fischsauce.
- Nutzen Sie statt Balsamico-Essig einfach Reisessig.
- Wählen Sie anstelle von Olivenöl doch einmal Sesam- oder Erdnussöl.
- Verwenden Sie typische asiatische Gewürze wie Sternanis, Chili oder Ingwer und werten Sie damit Ihre Lieblingsgerichte auf. Sie werden staunen, wie auf diese Weise ganz neue Geschmackserlebnisse entstehen.

Hier noch ein paar Empfehlungen, um das perfekte Wok-Gemüse zuzubereiten. Geeignet sind grüne Bohnen oder Zuckerschoten, Brokkoli, Paprika und Frühlingszwiebeln:
- Schneiden Sie das Gemüse klein und benutzen Sie verschiedene Schnitttechniken, z.B. Scheiben, Stifte oder das simple Feinhacken.
- Erhitzen Sie den Wok stark, bis ein Wassertropfen innerhalb von Sekunden verdampft.
- Geben Sie nun 1 EL Erdnussöl hinein und schwenken Sie den Wok, bis das Öl sich verteilt und leicht zu rauchen beginnt.
- Braten Sie nun z.B. Ingwer, Zitronengras oder Knoblauch unter Rühren für ca. 1 Minute an.

- Geben Sie das Gemüse in den Wok. Beginnen Sie mit dem festen Gemüse und fügen Sie das weiche Gemüse als Letztes hinzu.
- Geben Sie zum Schluss eine spezielle Wok-Sauce zum Gemüse und servieren Sie es möglichst heiß.

Ein Beispiel für eine selbst gemachte Wok-Sauce wäre: 70 ml Sojasauce, ½ TL Zucker, 1 TL 5-Gewürze-Pulver (Gewürzmischung), ½ TL Chiliflocken, 2 EL Reisessig und 1 TL Speisestärke.

Desserts

Auch bei den Desserts sollte man sich nicht nur auf die *Süße* verlassen, sondern mit *allen Geschmacksrichtungen* spielen. Bitterkeit kann man z.b. durch Zartbitterschokolade oder Kaffee integrieren, *Säure* durch bestimmte Früchte und auch Essig, *Umami* eventuell durch Alkohol in Form von japanischem Reiswein oder auch einem guten Sherry.

Spielen Sie gerne mit Gegensätzen wie beispielsweise bitter und salzig. Kombinieren Sie dazu Zartbitterschokolade mit einer Prise Meersalz oder pfeffern Sie Ihre Erdbeeren.

Nutzen Sie „Crunch"-Möglichkeiten im Dessert, um ein besonderes Mundgefühl zu erzeugen. Hier ein Stück Keks, dort ein paar Nüsse, essbare Blumen oder gefriergetrocknete Früchte. Überraschen Sie sich selbst mit etwas Besonderem.

Auch verschiedene Schäume in Kombination mit Obstbränden, Rum oder Whiskey können einem Dessert das gewisse Extra verleihen. Ebenso gut können Sie auch einmal komplett andere Wege gehen, indem Sie beispielsweise Erbsen mit weißer Schokolade kombinieren.

Ein leckeres Beispiel für ein orientalisches Dessert hat unser Freund Riad Lampert aus dem Hala in Hamburg: Servieren Sie einen kleinen Schokokuchen mit flüssigem Kern, eine Kugel Pistazieneis oder etwas Künefe (eine Mischung aus Kadayif-Teigfladen, Mozzarella, Butter und Pistazien).

Eis

Auch auf die Eisherstellung möchte ich in diesem Buch kurz eingehen.

Hobbyköche sollten als Geheimtipp wie folgt vorgehen: Pürieren Sie Ihre Eiszutaten erst einmal in einem Mixer fein und geben Sie sie dann in eine Eismaschine. Auch der Luftgehalt im Eis spielt im Aromaerlebnis eine wichtige Rolle und sollte daher so niedrig wie möglich gehalten werden.

Die Koch-Profis frieren ihre Eisflüssigkeitsbasis zusammen mit Kräutern und Gewürzen ein und „pacossieren" sie mit einem Pacojet-Gerät fein – das bedeutet tiefgefrorene

Lebensmittel fein pürieren. Dazu sollte man immer hochwertige, reine Zutaten verwenden. Dadurch ist der Wareneinsatz zwar etwas teurer, aber das Endprodukt ein wahres Geschmackserlebnis.

Auch beim Eis können Sie Mundgefühl in Form von „crunchigen" Zutaten erzeugen. Nicht umsonst ist „Ben & Jerry's"-Eis so erfolgreich geworden. Hier ein paar Kekskrümmel, dort ein paar Schokosplitter oder ganze Fruchtstücke können einem Eis wieder eine neue und besonders leckere Note verleihen.

WEITERE MÖGLICHKEITEN, UM AROMEN IN IHR ESSEN ZU ZAUBERN

Die Sternegastronomie ist so erfolgreich, weil sie ihre Gäste überrascht. Nutzen Sie diese Technik ebenfalls. Kleine geschmackliche Komponenten auf Löffeln zu servieren, ist eine dieser Techniken. Eine andere ist das perfekte Zusammenspiel der fünf Geschmackssinne in Kombination mit Duft und Mundgefühl. Das können Sie auch.

Weitere Möglichkeiten, umfassende Aromen in Ihr Essen zu bekommen, sind z.B. Glasuren mit der Garflüssigkeit von Fleisch, Fisch oder Gemüse sowie Honig, Sirup oder Gewürzlacken.

Nüsse eignen sich ebenfalls hervorragend als natürliche „Geschmacks-Booster". Durch ihre knackige Konsistenz und ihren hohen Fettgehalt unterstreichen sie viele Gerichte auf einfache Weise. Generell ist Fett ein sehr guter Geschmacksträger. Denn Fett in Form von z.B. Ölen oder Butter aktiviert fettlösliche Aromen und Vitamine im Essen beim Kochen. Probieren Sie an dieser Stelle unbedingt einmal Nussbutter aus. Kombinieren Sie Fett auch gerne einmal mit Schärfe in Form von Chilis.

Dazu können Sie versuchen, mit Aromaölen, Sojasauce und kleinsten Mengen Alkohol (z.B. durch Wein, Brände, Rum etc.) im Essen für neue, aufregende Nuancen zu sorgen. Wie Sie schnell eigene Aromaöle herstellen können, habe ich Ihnen ja bereits beschrieben.

Denken Sie außerdem an die richtige Temperatur und die Konsistenz Ihres Essens. So kann z.B. ein und dasselbe Essen warm oder kalt serviert komplett anders schmecken. Bestimmt kennen Sie das selbst anhand zahlreicher Beispiele wie etwa von Salaten oder Schokoladenküchlein.

Als Letztes sollten Sie nicht die Toppings vergessen. Gerade das Mundgefühl mit krossen Chips, etwas angebratenem Speck oder Käse können so manches Gericht krönen.

Dazu können Sie einfach etwas Speck oder Käse zwischen zwei Backpapierblätter legen und auf ein Backblech geben. Die obere Backpapierhälfte beschweren Sie zusätzlich mit einem Topf, um ein gleichmäßiges „krosses" Muster zu erzielen. Als Chips-Topping können Sie z.B. Flohsamen oder Leinensamen (50 g) mit etwas Mehl (100 g), Butter (50 g), Eiweiß (1 Stk.), Flor de Sal und einem Hauch einer Gewürzmischung wie Curry, Zatar, Harissa oder Ras el Hanout vermengen und dünn auf ein Backpapier mit einem Pinsel streichen. Dies nun kurz im Backofen (180°C Umluft) backen.

Weitere Toppingmöglichkeiten sind Gewürze, Kräuter und auch Dinge wie Kresse und Kerne.

> **Tipp:** Nutzen Sie unterschiedliche Gänge, um sich auf eine kulinarische Reise zu begeben. Dadurch haben Sie die Möglichkeit, viele unterschiedliche Facetten während einer Mahlzeit zu erkunden. Denken Sie bei der Planung der Gänge an eine Geschichte, die später durch Ihr Essen führen wird.

Wer an dieser Stelle nun richtig Lust auf Kochen bekommen hat, dem empfehle ich, sich z.B. einmal mit dem Kochbuch „Geschmacksgeheimnisse" von Alexander Herrmann zu beschäftigen. Das Buch beinhaltet viele leckere und einfache Rezepte zum Nachkochen. Vertiefen Sie damit Ihre eventuell neuen Kochkenntnisse. Ich habe darin sehr gute Tipps entdeckt und bereits in meinen Kochalltag integrieren können.

FOODPAIRING

Ein neuer Ansatz aus dem 21. Jahrhundert im Umgang mit Geschmack und Aromen ist das sogenannte Foodpairing.

Der Begriff bedeutet wörtlich übersetzt Nahrungsmittelpaarung und ist ein Verfahren zur Identifizierung von Lebensmitteln mit ähnlichen Geruchskonzentrationen und Mustern, indem eine chemische Analyse durchgeführt wird. Bei dieser Methode werden also gezielt Zutaten kombiniert, die ähnliche Geruchsmuster und Aromen aufweisen und nicht unbedingt traditionell von Köchen als Speiserezepte entwickelt wurden.

Dadurch entsteht eine Vielzahl neuer Möglichkeiten in der Kochwelt. Im Grunde können Sie sich durch diese Methode für neue, außergewöhnliche Dinge inspirieren lassen. Beispiele für Foodpairing sind etwa Kombinationen wie weiße Schokolade mit Kaviar oder auch Schokolade mit Blumenkohl.

> **Tipp:** Es gibt im Internet gezielte Foodpairing-Karten, mit denen man wunderbar spielen und sich inspirieren lassen kann. Auf der Seite www.foodpairing.com finden Sie viele Ideen. Die Basis-Version ist sogar kostenlos.

Sie sollten das Foodpairing natürlich nicht nur der Chemie überlassen und sich selbst einen Gaschromatographen zulegen, sondern selbst mit den Aromen spielen. Im Grunde kombinieren Sie hier verschiedene Geschmackskompositionen, die entweder miteinander harmonieren oder im Gegensatz zueinander stehen.

Dabei überzeugt ein perfektes Essen vor allem dadurch, dass kein einzelnes Aroma besonders hervorsticht. Nur so erzeugt ein Gericht am Ende auch das Gefühl von Vollkommenheit – „Kokumi".

Hierfür müssen Sie zuallererst ein Bewusstsein für den Geschmack der Einzelkomponenten schaffen, indem Sie diese einzeln schmecken. Probieren Sie also Parmesan, Kapern oder Tomaten zuerst pur, um feststellen zu können, wie genau die Aromen einzeln auf Ihrem Gaumen vorliegen.

Das ist wichtig, weil der Geschmack gleicher Zutaten variieren kann. So sind z.b. unreife und reife Bananen geschmacklich betrachtet zwei komplett unterschiedliche Welten.

Sind Sie sich über die Aromen der Einzelkomponenten im Klaren, können Sie diese zu neuen Geschmäckern kombinieren. Ein Beispiel hierzu sind unsere Gewürzmischungen. Alle Einzelzutaten eines Currys schmecken unterschiedlich. Zusammen ergeben Sie das Neue, was wir als Curry wahrnehmen.

Auch Kontraste können an dieser Stelle neue Geschmäcker definieren. So stehen süß und salzig oder süß und bitter im Kontrast. Harmonisch kombiniert, können Sie jedoch als angenehm würzig wahrgenommen werden. Ein Beispiel aus unserer Gewürzwelt sind gepfefferte Erdbeeren oder Ente süß-sauer.

Tipp: *Probieren Sie das Foodpairing mal mit hochkonzentrierten Aromakonzentraten aus.*

Wenn Sie mehr über das Zusammenstellen von Aromen lernen möchten, empfehle ich Ihnen, sich mit den Meistern auf diesem Gebiet, Heiko Antoniewicz oder Thomas Vilgis, zu beschäftigen. Sie gelten als wahre Experten im Bereich Foodpairing, Molekularküche bzw. Aromakunde und ihre Bücher sind allesamt empfehlenswert.

Einige Beispiele für Foodpairing

Bekannte Kombinationen sind die Klassiker wie Kohl mit Kümmel oder Lamm mit Minze oder einfach nur Wein mit Käse. Es geht aber auch etwas exotischer, wie unter anderem folgende Kombinationen zeigen:

- Kaffee mit Früchten (z.B. Bananen, Orangen, Trauben), Gewürzen (z.B. Zimt, Vanille, Kardamom oder Ingwer) oder Lauch.
- Käse mit Gewürzen (z.B. Bockshornklee, Kreuzkümmel, Pfeffer oder Chili)
- Schokolade mit Früchten (z.B. Erdbeeren, Passionsfrucht), Gewürzen (z.B. Chili, Pfeffer), Zwiebeln oder Avocado.
- Rosmarin mit Kartoffeln, Lamm-, Rind- oder Schweinefleisch kennt jeder. Probieren Sie ihn unbedingt einmal mit Karamell oder Früchten (z.B. Apfel, Erdbeeren, Orangen oder Feigen).
- Sojasauce können Sie z.B. mit Balsamico sowie mit Avocado oder Pilzen kombinieren.

- Leber können Sie mit Jasmin kombinieren.
- Erdbeeren harmonieren z.B. mit Basilikum und Parmesan.
- Pizza können Sie mit Pfirsich und Camembert belegen.
- In klassisches Gurkenwasser passen Apfel, Chili oder Ingwer.

Molekulare Weinauswahl

Neben dem Foodpairing gibt es eine Weiterführung in einer sogenannten molekularen Weinauswahl. Bei dieser wird wie beim Foodpairing anhand ähnlicher Moleküle der Wein zum Essen ausgewählt. Der Begründer dieser Bewegung heißt François Chartier und ein Beispiel für eine molekulare Weinauswahl ist z.B. ein in Rosmarin geschmorter Lammbraten, der mit einem trockenen Riesling perfekt molekulartechnisch harmoniert.

Tipp: Als letzten Kochtipp möchte ich Sie dazu auffordern, beim Kochen mutig und offen zu sein. Seien Sie offen für neue Geschmäcker und probieren Sie neue Techniken aus. Ich verspreche Ihnen, dass Sie damit geschmacklich auf ein ganz neues Level kommen werden.

MEINE 3 LEHREN FÜR DAS Ü50-ZEITALTER
1. DIE RICHTIGE GETRÄNKEWAHL

Zur Verfeinerung Ihres Geschmackssinnes spielen auch die richtigen Getränke eine bedeutende Rolle.

Wichtig ist hier vor allem im Vorwege zu guten Speisen mit neutralen Geschmäckern, wie einfachem Mineralwasser, zu arbeiten. Trinken Sie also nichts Süßes und keinen Kaffee, bevor Sie ein hochwertiges Restaurant besuchen. Denn dominante Getränke können Ihr Geschmacksempfinden für eine Weile beeinflussen. Zum Essen an sich sind Sie entweder mit einem neutralen Mineralwasser oder einem guten Wein bestens ausgestattet.

Weine haben an dieser Stelle eine besondere Bedeutung. Denn Sie können den Geschmack eines Essens wunderbar unterstützen. Nicht umsonst wird Ihnen ein guter Sommelier einen Wein empfehlen, der perfekt zu Ihrem bestellten Essen passt. Mit einem guten Wein können Sie also Ihr Gericht noch intensiver wahrnehmen und genießen.

Hier ein paar Beispiele für passende Weinempfehlungen zum jeweiligen Essen:

Weißwein:
- Knackig-frische Weine (z.B. Sauvignon Blanc, Riesling, Grüner Veltliner) passen sehr gut zu grünen Salaten, Fisch, Meeresfrüchten und Pasta mit Sahnesauce.
- Milde Weine (z.B. Pinot Grigio, Chardonnay) passen sehr gut zu Huhn, Spargel und Eierspeisen.
- Üppige Weine (z.B. Übersee Chardonnay) passen sehr gut zu indischer / asiatischer Küche und Kalbsbraten.

- Ausdrucksstarke Weine (z.B. Muskateller, Riesling GG) passen sehr gut zu ausgefallenen Speisen oder als Aperitif.

Rotwein:
- Weiche Rotweine (z.B. Dornfelder, Merlot) passen sehr gut zu Spaghetti Bolognese, Omelett oder Rippchen.
- Charmante Rotweine (z.B. Spätburgunder) passen sehr gut zu Schweinesteaks oder Thunfisch.
- Samtige Rotweine (z.B. Rioja, Shiraz, Malbec) passen sehr gut zu kurz gebratenem dunklen Fleisch.
- Kraftvolle Rotweine (z.B. Bordeaux, Cabernet Sauvignon) passen sehr gut zu Schmorbraten, Wild und Pizza.

> **Tipp:** *Ganz vereinfacht könnte man auch wie folgt vorgehen: Isst man ein italienisches Gericht, passt ein italienischer Wein sehr gut. Isst man ein französisches Gericht, passt ein französischer Wein. Ganz nach dem Motto „Was zusammen wächst, passt auch kulinarisch zusammen".*

Neben Weinen können auch **Biere** optimale Begleiter zum Essen sein. Ansonsten rate ich Ihnen aber stets einfach zu Mineralwasser.

2. GENIESSEN SIE WENN MÖGLICH ZU ZWEIT UND REFLEKTIEREN SIE IHREN GENUSS

Wie wichtig dieser Punkt für mich ist, wissen Sie bereits. Natürlich kann man jetzt sagen, dass man für ein erfülltes Gericht und Geschmackserlebnis selbst verantwortlich ist. Jedoch kann ein zwischenmenschlicher Austausch etwas sehr Positives für Ihren Geschmackssinn sein.

Denn so können Sie von dem anderen lernen, wie dieser Geschmäcker wahrnimmt und Ihre Aufmerksamkeit auf übersehene Nuancen neu ausrichten.

Beim gemeinsamen Restaurantbesuch genießt man in der Regel ein vielfältigeres Geschmackserlebnis, da der Gegenüber für sich selbst meist anders aus der Karte wählt. Und selbstverständlich sollten Sie alles teilen.

Deswegen finde ich es nicht schlimm, wenn man an dieser Stelle einmal die Etikette beiseite legt.

Und nicht zuletzt ist es natürlich für die Partnerschaft schön, wenn man durch das bewusste gemeinsame Genießen eine weitere Verbindung hat.

Falls Sie keinen Partner haben, können Sie natürlich mit Freunden zusammen genießen oder Sie nehmen das klassische Dinner für Ihr erstes Date. Es gibt immer Möglichkeiten, Genuss beim Essen mit anderen zu teilen.

Und sogar wenn Sie nur für sich selbst trainieren wollen, beschreiben Sie die Geschmäcker, die Sie erleben mit eigenen Worten in einem Tagebuch. Reflektieren Sie für sich, was Sie gefühlt und gespürt haben. Durch die Selbstreflexion erhöhen Sie Ihre bewusste Wahrnehmung aller Sinne und schulen damit letztendlich auch Ihren Geschmackssinn. Nicht umsonst haben Restaurantkritiker immer ein kleines Buch dabei, wenn Sie ein Restaurant bewerten. Seien Sie doch einfach ein „Hobbykritiker". Wenn Sie dabei noch schöne Fotos machen, können Sie durch Google- oder TripAdvisor-Bewertungen sogar zu Ruhm kommen.

3. TREIBEN SIE SPORT

Was hat Sport mit einem Geschmackssinn zu tun? In erster Linie vielleicht gar nichts, aber durch Sport trainieren Sie Ihre Atemwege, was sich indirekt auf Ihren Geruchssinn auswirken kann und somit auf Ihren Geschmackssinn.

Dazu ist Sport für einen bewussten Umgang mit hochwertigen Nähr- und Mineralstoffen unumgänglich und wichtig. Sie können das beste Ernährungsprogramm der Welt haben. Den richtigen Boost im Umgang mit Ihrer Gesundheit werden Sie erst durch Sport erfahren.

Wenn Sie sich jetzt sagen, Sport ist nichts für mich, dann können Ihnen die folgenden Tipps im Umgang damit weiterhelfen:
- Gehen Sie es langsam an und probieren Sie unterschiedliche Dinge aus. Dem einen gefällt es zu laufen, dem anderen mehr Fahrrad zu fahren. Belohnen Sie sich vorab schon mit dem Gedanken, dass Sie Ihren Geruchssinn dabei trainieren werden und folglich Ihr nächstes Gourmet-Essen bewusster wahrnehmen können.
- Probieren Sie eventuell auch eines der vielen Fitnessarmbänder aus. Durch diese werden Sie erinnert, noch ein paar Schritte mehr am Tag zu gehen.
- Wenn Sie morgens joggen wollen, stellen Sie Ihre Laufschuhe schon abends ans Bett, damit Sie diese morgens gleich anziehen können.
- Ansonsten können Sie sich damit motivieren, dass Sie sich bewusst der Wahl stellen: Morgen zum Sport zu gehen oder Ihre Steuererklärung zu machen. Allerdings kann dieses den Nachteil haben, dass Sie die Steuererklärung damit lange Zeit vor sich herschieben werden.

Probieren Sie es zumindest aus und gehen Sie nach dem Essen bewusst noch ein paar Schritte nach draußen, bevor Sie es sich wieder vor dem Fernseher oder Handy gemütlich machen – unsere Natur ist eine abwechslungsreiche und vielfältige Trainingsstätte. Beim nächsten Spaziergang, Joggingrunde oder Fahrradtour durch den Wald holen Sie zwischendurch immer wieder tief Luft und schöpfen Sie dabei Ihr volles Lungenvolumen aus. Wonach duftet Ihre Umgebung? So trainieren Sie ganz nebenbei drei Dinge auf einmal: Ihr Herz-Kreislauf-System sowie den Geruchs- und Geschmackssinn.

MEINE 7 KULINARISCHEN HIGHLIGHTS FÜR ALLE IN DEN 50ER-JAHREN:

- Caesar Salad
- Einfache grüne Suppe
- Soljanka
- Vegetarisches Shakshuka
- Indisches Daal-Curry
- Schnelle Spitzkohlpfanne
- Frozen Yogurt

Trainingstipps zum Kurkumi-Geschmacksexperten:

1. Schauen Sie beim nächsten Besuch Ihrer Freunde in deren Gewürzschublade.
2. Verwenden Sie beim nächsten Ofengemüse etwas Balsamico und Orangenschale.
3. Würzen Sie Ihren nächsten Cappuccino mit frisch geriebenem Zimt.
4. Laden Sie Ihren Partner oder besten Freund / Freundin zum Essen ein und genießen Sie zu zweit.

EINE KURZE ZUSAMMENFASSUNG:

- Es kann richtig Spaß machen, den eigenen Geschmackssinn zu entwickeln.
- Trainieren Sie Ihren Geruchs- und Geschmackssinn anhand von Gewürzen. Spielen Sie auch in der Intensitätsskala der fünf Geschmackssinne.
- Nutzen Sie die Kochtipps und Tricks für mehr Geschmack im Essen.
- Achten Sie auf die Wahl Ihrer Getränke.
- Genießen Sie Ihr Essen – wenn möglich in guter Gesellschaft und reflektieren Sie Ihre Sinneswahrnehmungen.
- Treiben Sie Sport.

CAESAR SALAD

Zubereitungszeit:
15 Minuten

Kategorie / Typ:
Salat / Low Carb möglich

Schwierigkeitsgrad:
einfach

Zubereitungsart:
Schüssel / Herd

Zutaten:
(für 4 Portionen)
8 Mini-Romana-Herzen
800 g Hähnchenbrust
30 ml Olivenöl*
1 ½ EL Grillmarinade*
200 g Schinkenwürfel
300 g Cocktailtomaten
100 g Parmesan
600 ml Caesar Dressing
(oder mein Umami Dressing
von Seite 176)
6 Toastscheiben
10 ml Öl zum Anbraten
Salz*, Pfeffer*

ZUBEREITUNG:

– 8 Mini-Romana-Herzen waschen, klein schneiden und in eine große Schüssel geben.

– 800 g Hähnchenbrust in Streifen schneiden, mit 30 ml Olivenöl und 1 ½ EL Grillmarinade vermischen. Dies und 200 g Schinkenwürfel in einer beschichteten Pfanne anbraten.

– 300 g Cocktailtomaten waschen und halbieren. 100 g Parmesan hobeln (einen kleinen Teil beiseitestellen).

– Parmesan, Tomaten sowie die Schinkenwürfel in die Schüssel zu dem Salat geben. Mit 600 ml Caesar-Dressing vermengen.

– Alles kräftig durchrühren. Das Hähnchen grob unterheben.

– Die 6 Toastscheiben in kleine Würfel schneiden. In der Pfanne die kleinen Toaststücke mit 10 ml Öl anbraten und anschließend auf den fertigen Salat streuen.

– Der Salat kann zum Schluss noch mit etwas Parmesan sowie mit Salz und Pfeffer bestreut werden.

– Den Salat nun auf 4 Portionen aufteilen. Guten Appetit!

TIPP:
MIT CRÈME FRAÎCHE
SOWIE EIN PAAR ERBSEN
VERZIEREN.

EINFACHE GRÜNE SUPPE

Zubereitungszeit:
30 Minuten

Kategorie / Typ:
Suppe / Low Carb

Schwierigkeitsgrad:
mittel

Zubereitungsart:
Herd

Zutaten:
(für 4 Portionen)
1 Kopf Blumenkohl (ca. 900 g)
1 Gemüsezwiebel
5 ml Olivenöl*
2 Kartoffeln
50 g frischen Blattspinat
150 g Zucchini
1000 ml Wasser
½ EL Gemüsebrühe-Pulver*
200 g tiefgefrorene Erbsen
75 ml Schlagsahne
½ EL Kräuter der Provence*
Salz*, Pfeffer*
60 g Crème fraîche

ZUBEREITUNG:

– Blumenkohl waschen und in kleine Röschen schneiden. Gemüsezwiebel schälen und grob hacken.

– Topf mit 5 ml Öl vorbereiten und warm werden lassen. Die Zwiebel darin anbraten.

– In der Zwischenzeit zwei Kartoffeln schälen und würfeln.

– 50 g Blattspinat zupfen und waschen. 150 g Zucchini waschen und würfeln.

– Jetzt Blumenkohl, Zucchini und Kartoffeln ebenfalls im Topf andünsten.

– Mit einem Liter Wasser ablöschen und ½ EL Gemüsebrühe mit hineingeben.

– Für ca. 20 Minuten mit Deckel köcheln.

– Zunächst 200 g gefrorene Erbsen, dann den Spinat mit hinzugeben und alles weiter köcheln lassen.

– Sobald das Gemüse gar ist, 75 ml Sahne mit hineingeben und mit ½ EL Kräuter der Provence verfeinern.

– Wem es zu dickflüssig wird, kann etwas Wasser dazugeben.

– Die ganze Portion kräftig in einem Hochleistungsmixer oder mit einem Stabmixer zerkleinern. Salzen und pfeffern.

– Die Suppe in tiefe Teller geben, mit 60 g Crème fraîche garnieren und servieren.

Nährwerte pro Portion (4 gesamt): Kalorien 262, Kohlenhydrate 18 g, Eiweiß 12 g, Fett 13 g | *z.B. von Azafran

SOLJANKA

Zubereitungszeit:
60 Minuten

Kategorie / Typ:
Suppe / Low Carb

Schwierigkeitsgrad:
mittel

Zubereitungsart:
Herd

Zutaten:
(für 4 Portionen)
75 g Speck (Bacon) gewürfelt
1 große Zwiebel
1 Knoblauchzehe oder 5 g Knob-
lauchpulver*
200 g Geflügelfleischwurst
250 g Kabanossi (klassisch) oder
Salami im Stück
1 große frische Paprika
5 Gewürzgurken
10 g Tomatenmark
1 Dose stückige Tomaten (400 g)
400 ml Wasser
70 ml Gurkenwasser
1 EL Gemüsebrühe-Pulver*
1 EL Paprika edelsüß*
1 TL Paprika rosenscharf*
2 Lorbeerblätter*
Salz*, Pfeffer*
optional frisches Baguette

ZUBEREITUNG:

– 75 g Speck in einem großen Topf anbraten. Zwiebel in Ringe schneiden, halbieren und mitbraten. Anschließend die Knoblauchzehe pressen und alle drei Zutaten glasig andünsten.

– 200 g Geflügelfleischwurst in kleine Würfel schneiden. 250 g Kabanossi in Scheiben schneiden. Eine große Paprika waschen und würfeln. 5 Gewürzgurken in Stücke schneiden.

– Fleischwurst in den Topf hinzugeben und kurz mit anbraten.

– Anschießend 10 g Tomatenmark im Topf kurz anbraten und dann 400 g stückigen Tomaten hinzugeben und gut miteinander verrühren.

– Mit 400 ml Wasser auffüllen. 70 ml Gurkenwasser hineingeben. 1 EL Gemüsebrühpulver, 1 EL Paprika edelsüß, 1 EL Paprika rosenscharf und 2 Lorbeerblätter hinzugeben. Gut verrühren.

– Gurken und Kabanossi ebenfalls mit hineingeben. Mindestens 30 Minuten köcheln lassen.

– Zum Schluss nur noch mit Salz und Pfeffer abschmecken.

TIPP:
GERNE KANN DAZU
EIN FRISCHES BAGUETTE
GEREICHT WERDEN.

Nährwerte pro Portion (4 gesamt): Kalorien 485, Kohlenhydrate 12 g, Eiweiß 30 g, Fett 34 g | *z.B. von Azafran

TIPP:
ZUM SCHLUSS NUR NOCH MIT PETERSILIE GARNIEREN UND GENIEßEN.

VEGETARISCHES SHAKSHUKA

Zubereitungszeit:
30 Minuten

Kategorie / Typ:
Hauptgericht / Low Carb,
vegetarisch

Schwierigkeitsgrad:
mittel

Zubereitungsart:
Herd / Backofen

Zutaten:
(für 4 Portionen)
1 kleine Zwiebel
1 Paprika
5 ml Olivenöl*
20 g Tomatenmark
800 g stückige Tomaten
½ TL Chiliflocken*
*½ EL Pizza / Pasta-Gewürz-
mischung**
½ EL Paprika edelsüß*
Salz*, Pfeffer*
4 Hühnereier (Bio-Qualität)
50 g Babyspinat
1 TL Petersilie

ZUBEREITUNG:

– Die Zwiebel schälen und in kleine Würfel hacken. Eine Paprika in kleine Stücke schneiden, zusammen mit der gehackten Zwiebel kurz in 5 ml Olivenöl anbraten.

– 20 g Tomatenmark dazutun und ebenfalls kurz anrösten. 800 g stückige Tomaten hinzugeben und alles köcheln.

– ½ TL Chiliflocken, ½ EL Pizza / Pasta-Gewürzmischung, ½ EL Paprika edelsüß untermischen und mit Salz sowie Pfeffer abschmecken.

– In die Tomatensauce kleine Mulden mit Hilfe von einem Schöpflöffel formen und die 4 Eier darin einfließen lassen.

– 50 g Spinat mit hineingeben.

– Die Pfanne zur Seite stellen.

– Den Backofen vorheizen und die Pfanne (Wichtig! Griff muss ofenfest sein!) in den Backofen geben und bei 120°C kurze Zeit ziehen lassen.

– Die Eier sind dadurch pochiert und nicht gebraten.

Nährwerte pro Portion (4 gesamt): Kalorien 176, Kohlenhydrate 12 g, Eiweiß 11 g, Fett 8 g | *z.B. von Azafran

INDISCHES DAAL-CURRY

Zubereitungszeit:
45 Minuten + Einweich-
zeit

Kategorie / Typ:
Hauptgericht / vegan

Schwierigkeitsgrad:
mittel

Zubereitungsart:
Herd

Zutaten:
(für 4 Portionen)
250 g rote Linsen
1 TL Chilipulver*
1 EL Kurkuma*
1 EL Garam Masala*
1 TL Kreuzkümmel*
20 ml Olivenöl*
1 Gemüsezwiebel
etwas Wasser
400 ml Kokosmilch
3 Knoblauchzehen
1 TL Ingwer
5 ml Sojasauce
Salz*, Pfeffer*

ZUBEREITUNG:

– 250 g Linsen für ca. 2 Stunden in etwas Mineralwasser (ohne Kohlensäure) einweichen lassen.

– Eine Paste aus 1 TL Chili, 1 EL Kurkuma, 1 EL Garam Masala, 1 TL Kreuzkümmel und 20 ml Öl anrühren.

– Jetzt die Gewürzpaste in einer Pfanne anrösten. Dabei darauf achten, dass die Masse nicht zu dunkel wird. Zwiebel klein-schneiden und in der Mischung anschwitzen.

– Nun die Linsen mit etwas Wasser (damit die Linsen weiter aufquellen können) und der Hälfte (200 ml) der Kokosmilch, zusammen mit dem Kleingehackten, den 3 Knoblauchzehen und 1 TL Ingwer für ca. 15 bis 20 Minuten köcheln lassen.

– Ab und zu etwas Wasser und Kokosmilch hinzufügen. Wenn die Linsen zerfallen sind, das Gericht mit Salz, 5 ml Sojasauce und etwas Pfeffer abschmecken.

Nährwerte pro Portion (4 gesamt): Kalorien 510, Kohlenhydrate 47 g, Eiweiß 21 g, Fett 26 g | *z.B. von Azafran

TIPP:

AM BESTEN MIT INDI-
SCHEM NAAN-BROT SERVIEREN.
ALS TOPPING GEHACKTE
KORIANDERBLÄTTER
VERWENDEN.

TIPP:
JE ÖFTER MAN KOHL AUFWÄRMT, DESTO BESSER SCHMECKT ER. DAS GERICHT GERNE AUCH MIT ETWAS KÜMMEL VERFEINERN.

SCHNELLE SPITZKOHLPFANNE

Zubereitungszeit:
20 Minuten

Kategorie / Typ:
Hauptgericht / Low Carb

Schwierigkeitsgrad:
mittel

Zubereitungsart:
Herd

Zutaten:
(für 4 Portionen)
1 kg Spitzkohl
1 TL Salz*
600 g Hähnchenbrust
10 ml Olivenöl*
800 g gehackte Tomaten
1 EL Bolognese-Gewürz*
Pfeffer*
16 frische Cocktailtomaten

ZUBEREITUNG:

– 1 kg Spitzkohl waschen, in dünne Streifen schneiden, mit 1 TL Salz bestreuen und 5 Minuten zur Seite stellen. Danach den Spitzkohl mit den Händen 2 Minuten ordentlich durchkneten und kurz in Salzwasser blanchieren und beiseitestellen.

– 600 g Hähnchenbrust in Streifen schneiden. Pfanne erwärmen, 10 ml Olivenöl hineingeben und die Hähnchenstreifen darin anbraten.

– Spitzkohl hinzugeben und dann mit 800 g gehackten Tomaten sowie 1 EL Bolognese-Gewürz kurz aufkochen und mit Salz und Pfeffer abschmecken.

– Mit frischen Tomaten servieren.

Nährwerte pro Portion (4 gesamt): Kalorien 313, Kohlenhydrate 18 g, Eiweiß 44 g, Fett 6 g | *z.B. von Azafran

FROZEN JOGHURT

Zubereitungszeit:
60 Minuten

Kategorie / Typ:
Dessert / Low Carb,
vegetarisch

Schwierigkeitsgrad:
einfach

Zubereitungsart:
Eismaschine

Zutaten:
(für 4 Portionen)
1200 g griechischen Joghurt
(höherer Fettanteil)
1 TL Vanillepulver*
160 g (Puder-)Erythrit*
400 g Erdbeeren

ZUBEREITUNG:

– 1200 g griechischen Joghurt, 1 TL Vanillepulver und 120 g Puder-Erythrit gut vermischen.

– Den vermischten Joghurt in die Eismaschine geben und mindestens 40, besser 50 Minuten drehen lassen.

– Gegen Ende 400 g Erdbeeren waschen und vom Strunk entfernen.

– Die Erdbeeren mit 40 g Puder-Erythrit bestreuen und mit einem Stabmixer pürieren.

– Den fertigen Joghurt in Becher geben und zusammen mit der Erdbeersauce servieren.

TIPP:
ALS TOPPING SIND KOKOSFLOCKEN ODER ZUCKERFREIE SCHOKO-STREUSEL OPTIMAL.

Nährwerte pro Portion (4 gesamt): Kalorien 384, Kohlenhydrate 17 g, Eiweiß 11 g, Fett 29 g | *z.B. von Azafran

WAS MAN IM ALTER EIGENTLICH ERREICHEN WILL? (ALTER 56-63)

„Die Jugend ist die Zeit, Weisheit zu lernen. Das Alter ist die Zeit, sie auszuüben."

Jean-Jacques Rousseau (französischer Schriftsteller 1712 - 1778)

Die Lebensphase der 56- bis 63-Jährigen steht unter dem Gefühl der Selbstbegegnung. Man kann hier zudem anderen Menschen verzeihen und einen Schlussstrich unter alte Themen setzen.

Dazu ist es die Zeit, in der man sich langsam um seinen eigenen Ruhestand Gedanken machen kann und man sich außerdem eventuell sogar schon auf die Zeit als Großeltern freut.

***

Leider wird diese Zeit bereits häufig von vielen körperlichen Leiden begleitet. Diese können im Zusammenhang mit einer Fehlernährung stehen.

Laut der WHO sind 39 Prozent der erwachsenen Weltbevölkerung übergewichtig – im Vergleich waren es in den 1970er-Jahren gerade einmal halb so viele. Ungesunde, einseitige und falsche Ernährung kann nicht nur zu Übergewicht führen und zu den daraus resultierenden Folgeerkrankungen wie etwa Diabetes Typ 2, sondern auch für Arthrose verantwortlich sein, Autoimmunerkrankungen sowie Herz-Gefäßerkrankungen.

Dass es einen Zusammenhang zwischen Ernährung und Gesundheit gibt, merke ich auch in meiner eigenen Familie sehr stark. Woher ich das weiß? Ich weiß, was meine Eltern, Onkel und Tanten die letzten 30 Jahren gegessen haben. Und dabei muss man hier ja noch ehrlicherweise feststellen, dass das nicht immer so war. Meine Eltern haben bis zum jungen Erwachsenendasein in den Folgejahren des Krieges unter sehr armen Verhältnissen gelebt. Süßigkeiten und der Sonntagsbraten waren echte Highlights.

Dennoch ... Mein Papa und meine Tante hatten beide Krebs. Meine Mama hat eine Autoimmunerkrankung und starken Heuschnupfen. Mein Onkel hat Diabetes Typ 2. Auch in meiner Nachbarschaft gibt es kaum einen älteren Menschen, der nicht sein Wehwehchen mit sich herumträgt.

Alles normal, sagen Sie sich? – Hat ja mein Nachbar auch. Hatten meine Eltern auch? Das liegt an den Genen …

Ich weiß, was ich bereits in meiner Kindheit gegessen habe. Und das war damals nicht immer gut. Zum Glück entschieden meine Eltern, mir ab dem 10. Lebensjahr nicht mehr die Zitronenlimonade zu geben, sondern stellten auf Mineralwasser um. Dem habe ich sicherlich heute noch zu verdanken, dass für mich Wasser und Tee trinken ganz normale Dinge sind.

Was da aber für eine Generation an Kranken in den nächsten 20 Jahren auf die Gesellschaft zukommt, kann ich heute nur erahnen. Noch schlimmer sind jedoch die Generationen nach mir dran.

Sollte man sich an dieser Stelle nicht besser sagen, dass es Ihr Grundrecht ist, in diesem Alter auch noch vital und fit zu sein?

Damit man seinen Ruhestand auch später genießen kann! Meine Eltern konnten es leider nicht so, wie sie es sich vorgestellt hatten. Zum Glück konnten sie die Jahre vorher bereits genießen und schwelgen heute zumindest in diesen Erinnerungen.

Ich für meinen Teil sehe mich schon mit Josephina als stolze Großeltern. Da wir sehr spät Eltern geworden sind, möchte ich noch mit jenseits der 70 fit für meine Enkelkinder sein. Wir möchten aber auch unseren generellen Lebensalltag genießen und viel Gutes für uns tun. Ob wir in diesen Jahren noch Azafran betreiben werden, steht in den Sternen. Wir werden die Firma später gerne an Lotti übertragen, sofern sie dies auch möchte. Einen Zwang werden wir auf keinen Fall daraus machen. Auch sie soll die Möglichkeit ihrer eigenen Entfaltung bekommen.

Wir für unseren Teil haben uns dazu entschieden weitestgehend auf Zucker zu verzichten, um unseren Zukunftsplänen nicht selbst im Wege zu stehen. Wir lassen zudem regelmäßig unser Blut kontrollieren und essen anders als vielleicht noch vor einigen Jahren – eben bewusst und gesund. An Geburtstags- und Feiertagen gönnen wir uns weiterhin mal ein Stück Kuchen oder Torte. Aber bewusst in Maßen. Unsere Teller sehen herrlich bunt und vielfältig aus. Dazu ein kleines Stück Fleisch, Käse oder Ei – ansonsten nichts. Mit den richtigen Gewürzen und Kräutern perfekt für den Alltag. Irgendwelche Mangelerscheinungen, die mir jetzt jemand nahelegen könnte, haben wir nicht.

Dass Ernährung dabei nicht alles ist, muss ich an dieser Stelle noch erwähnen. Denn Bewegung ist genauso wichtig und damit meine ich Sport. Ich selbst habe in den Zwanzigern sehr viel Sport gemacht und es in den letzten zehn Jahren eher schleifen lassen. Ich merke das bereits und deswegen ist es für mich wichtig, wieder damit zu beginnen. Josephina läuft bereits fleißig durch den Tag und schafft problemlos ihre 10.000 Schritte.

Bitte nehmen Sie meine Worte jetzt nicht als Diät-Aufforderung. Wenn Sie mit Ihrem Leben zufrieden sind und über kleinere Wehwehchen hinweg gucken können, dann ist das doch super.

Auch möchte ich mit diesem Buch keine Ängste streuen oder die Menschheit retten. Jeder von uns trägt für solche Dinge seine eigene Verantwortung und vor allem Entscheidungsfreiheit in sich.

Für mich ist es nur wichtig, eine Bewusstheit für solche Dinge zu schaffen. Gesundheit ist ein wichtiges Gut – denn mit einer hochwertigen und bewussten Ernährung werden Sie Ihr Leben glücklicher gestalten können.

Und denken Sie bitte an diese Worte – besonders in jungen Jahren. Ja, ich weiß, dass man Ernährungsgewohnheiten nur schwer ändern kann. Sie kümmern sich aber auch in jungen Jahren bereits im Regelfall um Ihre finanzielle Altersabsicherung. Wenn Sie sich also um Ihr Geld kümmern, sollten Sie sich erst recht um Ihren Körper kümmern, damit Sie das Geld später ausgeben können.

WAS SIE TUN KÖNNEN, WENN IHR PARTNER ODER IHR KIND UNVERANTWORTLICH MIT DEM THEMA ESSEN UMGEHT

Auch hierzu möchte ich an dieser Stelle noch ein paar Zeilen schreiben. Wenn Ihr Partner oder Ihre Kinder das Thema bewussten und gesunden Genuss ausblenden, müssen Sie das Gespräch darüber auf einer anderen, übergeordneten Ebene führen. Wenn Sie ihm / ihr oder ihnen ständig das Thema Gesundheit vorposaunen, wird der andere Part das Thema schnell als „nervig" empfinden und sich dadurch eher persönlich angegriffen fühlen.

Erstellen Sie besser einen Plan mit dem Ziel für mehr Vitalität (z.B. mit dem Ziel, ein paar Kilos abzunehmen, weil man so wieder in die alten Hosen passt oder der Strandurlaub bald vor der Tür steht). Halten Sie auf dem Plan zudem fest, wie Sie die Dinge umsetzen wollen. Zum Beispiel können Sie hier eine Absprache treffen, dass der Partner / die Kinder so viel Nachtisch essen dürfen, wie sie wollen, wenn sie vorher eine gewisse Menge Gemüse und Proteine essen.

Sollte es wieder zum Streit beim Thema Ernährung kommen, können Sie Ihren Partner / Ihre Kinder direkt auf den Zettel verweisen. Anstelle mit dem Finger auf den anderen zu zeigen, tun Sie es jetzt auf ein Stück Papier.

Bei eingefahrenen Streitigkeiten über Ihr Kochverhalten könnten Sie folgendes Argument bringen: „Aktuell langweilt es mich zu kochen, entweder wir gehen jetzt in der nächsten Zeit öfter mal essen oder du kochst." Mit solchen Aussagen bekommen Sie in der Regel zumindest wieder die Aufmerksamkeit der anderen Partei.

Als weiteren Trick können Sie Ihrem Partner / Ihren Kindern zudem Nährstoffe in Form von Mineralien, Vitaminen und Aminosäuren einfach mit ins Essen geben. (**Vorsicht**: Achten Sie hier aber auf Unverträglichkeiten, wir wollen ja niemanden vergiften.). Egal ob in die Sauce, in Frikadellen oder in Mehl. Setzen Sie hier ein paar Gramm Protein-Pulver dem Essen bei, wird der andere von allein weniger essen, denn das natürliche Sättigungsgefühl beim Menschen tritt automatisch bei einer bestimmten Menge Eiweiß in Kraft.

Bieten Sie dem Partner / den Kindern zudem einfach mal neue Geschmackserlebnisse in Form von Gewürzen an. Vielleicht wird Ihr Gegenüber nicht gleich alles mögen, jedoch verfeinert jedes neue Gewürz den Geschmackssinn und der Körper lernt schnell auf diese neuen, leckeren Reize zu reagieren und mehr davon haben zu wollen.

> *Tipp:* Nutzen Sie gerne auch als Erwachsener den einen oder anderen Tipp aus unserem Zusatzkapitel „Geschmackstraining für Kinder".

MEINE 3 LEHREN FÜR DAS GESETZTE HÖHERE ALTER
1. EIN SCHÖNES AMBIENTE FÖRDERT DEN GENUSS

Josephina hat einen sehr ausgeprägten Hang zur Ästhetik. Das findet sich nicht nur in ihrem modischen Stil wieder, sondern auch durch und durch in unserer Inneneinrichtung.

Mir waren solche Dinge bevor ich sie traf nie bewusst, doch spielen diese Punkte auch beim Thema Genuss eine wichtige Rolle. So werden Sie in einem besonders schönen Ambiente Ihr Essen deutlich mehr genießen, als wenn Sie es von einem Pappteller auf dem Rastplatz einer Tankstelle zu sich nehmen.

Ich möchte damit keinesfalls die Betreiber von Raststätten kritisieren, aber ich bin mir sicher, dass 99 Prozent meiner Leser verstehen werden, was ich damit meine. Josephinas Freund Riad versteht diesen Punkt ebenfalls wie kein Zweiter. In seinem Restaurant, dem „Hala" in Hamburg, sind es die kleinen Dinge, die wie Zahnräder ineinandergreifen: eine wunderschöne orientalische Dekoration, gutes Besteck, vorgewärmte Teller, dazu bestens geschultes und zugleich herzliches Servicepersonal und nicht zuletzt das durch und durch fabelhafte Essen.

Zusätzlich zu einem optisch schönen Ambiente kann zudem dezente Musik im Hintergrund das Wohlfühlerlebnis verstärken. Nicht umsonst haben hochwertige Restaurants auch immer eine gute musikalische Unterstützung.

Für mich ist es deswegen klar: Das richtige Ambiente lässt uns einfach mehr genießen – sei es zu guter Letzt einfach nur, weil wir uns entspannter fühlen und uns intensiver auf unser Essen einlassen können.

2. DAS AUGE ISST MIT

Wie wichtig das Auge für Ihren Geschmack ist, habe ich Ihnen bereits am Anfang im Kapitel über das sensorische Gedächtnis mitgeteilt. Gleichzeitig habe ich Ihnen anhand eines Beispiels gezeigt, dass das Auge uns aber auch täuschen kann. Dennoch ist es meiner Meinung nach wichtig, ebenfalls den Sehsinn mit Ihrem Geschmackssinn zu kombinieren. Es gibt nicht umsonst den Spruch „Das Auge isst mit". Und ja, das Auge gibt dem Körper Ruhe und Harmonie und spielt das Bewusstsein auf ein Erlebnis ein. Denn nicht umsonst ist die Vorfreude die schönste Freude.

Wichtig in diesem Zusammenhang ist aber, nicht zu vergessen, dass das Auge ebenso ein kulinarisches Highlight in die andere Richtung leiten kann. Deswegen sind Blindverkostungen hin und wieder nicht verkehrt.

Sie können so Ihr sensorisches Gedächtnis trainieren, denn sollte Ihr Auge im Nachgang ein positives Erlebnis im Umgang mit Nahrung haben, speichert es diesen Zustand ab. Beim nächsten Mal werden Sie dadurch trotz fehlender Optik dennoch eine innere Vorfreude auf den Leckerbissen verspüren.

Nutzen Sie die Macht der Augen dazu, sich bewusster zu ernähren. So hat der Psychologieprofessor Charles Spence von der Universität Oxford bei übergewichtigen Patienten herausgefunden, dass diese bei farbig schön dekoriertem Essen auf den Tellern weniger aßen, da sie mit kleineren Portionen auskamen. Auch empfanden Versuchspersonen Joghurt aus einer dickwandigen Porzellanschüssel als nahrhafter und aßen diesen langsamer.

Mit demselben Trick können Sie auch Ihre Getränke durch dickere Gläser aufwerten. Sie genießen so Ihre Getränke bewusster als aus einem Pappbecher oder dünnwandigem Glas. Aus demselben Grund werden teilweise teurere Weine in hochwertigen dicken Glasflaschen verkauft, denn selbst die Wahrnehmung der Verpackung kann Sie nachweislich zu einem intensiveren Genuss führen.

Allerdings steht diese These auch im Gegensatz dazu, dass Weine oder Whiskey in möglichst dünnen Gläsern serviert werden sollen, weil dadurch die Trinktemperatur besser erhalten bleibt.

Erlernen Sie zur optimalen visuellen Ansicht Ihres gekochten Essens auch die Kunst des Anrichtens. An dieser Stelle möchte ich Ihnen dazu ein paar Tipps an die Hand geben:
- – Gehen Sie dabei von der Tellermitte nach außen vor.
- – Beginnen Sie mit der Sauce in der Mitte.
- – Legen Sie dann auf die eine Seite die kohlenhydrathaltige Beilage wie Kartoffeln, Nudeln oder Reis und auf die andere Seite die Fisch- oder Fleischbeilage.
- – Legen Sie nun oben die Gemüsebeilage ab.

- Achten Sie darauf, dass Ihr Teller ordentlich präsentiert wird.
- Verwenden Sie optische Hingucker, wie etwas Petersilie, Samen oder Nüsse über dem Gemüse- und oder Kohlenhydrate-Teil.
- Würzen Sie den Fleisch- oder Fischteil separat.
- Überladen Sie den Teller nicht.

Achten Sie bei der Anordnung der Einzelkomponenten auf den Abstand zueinander. So können Sie alle Zutaten einzeln auf dem Teller (z.B. beim Dessert unten links eine Kugel Eis, unten rechts ein kleiner Schokokuchen, oben links und oben rechts jeweils andere Dinge) oder alle Zutaten kombiniert zusammen (wie oben beschrieben beim Hautgericht) servieren.

Durch die Einzel-Anordnung geben Sie dem Gast / Esser die Entscheidung, wie er die Dinge im Mund wahrnimmt. Kombiniert er z.B. das Eis mit dem Kuchen oder das Eis mit einer anderen Zutat. Servieren Sie aber alle Zutaten dicht zusammen, geben Sie dem Gast / Esser weniger Spielraum und er nimmt die Dinge eher so wahr, wie sie ihm vom Koch vorgesetzt werden.

Ja, es ist zwar nur ein kleiner Unterschied und ja, Sie haben recht, dass man auch auf einem dicht servierten Menü seine Teile herauspicken kann. Generell wird aber so ein kleiner Unterschied teilweise bereits Auswirkungen auf den Geschmack eines ganzen Gerichts haben.

Ein wichtiger Punkt kommt zum Schluss: Denken Sie beim Anrichten Ihres Tellers daran, dass die Essbarkeit eines Gerichtes (ohne Kleckern) wichtiger ist als das Aussehen. Stapeln Sie also nicht zu hohe Türme und achten Sie darauf, dass zwischen den Zutaten genug Platz ist, um diese ungestört zu schneiden.

> **Tipp:** Lernen Sie, Gerichte lecker anzurichten. Auf Youtube finde Sie viele Videos zum Thema „Plating Food".

3. UMSETZUNG

Sie haben bis zu dieser Stelle im Buch bereits viele Möglichkeiten kennengelernt, wie Sie Ihren Geschmacks- und Geruchssinn schulen und trainieren können. Am wichtigsten an dieser Stelle ist aber die praktische Umsetzung. Nur, wenn Sie Ihr Wissen wirklich anwenden und regelmäßig trainieren, werden Sie im Umgang mit Geschmack die „Extraklasse" erreichen.

Es ist ein bisschen wie mit einem Klavier- oder Gitarrenspieler: Nur durch ständige Wiederholung, Offenheit für Neues und konsequentes Training wird aus einem Hobby-Musiker ein wahrer Profi. Und aus einem Hobby-Koch ein echter Geschmacksexperte.

Belohnt werden Sie dafür mit scharfen Sinnen, einem guten Gedächtnis und mit unvergesslichen Eindrücken, die Sie nie wieder in Ihrem Leben missen wollen.

Ob Sie in Ihrem Leben nun den Weg einer bewussten und gesunden Ernährung einschlagen, kann ich Ihnen nur wünschen. Jeder wird in seinem Leben irgendwann einmal an Punkte kommen, die es einschneidend verändern. Klassische Beispiele dafür sind möglicherweise das Kennenlernen des späteren Partners, die Geburt der eigenen Kinder oder auch andere Erlebnisse, wie z.B. ein Job- oder Wohnortwechsel.

Diese Veränderungen lenken von diesem Tag Ihr Leben in eine neue Richtung. Furcht und Angst werden abgelegt, um ein neues Kapitel aufzuschlagen.

Hüten Sie sich in dieser Situation vor Aktionismus, den man leicht mit Veränderungen verwechseln kann. Aktionismus ist der Grund, warum man nach einer Diät einige Wochen später wieder das alte Gewicht auf den Rippen hat. Veränderungen sind tatsächliche Entscheidungen, bei denen man die Wurzel der Probleme hinterfragt und seine Einstellung grundlegend ändert. Beim Diät-Beispiel wäre hier die Frage sinnvoller, warum man sich mit schlechtem Essen belohnt und warum man nicht besser den anderen Weg geht, bei dem ein Essen nicht schlechter ist, aber dafür viel gesünder und nahrhafter.

Sie sehen, dass uns das Leben immer verschiedene Wege und Möglichkeiten bietet. Welchen Weg Sie davon letztendlich wählen und ob Sie Ihr erworbenes Wissen umsetzen, liegt einzig und alleine bei Ihnen selbst.

Es liegt also an Ihnen, zu handeln.

MEINE 7 REZEPTIDEEN FÜR DIE ÜBER 56-JÄHRIGEN:
- Gulaschsuppe Grundrezept
- Einfache Krabbensuppe
- Vegane Wirsingroulade mit Gemüsefüllung
- Rinderrouladen im Backofen
- Deftiger Grünkohl-Eintopf mit Kohlwurst
- Vanillekipferl nach Omas Rezept
- Erdbeer-Quark wie von Oma

Trainingstipps zum Kurkumi-Geschmacksexperten:
1. Dekorieren Sie Ihr Esszimmer gemütlich um.
2. Probieren Sie eine Blindverkostung aus.
3. Kommen Sie ins Handeln.

EINE KURZE ZUSAMMENFASSUNG:

- Sie haben ein Grundrecht darauf, auch im Alter vital und fit zu sein, um Ihr Rentenalter genießen zu können.
- Verzichten Sie möglichst auf Zucker – Ihr Körper wird es Ihnen danken.
- Geben Sie Ihrem Körper die Nähr- und Vitalstoffe, die er braucht.
- Durch eine bewusste und hochwertige Ernährung werden Sie im Leben glücklicher werden.
- Essen Sie so oft Sie können in einem schönen Ambiente. Schaffen Sie sich mit einfachen Mitteln eine entspannte Atmosphäre, indem Sie z.B. das Licht dimmen und schönes Geschirr verwenden. Und denken Sie immer daran: Auch das Auge isst mit!
- Setzten Sie Ihr neu erlerntes Wissen um und trainieren Sie Ihre Geschmackssinne aktiv – am besten jeden Tag!

TIPP:
VERFEINERN SIE DIE SUPPE
MIT KRÄUTERN WIE PETER-
SILIE, MAJORAN ODER SCHNITT-
LAUCH. CROÛTONS SORGEN
FÜR EINEN SPANNENDEN
CRUNCH IM ESSEN.

GULASCHSUPPE GRUNDREZEPT

Zubereitungszeit:
3 Stunden

Kategorie / Typ:
Suppe / Low Carb (ohne Kartoffeln)

Schwierigkeitsgrad:
mittel

Zubereitungsart:
Herd

Zutaten:
(für 4 Portionen)
40 ml Olivenöl*
600 g Fleisch
1 EL Paprikapulver*
Salz*, Pfeffer*
Wasser
200 g Zwiebeln
3 Paprikaschoten
200 g Rispentomaten
(ggf. 100 g mehlige Kartoffeln)
100 g Karotten
250 g Champignons
½ EL Gemüsebrühe-Pulver*
400 ml Kaffee*, kräftig
1 Lorbeerblatt*
10 g Tomatenmark

ZUBEREITUNG:

– Zuerst 40 ml Olivenöl in einem großen Topf erhitzen. 600 g Fleisch in Würfel schneiden und darin kross braten. Mit 1 EL Paprikapulver, Salz und Pfeffer würzen und Wasser dazugießen, sodass das Fleisch eben bedeckt ist.

– Den Topfdeckel aufsetzen und den Herd herunterschalten.

– Währenddessen 200 g Zwiebeln, 3 Paprika, 200 g Tomaten und ggf. 100 g Kartoffeln in kleine Würfel schneiden. 250 g Champignons vierteln, 100 g Karotten schälen und in Scheiben schneiden.

– ½ EL Gemüsebrühe-Pulver und 200 ml Kaffee zum Fleisch hinzugeben. Falls der Kaffee nicht ausgereicht hat, um alles zu bedecken, Wasser nachgießen und weiter köcheln lassen.

– Gemüse und Lorbeerblatt in den Topf geben. 30 Minuten garen lassen. Weitere 200 ml Kaffee in die Suppe geben, mit Wasser ablöschen. Salzen, pfeffern.

– Wieder für 30 Minuten einkochen lassen. Dann 10 g Tomatenmark hinzugeben und so viel Wasser, bis die gewünschte Suppenkonsistenz erreicht ist.

– Nun einmal aufkochen lassen und servieren.

Nährwerte pro Portion (4 gesamt): Kalorien 387, Kohlenhydrate 21 g, Eiweiß 19 g, Fett 23 g | *z.B. von Azafran

EINFACHE KRABBENSUPPE

Zubereitungszeit:
40 Minuten

Kategorie / Typ:
Suppe / Low Carb

Schwierigkeitsgrad:
mittel

Zubereitungsart:
Herd

Zutaten:
(für 4 Portionen)
100 g Zwiebeln
400 g Kohlrabi
20 g Butter
100 ml Weißwein
800 ml Wasser
1 TL Currypulver*
½ EL Gemüsebrühe-Pulver*
200 ml Schlagsahne
100 g Zuckererbsen
150 g Nordseekrabben (gepult)
20 g Kokosöl*
50 g Krebspaste
Salz*, Pfeffer*

ZUBEREITUNG:

– 100 g Zwiebeln und 400 g Kohlrabi schälen und würfeln. Dann in einem Topf 20 g Butter schmelzen lassen, die Zwiebeln darin anschwitzen und mit 100 ml Weißwein ablöschen.

– Die Kohlrabistücke dazugeben, kurz mit anbraten und dann 800 ml Wasser hinzugießen. Für 1 Minute kochen lassen.

– 1 TL Currypulver, ½ EL Gemüsebrühe-Pulver sowie 200 ml Sahne in die Suppe geben. Für weitere 10 Minuten kochen.

– 100 g Zuckererbsen in einer Pfanne mit 20 g Kokosöl für wenige Minuten anbraten. Die gewaschenen 150 g Krabben hinzugeben und die Pfanne von der Flamme nehmen.

– 50 g Krebspaste in die Suppe geben und erneut aufkochen. Die Suppe mit Salz und Pfeffer abschmecken.

– Jetzt das Ganze auf angewärmten Tellern verteilen und die Krabben-Zuckerschoten-Mischung ebenfalls auf den Tellern anrichten.

TIPP:
MIT KARTOFFELN STATT KOHLRABI WIRD DIE SUPPE SÄMIGER.

Nährwerte pro Portion (4 gesamt): Kalorien 407, Kohlenhydrate 13 g, Eiweiß 12 g, Fett 29 g | *z.B. von Azafran

TIPP:
RUNDEN SIE DEN WIRSING MIT ETWAS KÜMMEL AB.

VEGANE WIRSINGROULADE
MIT GEMÜSEFÜLLUNG

Zubereitungszeit:
60 Minuten

Kategorie / Typ:
Hauptgericht / Vegan

Schwierigkeitsgrad:
mittel

Zubereitungsart:
Herd

Zutaten:
(für 4 Portionen)
500 g Wirsing
200 g Steinpilze
2 rote Zwiebeln
1000 ml Wasser oder Gemüse-
fond
1 EL Gemüsebrühe-Pulver*
250 g Zartweizen
1 EL Kurkuma*
285 g weiße Bohnen
Salz*, Pfeffer*
5 ml Olivenöl*
500 g passierte Tomaten
1 EL Pizza / Pastagewürz*
Schaschlikspieße oder Küchen-
garn

ZUBEREITUNG:

– Zu Beginn von 500 g Wirsing die Blätter einzeln ablösen. Nun in einem großen Topf Wasser mit ca. 1 TL Salz aufkochen. Die Wirsingblätter werden einzeln in das Wasser gegeben und für jeweils ca. 1 Minute gekocht. Anschließend die Blätter herausnehmen und vorsichtig abtupfen.

– Dann 200 g Steinpilze und die beiden roten Zwiebeln würfeln. 500 ml Wasser (oder Gemüsefond) mit 1 EL Gemüsebrühe-Pulver aufkochen. 250 g Zartweizen und 1 EL Kurkuma hinzugeben. Bei kleiner Hitze köcheln.

– 285 g Bohnen waschen und unter den Zartweizen heben. Die Zwiebelstücke sowie die Pilze dazugeben. Simmern lassen. Mit Salz und Pfeffer abschmecken.

– Zum Schluss ein Wirsingblatt nehmen und 2-3 EL der Füllung in die Mitte legen. Die Seiten Richtung Mitte falten und längs einrollen.

– Mit einem Spieß oder Küchengarn die Roulade in Form bringen und dann in 5 ml Öl anbraten.

– Anschließend den restlichen Gemüsefond sowie 500 g passierte Tomaten und 1 EL Pizza / Pastagewürz hinzugeben und aufkochen lassen. Alles für eine halbe Stunde köcheln.

Nährwerte pro Portion (4 gesamt): Kalorien 409, Kohlenhydrate 66 g, Eiweiß 22 g, Fett 4 g | *z.B. von Azafran

RINDERROULADEN
IM BACKOFEN

Zubereitungszeit:
2 Stunden

Kategorie / Typ:
Hauptgericht

Schwierigkeitsgrad:
schwierig

Zubereitungsart:
Herd / Backofen

Zutaten:
(für 4 Portionen)
4 Scheiben Rinderrouladen
Salz*, frisch gemahlener Pfeffer*
10 TL Dijon-Senf
4 Scheiben durchwachsener
Speck
4 große Gewürzgurken
3 große Schalotte
10 g Butterschmalz
1 Bund Suppengrün
10 g Tomatenmark
10 ml Balsamico-Essig*
1 Zimtstange*
2 Lorbeerblätter*
1 TL Thymian*
500 ml Rotwein oder roter
Traubensaft
400 ml Rinderbrühe oder
Rinderfond
60 g sehr kalte, gewürfelte
Butter

ZUBEREITUNG:

– 4 Rouladenscheiben zwischen Frischhaltefolie legen und mit einem Fleischklopfer auf die Dicke von ca. 0,5-1 cm flach klopfen.
– Nun die Frischhaltefolie entfernen und die einzelnen Rouladenscheiben belegen. Diese dazu mit Salz und frisch gemahlenem Pfeffer würzen. Je 2 TL Dijon-Senf auf der Roulade verstreichen. Jeweils eine Scheibe des durchwachsenen Specks darauflegen. Eine längs geschnittene Gewürzgurke, sowie eine kleingeschnittene Schalotte darauf verteilen und die Rouladen aufrollen.
– Ofen auf 160°C Umluft vorheizen. 10 g Butterschmalz in einem Bräter oder einer Schmorpfanne erhitzen. Die Rouladen darin rundherum kross anbraten und wieder aus dem Bräter herausnehmen.
– Für die Sauce kleingeschnittenes Suppengrün, 2 gewürfelte Schalotten, 10 g Tomatenmark und 10 ml Balsamico in eine Pfanne geben. Alles für ca. 5 Minuten andünsten. Zimtstange, 1 TL Thymian und 2 Lorbeerblätter dazugeben. Nun 500 ml Rotwein in drei Teilen langsam hinzugießen. Nach jeder hinzugegossenen Menge Rotwein warten, bis sie eingekocht ist. Erst danach den nächsten Teil dazugeben. Jetzt 400 ml Rinderbrühe hineingießen.
– Die Rouladen in den Bräter mit dem Gemüsesaucenansatz legen und auf der unteren Schiene für ca. 90 Minuten im vorgeheizten Ofen zugedeckt garen. Gelegentlich die Rouladen wenden. Am Ende der 90 Minuten kurz das Fleisch probieren, ob die Garzeit ausreichend war. Falls das Fleisch noch zäh ist, erweitert sich die Garzeit um ca. 15-30 Minuten. Je nach Bedarf.
– Sobald die Rouladen fertig gegart sind, den Bräter aus dem Ofen nehmen und die Rouladen entfernen. In einem Behälter warm halten.
– Für die feine Sauce zuerst die Zimtstange entfernen sowie die Lorbeerblätter. Danach wird die bereits fertige Sauce mit dem darin enthaltenen Gemüse durch ein Sieb passiert. Die Sauce nun für ca. 3-5 Minuten köcheln lassen.
– Den Topf vom Herd nehmen. Nun die kalten Butterwürfel (am besten diese vorher kurz in das Tiefkühlfach legen!) unter Rühren in der Sauce schmelzen lassen. Dadurch wird die Sauce schön cremig und bindet ab.

Nährwerte pro Portion (4 gesamt): Kalorien 626, Kohlenhydrate 66 g, Eiweiß 34 g, Fett 39 g | *z.B. von Azafran

TIPP:
VERWENDEN SIE FÜR DIESES REZEPT UNSEREN RINDERFOND.

DEFTIGER GRÜNKOHL-EINTOPF
MIT KOHLWURST

Zubereitungszeit:
90 Minuten

Kategorie / Typ:
Hauptgericht / Low Carb

Schwierigkeitsgrad:
mittel

Zubereitungsart:
Herd

Zutaten:
(für 4 Portionen)
600 g gefrorener Grünkohl
5 Möhren
1 Gemüsezwiebel
1 Knollensellerie
1 Lauch
5 ml Olivenöl*
1-1,2 Liter Wasser
1 EL Gemüsebrühe-Pulver*
400 g Schmelzkäse
4 Kohlwürste
Salz*, Pfeffer*

ZUBEREITUNG:

– Zuerst muss der Grünkohl aufgetaut werden.

– Die 5 Möhren waschen, schälen und fein würfeln. Gemüse-zwiebel ebenfalls schälen und schneiden. Einen Lauch und Knollensellerie waschen und zerkleinern.

– Gerne alle Komponenten in einen Hochleistungsmixer geben und darin kurz schreddern.

– In einen Topf geben und kurz in 5 ml Öl anbraten. Wenn das Gemüse weich gegart ist, den Grünkohl ebenfalls hinzugeben. Mit ca. einem Liter Wasser und 1 EL Gemüsebrühe-Pulver ab-löschen und 60 Minuten köcheln lassen.

– Anschließend mit 400 g Schmelzkäse vermengen. Dieser sollte komplett aufgelöst sein.

– 4 Kohlwürste entweder ganz lassen oder in Scheiben schneiden und kurz darin weiter kochen.

– Mit Salz und Pfeffer abschmecken.

TIPP:
EIN WENIG ZUCKER
ALS TOPPING SCHMECKT
KÖSTLICH DAZU.

Nährwerte pro Portion (4 gesamt): Kalorien 680, Kohlenhydrate 26 g, Eiweiß 39 g, Fett 43 g | *z.B. von Azafran

VANILLEKIPFERL
NACH OMAS REZEPT

Zubereitungszeit:
2 Stunden

Kategorie / Typ:
Dessert / vegetarisch

Schwierigkeitsgrad:
mittel

Zubereitungsart:
Backofen

Zutaten:
(für 4 Portionen)
250 g Mehl
80 g Zucker*
5 g Vanillepulver*
200 g Butter oder Margarine
2 Eigelbe
100 g (gemahlene) Mandeln*,
Erdnüsse, etc.
100 g Puderzucker zum Wenden

ZUBEREITUNG:

– 250 g Mehl, 80 g Zucker, 5 g Vanillepulver, 200 g Butter, 2 Eigelbe und 100 g gemahlene Nüsse zu einem glatten Teig verkneten.

– Den Teig in eine Rolle formen und 1 Stunde kühlen. Von der Rolle kleine Stücke abschneiden und daraus Kipferl formen.

– Die Kipferl auf ein mit Backpapier belegtes Blech legen und auf der mittleren Schiene bei 170°C ca. 12 Minuten backen.

– Die gerade fertig gebackenen Kipferl in Puderzucker wenden.

– Kipferl nun abkühlen lassen.

Nährwerte pro Portion (4 gesamt): Kalorien 957, Kohlenhydrate 92 g, Eiweiß 13 g, Fett 58 g | *z.B. von Azafran

ERDBEER-QUARK
WIE VON OMA

Zubereitungszeit:
5 Minuten

Kategorie / Typ:
Dessert / Low Carb

Schwierigkeitsgrad:
einfach

Zubereitungsart:
Schüssel

Zutaten:
(für 4 Portionen)
800 g frische Erdbeeren
1000 g Quark
40 g Erdbeerpulver*
180 g (Puder-)Erythrit*
optional 1 Prise Vanillepulver*

ZUBEREITUNG:

– Alle Erdbeeren waschen und Stiele entfernen.

– 400 g der Erdbeeren würfeln und zur Seite stellen.

– Die anderen 400 g Erdbeeren dann mit einem Pürierstab zu einer glatten Masse mixen.

– 1000 g Quark in eine Schüssel geben und die pürierten Erdbeeren hineingeben. Ebenso 40 g Erdbeerpulver.

– Anschließend 180 g Puder-Erythrit hineingeben und gut verrühren.

– Zum Schluss nur noch die gewürfelten Erdbeeren unterheben und genießen.

TIPP:
ALS TOPPING KANN MAN OPTIMAL ZERKRÜMELTEN BAISER VERWENDEN.

Nährwerte pro Portion (4 gesamt): Kalorien 287, Kohlenhydrate 24 g, Eiweiß 36 g, Fett 2 g | *z.B. von Azafran

EXTRAKAPITEL: GESCHMACKS-TRAINING FÜR KINDER

„Heute sind Kinder nicht mehr dankbar, wenn sie etwas zu essen haben, sondern die Eltern sind dankbar, wenn die Kinder etwas essen."

Prof. Dr. Barbara Methfessel

Wie wichtig eine gute Ernährung für Kinder ist, wissen wir wahrscheinlich alle. Leider ist es aber nicht immer einfach, die Kleinsten von dem gewohnten Süß wegzubekommen.

Böse können wir den Kleinen aber eigentlich nicht sein, denn mit Bitterem assoziiert der Mensch in erster Linie giftig. Wir müssen den Kindern also beibringen, was für sie gut ist. Geprägt werden sie dazu vor allem in den ersten Monaten nach der Milch- und Breiphase durch Beobachten, Nachmachen und Probieren. In dieser bestimmten Lebensphase probieren Kinder sogar alles.

Um den Geschmackssinn von Kindern zu verstehen, ist vorab ein sehr wichtiger Punkt zu nennen: Und zwar haben Kinder im Durchschnitt 2/3 mehr Geschmacksknospen als Erwachsene. Im Laufe der Zeit bilden sich diese aber zum Großteil wieder zurück. Im vorderen Abschnitt des Buches bin ich bereits auf das Thema „Supertaster" eingegangen. Kinder nehmen also ähnlich wie „Supertaster" die Geschmackssinne auf der Zunge wesentlich intensiver wahr. Mit diesem Wissen können wir nun berücksichtigen, warum Kinder nur kleine Nuancen an Geschmack im Essen brauchen, um sie an die Geschmäcker zu gewöhnen.

Generell kann man die späteren Geschmacksgewohnheiten bereits während der Schwangerschaft und über die Muttermilch prägen. Da diese Zeitpunkte aber wahrscheinlich schon viele meiner Leser verpasst haben, sollten wir nun andere spannende Wege finden.

Da Josephina und ich mit unserer Lotti eine gute Esserin an der Seite haben, möchte ich Ihnen in diesem Extrakapitel einige Tipps im Umgang mit Essen und Kindern ab 3 Jahren geben.

Tipp 1: Vorbild sein

Ihre Kinder werden Sie nachmachen. Essen Sie „schlechte" Lebensmittel, wollen sie diese auch essen. Essen Sie abwechslungsreiches, gutes Essen, werden Ihre Kinder das auch essen wollen. Gerade in jungen Jahren werden hier die Weichen für das Essverhalten der nächsten Jahrzehnte gelegt.

Wenn Sie jeden Morgen vor Ihrem Kind einen knackigen gemischten Salat essen, wird Ihr Kind das irgendwann auch einmal probieren wollen.

Tipp 2: Glaubenssätze sind tabu

Hüten Sie sich vor Glaubenssätzen. Wenn Sie am Tisch sitzen und den Kindern sagen: „Ekelig, das mag ich nicht", werden Ihre Kinder Ihnen zuhören. Solche Dinge prägen sich ins sensorische Gedächtnis der Kleinen ein. Ich vermeide diese Kommentare bei Lotti komplett.

Tipp 3: Hochwertiges Essen

Versuchen Sie, hochwertig zu kochen. Spielen Sie bei den Kleinen mit Geschmackskompositionen und Gewürzen. Vermeiden Sie hierbei jedoch Dinge, die Schärfe enthalten, benutzen Sie stattdessen eher Salz, Zimt, Paprika, Curry etc.

Spielen Sie für Ihre Kinder Sterneküche – indem Sie ihnen die hochwertigen Lebensmittel besonders hübsch oder kreativ anrichten. Ich überrasche Lotti gerne im Essen mit ein paar Spielereien, die z.B. Crunch erzeugen. Auch benutze ich bei ihr gerne den Trick mit den Temperaturunterschieden. Beispielsweise in Form von etwas kalter Crème fraîche in der warmen Tomatensuppe.

Glauben Sie mir, nicht nur Sie als erwachsene Person mögen die Facetten der Sterneküche.

Tipp 4: Abwechslungen

Bieten Sie Abwechslungen. Geben Sie den Kindern nicht nur Nudeln mit Wurst. Sondern schneiden Sie dazu etwas Paprika sowie Gurke klein und werten Sie das Gesamtessen damit auf.

Überraschungen wie überbackener Blumenkohl oder mit Käse gestopfte Würstchen machen das alltägliche Essen zu etwas Besonderem. Bieten Sie auch am Frühstückstisch Abwechslung. Wenn das Kind selbst wählen darf, wird es sicherlich auch gerne etwas Gemüse und Obst zum sonst langweiligen Marmeladenbrot essen. Bei uns stehen jeden Morgen kleine Schüsselchen mit Himbeeren, Blaubeeren usw. auf dem Tisch. Auch ein buntes Frühstücksgesicht auf dem Teller kann Ihre jüngeren Kinder zum variationsreichen Essen animieren.

Probieren Sie an dieser Stelle verschiedene Schnitttechniken beim Gemüse aus. Immer nur Gemüsestifte können schnell langweilig werden. Ich habe Lotti einmal mit einem besonders abwechslungsreichen Salat überrascht. Dieser bestand aus Salatblättern, ein paar geschnitzten Möhren in Blümchenform, Salatgurken, die ich mitmilfe einer Sternen-Plätzchenform ausgestochen habe, Käsewürfeln, denen ich mit Olivenscheiben Augen aufgeklebt habe und ein paar selbst gemachten Crostini in Mond-Form. Dafür habe ich einfach die ausgestochenen Brotwürfel in Olivenöl mit etwas Knoblauch angebraten. Über den Salat habe ich nur etwas Olivenöl, Balsamico, Salz und ein paar italienische Kräuter gegeben.

Man mag es kaum glauben, aber danach wollte sie jeden Tag Salat zum Frühstück.

Tipp 5: Die Macht der dritten Partei
Nutzen Sie die Macht der Gruppendynamik. Wenn Ihr Kind kein guter Esser ist, jedoch aber das Kind Ihrer Nachbarn, probieren Sie die Macht der dritten Partei. Aus diesem Grund essen Kinder im Kindergarten manchmal anders als zu Hause.

Beachten Sie aber auch, dass die Macht der dritten Partei Ihr gut essendes Kind in die falsche Richtung leiten kann. Stärken Sie hier Ihr Kind mit Aussagen wie: „Du bist halt ein Feinschmecker", oder „Dafür wirst du schneller groß" etc.

Tipp 6: Zusammen Kochen
Kochen Sie mit Ihren Kindern. Schaffen Sie ein Bewusstsein für Essen. Lassen Sie dabei Ihre Kinder alles probieren. Das Naschen beim Kochen hilft auch, sie an anderes Essen zu gewöhnen. Lassen Sie sich von den Kleinen aktiv helfen. Gemüseschnibbeln wie Zucchini oder Pilze können die Kleinsten mit Hilfe eines speziellen Kindermessers schon mit 4 Jahren.

Tipp 7: Unterjubeln
Verstecken Sie ggf. gute Nährstoffe im Essen, welches die Kinder gerne mögen. Hierzu können Sie z.B. Nährstoffpulver und Vitamine in Frikadellen, Pfannkuchen oder Bananenshakes mischen. Nutzen Sie im Notfall auch die Süße von Honig. Probieren Sie doch einmal Obst unter einem Schokoladenmantel versteckt aus, um den ein oder anderen „Obstgegner" zum Liebhaber von diesen Nahrungsmitteln werden zu lassen.

Mit demselben Trick können Sie Ihr Kind an neue geschmackliche Dinge gewöhnen, indem Sie diese mit bekannten Lieblingsleckereien kombinieren und vermischen. Ein Beispiel dafür ist, dass wir Lotti ihren Gemüsesaft zwischendurch mit einem Sahnetopping und kleinen Streuseln servieren.

Tipp 8: Probieren, probieren, probieren
Lassen Sie Ihr Kind immer probieren. Machen Sie notfalls irgendwelche Vereinbarungen, sodass Ihr Kind zumindest einmal probiert. Wenn es dann etwas nicht mag, muss es das nicht essen. Wenn kein Zwang hinter dem Probieren mehr steht, zeigt man ihm, wie viel Spaß das Entdecken von neuen Geschmäckern machen kann.

Denken Sie an dieser Stelle daran, dass Ihr Kind ein sogenannter „Supertaster" ist und gegebenenfalls sehr intensiv auf verschiedene Sinneseindrücke reagiert. Finden Sie diese Eigenschaft durch gezieltes Probieren der Intensitäten der fünf Geschmacksrichtungen süß, bitter, sauer, salzig und umami heraus. Selbst wenn Ihr Kind sehr intensiv auf bitter reagiert, ist das an dieser Stelle okay und muss nicht unbedingt auf einen späteren „Supertaster" hinweisen, da Kinder am Anfang bitter als giftig interpretieren können. Nutzen Sie in einem solchen Fall nur ganz leicht bittere Dinge wie sehr kleine Mengen Oregano auf der Pizza.

Führen Sie die Kleinen über die Zeit an alle Geschmackssinne heran.

Tipp 9: Riechtraining
Wie wir gelernt haben, ist nicht nur der Geschmack wichtig, sondern auch die Nase. Lassen Sie Ihre Kinder an allem schnuppern, sodass sie Gerüche spielend kennenlernen. Wenn Sie merken, dass es Pfefferminze, Lavendel oder auch Gewürze wie Zimt, Muskat und Co. gerne riechen mag, dann verwenden Sie die Produkte auch beim Kochen.

Tipp 10: Verbieten Sie nicht alles
Ja – Zucker ist nicht gut, aber vermeiden Sie Verbote und geben Sie den Kindern auch ab und an Kleinigkeiten von solchen Dingen. Hier kommt es tatsächlich auf die Menge an. Sieht Ihr Kind eine große Packung Gummibärchen, wird es die ganze Packung wollen. Sieht es nur die Minipackung, wird es damit auch zufrieden sein. Schneiden Sie zudem Brote in kleine Scheiben. Die Zeiten, bei denen diese dicker sein müssen als der Belag, sind Relikte von Ihren Großeltern. Lösen Sie sich von diesen Glaubenssätzen und gönnen Sie Ihrem Kind eine dicke Scheibe Käse.

Tipp 11: Großeltern
Großeltern sehen es als ihr Recht an, Kinder mit Süßigkeiten zu überhäufen, da sie es selbst von ihren Eltern so vorgelebt bekamen. Sprechen Sie hier ernsthaft mit den Omas und Opas. Kleinigkeiten in Form von Minitüten sind mal okay, große Tüten sind aber etwas für Erwachsene und nicht für Kinder. Sprechen Sie auch das Thema Glaubenssätze an. Lottis Großeltern sind an dieser Stelle leider nicht unbedingt die super Vorbilder, die wir uns wünschen. Aber im Grunde halten sie sich an unsere Regeln.

Tipp 12: Die Macht der Vorbilder
Suchen Sie für Ihre Kinder gezielt Vorbilder aus dem kulinarischen Bereich. Gucken Sie mit ihnen Kochsendungen und feiern Sie Tim Mälzer, Stefan Henssler und Co. als Superhelden. Wenn Ihre Kinder auch so werden wollen, haben Sie es schon fast geschafft.

Nutzen Sie hierzu eventuell auch Kinderfilme wie Disneys „Ratatouille" als gute Beispiele. Spielen Sie im Anschluss „Mäusetester" und lassen Sie Ihr Kind verschiedene kulinarische Köstlichkeiten kombinieren. Ich habe einmal Lotti einen Teller mit vielen kleinen Dingen wie Käse, eine kleine Tomate, Paprika, zwei, drei Weintrauben sowie Pfirsich gegeben. Sie liebte es, die Dinge zu kombinieren und die unterschiedlichen Geschmäcker zu erforschen.

Tipp 13: Besprechen Sie mit Ihren Kindern, was Nahrung ist und macht

Ganz wichtig bei Kindern ist das Verständnis. Erklären Sie ihnen, gerade wenn sie schon etwas größer sind, warum manche Dinge nicht gut für sie sind. Bleiben Sie bei der Wahrheit und erklären Sie die Zusammenhänge. Es reicht nicht nur zu sagen, dass es nicht gut für die Zähne ist. Wichtig ist, dass sie verstehen, warum gutes Essen für sie wichtig ist.

Tipp 14: Vermeiden Sie die Kinderkarte und Kinderbuffets

Bestellen Sie im Restaurant für Ihre Kinder keine Dinge aus der Kinderkarte und dem Kinderbuffet. Sehen Ihre Kleinen erst mal, was es „Ungesundes" zu essen gibt, wollen sie die Dinge natürlich essen. Spielen Sie hier besser die Erwachsenen-Karte aus und sagen den Kleinen, sie seien doch keine Babys mehr. Ab jetzt gibt es nur noch Essen für Große. Dazu eignen sich übrigens kleine Vorspeisen perfekt.

Tipp 15: Besser Essen für die Schule mitgeben als Geld

Ja, eine Lunchbox packen kostet Zeit. Diese sollten Sie sich aber dennoch nehmen. Denn so können Sie zumindest kontrollieren, was die Kleinen mithaben. Nehmen Sie am besten Nüsse anstele von Brotsticks, gezuckerten Müsliriegeln und Schokoriegeln. Nusscracker mit Käse und Gewürzen kann man wunderbar für eine Woche im Voraus selbst backen.

Tipp 16: Zwischenmahlzeiten

Es ist normal, dass Kinder Zwischenmahlzeiten brauchen. Sie haben einfach kleinere Mägen und können deswegen nicht so viel auf einmal essen. Dazu haben Kinder ab 12 Jahren sogar einen höheren Proteinbedarf als Erwachsene. Deswegen verbieten Sie ihnen nicht ihre Zwischenmahlzeiten.

Wenn Ihr Kind zwischendurch Hunger hat, bieten Sie ihm aber keine Snacks in Form von Schokolade und Co., sondern besser einen Apfel, Nüsse oder selbst gemachte Nusscracker mit Käse an.

Ein Schnellrezept dazu wäre z.B. dieses hier:
- 50 g Sesam und 50 g Sonnenblumenkerne in einer Pfanne kurz anrösten.
- Dann mit 100 g gehackten Mandeln, 20 g Chia-Samen, 100 g Kürbiskernen, 20 g Flohsamenschalen, 2 Eiern, ½ TL Salz, ½ TL Paprikapulver in einer Schüssel vermischen und aus der Masse kleine Taler formen.
- Danach die Taler mit 50 g Käse bestreuen und auf einem Backblech mit Backpapier 20 Minuten bei 160°C Umluft im Backofen rösten.

Tipp 17: Vermeiden Sie Fastfood-Restaurants

Gehen Sie nicht in Fastfood-Restaurants, sondern lieber zum Griechen um die Ecke oder bestellen Sie sich was beim asiatischen Lieferdienst. Bieten Sie Ihrem Kind Abwechslung an und lassen Sie es von Ihrem Teller probieren.

Tipp 18: Spielen Sie auch mit Getränken

Probieren Sie ebenfalls verschiedene (Direkt-)Säfte und Smoothies aus. Vermeiden Sie Zitronen- und Orangenlimonade, wann immer es geht. Fangen Sie an, Säfte als Schorlen zu verdünnen. Spielen Sie hier mit neuen Facetten. Einige Minzblätter oder Zitronenscheiben im Mineralwasser schmecken erfrischend anders.

Tipp 19: Vermeiden Sie Überdosierungen

Achten Sie darauf, dass kinderuntypische Dinge wie Bitterstoffe nur in Maßen im Essen sind. Lieber nur ein paar Blätter Chicorée-Salat in den gemischten Salat geben, als den Kindern einen reinen Chicorée-Salat zu servieren.

Auch mit scharfen Dingen wie Pfeffer und Chili dürfen Sie gerade zu Anfang nur sehr vorsichtig würzen. Überdosieren Sie diese, kann es sein, dass Ihr Kind im Unterbewusstsein das ganze Essen als negativ abspeichert.

Führen Sie die Kinder lieber langsam an diese Sinneseindrücke heran.

Tipp 20: Verwenden Sie von Zeit zu Zeit weniger süß

Die Kohlenhydrat-Beilagen werden über die Zeiten kleiner. Verwenden Sie dazu ebenfalls immer weniger Zucker in Waffeln oder Pfannkuchen. Gleichen Sie die Dinge lieber mit etwas mehr gutem Fett und Proteinen aus. Klar werden das andere Kinder bei Ihnen sofort merken, aber Ihnen sollte die Gesundheit Ihres eigenen Schützlings wichtiger sein als die geschmackliche Meinung anderer. Und letztendlich, wer weiß, vielleicht bringen Sie dadurch ja auch Freunde und Bekannte auf die Idee, den Waffelteig mal mit weniger Zucker zuzubereiten.

Tipp 21: Besuchen Sie einen Bauernhof zur Erntezeit

Viele Höfe bieten in der Erntezeit die Möglichkeit, Lebensmittel selbst zu ernten, wie z.B. Erdbeeren, Tomaten oder anderes Gemüse. Zeigen Sie Ihren Kindern, wo diese Leckereien herkommen und lassen Sie sie diese selbst ernten und probieren.

Tipp 22: Bauen Sie selbst alte Gemüsesorten an

Auch in Ihrem Garten oder auf einem Balkon können Sie kleine Mengen Gemüse anbauen. Am besten probieren Sie alte Gemüsesorten aus. Bringen Sie so Ihren Kindern den Geschmack Ihrer eigenen Jugend bei. Bei mir ist der Geschmack dieser älteren Sorten wie Topinambur, Mairübe oder auch Pastinake immer noch im sensorischen Gedächtnis vorhanden.

Tipp 23: Besuchen Sie Kinderkochkurse

Wenn Ihr Kind Sie am Abendbrottisch fragen sollte: „Wie, die Frikadellen kann man auch selbst machen!?", dann wird es höchste Zeit, sich einmal etwas mehr mit dem Thema Kochen zu beschäftigen. Eine gute Möglichkeit, Dinge zu lernen und auch neu kennenzulernen, bietet Ihnen der Besuch von Kinderkochkursen. Mein Freund Christian Kröger von Tisch 12 bietet solche Kurse an und veröffentlichte dazu wundervolle Kinderkochbücher.

> **Tipp:** *Für Sie als „älterer" Leser kann der Tipp 23 auch gelten, indem Sie sich durch spezielle Kochkurse weiterentwickeln.*

Tipp 24: Bitten Sie Ihre Kinder um Hilfe

Fragen Sie Ihre Kinder direkt, ob Sie Ihnen als Geschmacks-Tester helfen können. Lassen Sie die Kinder abschmecken und mit Gewürzen „spielen", also riechen und ins Essen geben. Wichtig ist, dass die Kinder dabei aktiv probieren.

Tipp 25: Dünne Scheiben Brot zum Frühstück

Wer nicht auf Brot und Brötchen verzichten möchte, sollte sein Brötchen oder Brot in dünne Scheiben schneiden. So isst man mehr Aufschnitt und Kinder können dadurch viel mehr probieren. Sonst sind sie nach dem einen Marmeladen-Brötchen satt. Besser wäre es, eine dünne Scheibe Brot oder Brötchen mit Marmelade zu bestreichen und danach noch eins mit Fisch, Wurst oder Käse zuzubereiten.

Tipp 26: Gehen Sie mit Ihren Kindern auf Märkte

Ja, ich bin mir dessen bewusst, dass Einkaufen mit Kindern anstrengend sein kann, aber in der Regel werden Ihre Kinder sehr viel Spaß dabei haben. Gerade wenn sie noch klein sind, werden viele Marktverkäufer sie probieren lassen. So bekommen sie schnell einen großen Einblick, was es auf der Welt alles an kulinarischen Köstlichkeiten gibt. Lassen Sie Ihre Kinder ihre eigenen Kindheitserinnerungen machen. Ein Beispiel dafür sind „echte Erbsen", die Ihre Liebsten aus den harten Schalen pulen müssen, um dann mit einem süßen, weichen Kern belohnt zu werden.

Tipp 27: Besprechen Sie mit Ihren Kindern, was Sie riechen und schmecken

Auch dieser Punkt ist wieder so einfach, wird aber eigentlich nie angewendet. Aber wie soll Ihr Kind Geschmäcker kennenlernen, wenn es darüber nicht aktiv spricht? Probieren Sie also für ein Geschmackstraining der besonderen Art kleine Häppchen aus und sprechen Sie gemeinsam mit Ihrem Kind darüber, was es schmeckt und spürt. Auch gezieltes Gerüche- und Aromaraten mit zugebundenen Augen macht Riesenspaß.

Bringen Sie Ihre Kinder auf diese Weise dazu, bewusst auf Geschmacksmuster und Aromen zu achten. Auch das Spiel mit dem Wattetupfer und einer Salz- bzw. Zitronenlösung können Sie mit Ihren Kindern spielen, damit diese verstehen, was Geschmack eigentlich genau ist.

Tipp 28: Probieren Sie andere Zubereitungsarten

Ihr Kind mag kein Gemüse? Wetten, Sie bekommen es trotzdem dazu, es zu probieren! Kaufen Sie einmal hochwertiges Demeter-Gemüse zur Erntezeit und dörren Sie dieses in einem Dörrautomaten. Die daraus entstandenen Gemüsechips sind wahre

Geschmacksexplosionen und vermitteln selbst einem Gemüsegegner den wunderbaren Geschmack von Tomaten, Zucchini und Co.

Diesen „Crunch" können Sie zudem für den nächsten Salat als Topping verwenden.

Außerdem sollten Sie evtl. einmal Gemüse geröstet probieren. Dazu Gemüse wie z.B. Möhren, Paprika, Zucchini, Tomaten und Brokkoli in Scheiben oder Würfel schneiden und kurz in Salzwasser blanchieren. Das Gemüse mit etwas Olivenöl, Balsamico sowie etwas Salz und Pfeffer würzen und für 20 Minuten im Backofen bei 180°C rösten. Lotti war vom Geschmack begeistert.

Tipp 29: Machen Sie „Grünes" unsichtbar
Wenn Ihr Kind die Farbe Grün grundsätzlich als negativ empfindet, können Sie diese einfach unsichtbar machen. Pürieren und mixen sie diese einfach mit anderen stark färbenden Lebensmitteln oder hacken Sie die Kräuter besonders fein.

Tipp 30: Bieten Sie ein Buffet
Genießen Sie im Urlaub, nicht auch immer diese herrliche Auswahl am großen Frühstücksbuffet? Solch ein Buffet können Sie für Ihre Kinder auch zu Hause anrichten. Nehmen Sie dazu eine Schublade auf Augenhöhe der Kinder und füllen Sie unterschiedliche Müslisorten, Nüsse, Kerne sowie Rosinen und Datteln in verschiedene Gläschen ab. Lassen Sie nun Ihre Kinder ihr Müsli selbst abfüllen. Durch das gezielte Steuern der Gläserinhalte behalten Sie die Kontrolle darüber, was gegessen wird.

Tipp 31: Die Macht der Worte
Was ist der Unterschied, wenn Sie einen Menschen fragen: „Möchtest du noch einen Saft trinken?", oder: „Darf ich dir noch einen frischgepressten leckeren Orangensaft auf Eis mit einem Spritzer Zitrone servieren?" Sie merken die Macht der Worte, bei denen unser sensorisches Gedächtnis aktiviert wird und uns schon förmlich das Wasser im Mund zusammenläuft. Nutzen Sie die Macht der Worte, um Ihren Kindern ihr Essen anzupreisen. Sie können die Macht der Worte auch anders nutzen und an dieser Stelle mit Verkäufertricks arbeiten. Fragen Sie nicht: „Möchtest du noch einen Smoothie trinken?", sondern: „Möchtest du einen roten oder grünen Smoothie?"

Oder Sie treiben es auf die Spitze, indem Sie ihren Junior beim Servieren fragen: „Möchtest du das Fleisch mit Gemüse essen oder möchtest du dazu noch einen Gemüsesaft trinken?" Das Gemüse ist damit auf dem Teller fest verankert.

Selbst leichtes „Flunkern" kann hier einmal erlaubt sein. Machen Sie z.B. den ungeliebten Reis zu „Mininudeln" oder schneiden Sie in eine normale Scheibe Käse Löcher, damit es „Löcherkäse" wird.

Tipp 32: Die Macht des hochwertigen Genusses

Wenn Ihr Kind erst einmal ein Feinschmecker geworden ist, wird es von allein weiterhin hochwertig essen wollen. Wer einmal seinen Geschmackssinn entdeckt hat, wird sich auch in Zukunft nicht mit 08/15-Qualität zufriedengeben.

Tipp 33: Schaffen Sie Bewusstheit

Wie wichtig ein klares Bewusstsein für gutes Essen für Sie ist, habe ich bereits in diesem Buch vermittelt. Nun liegt es an Ihnen, diese „Bewusstheit" auch bei Ihren Kindern zu erwecken.

Denken Sie dabei daran, dass auch Ihre Kinder fünf Jahre ihres Lebens mit Essen und Trinken verbringen werden. Machen Sie ihnen das Geschenk, diese Zeit so intensiv und gut wie möglich zu genießen. Wenn Ihre Kinder älter sind, werden sie es Ihnen mit Sicherheit sehr danken und dieses Wissen selbst an ihre eigenen Kinder weitergeben.

Üben Sie sich an dieser Stelle in Geduld. Auch ich wurde nicht in der Jugend zum Geschmacksexperten. Allerdings wurde in dieser Zeit meine Grundlage geschaffen. Fangen Sie mit kleinen Schritten an und gewöhnen Sie Ihre Kinder oder auch Enkelkinder nach und nach an neue Aromen und Geschmäcker.

Denken Sie außerdem an dieses Zitat von Josephina: „Als Eltern muss man immer erfinderisch sein."

Und nutzen Sie die Kraft der Gedanken! Wenn Sie denken, dass Ihr Kind ein schlechter Esser ist und bleibt, dann richten Sie Ihre Gedankenenergie darauf. Stellen Sie sich besser das Ergebnis vor: Mein Kind ist ein guter Esser! Und verinnerlichen Sie sich diesen Satz tief.

Seien Sie stolz, wenn Ihr Kind ein guter Esser geworden ist. Es gibt lediglich einen „kleinen" Nachteil, wenn Sie einen „Feinschmecker" ausgebildet haben. Und zwar: Wenn Sie in einem „Gourmet Restaurant" zu Besuch sind, werden Ihre Kinder von jetzt an Ihre Teller mit leer essen wollen. Ein Nachteil, den Josephina und ich aber sehr gerne in Kauf nehmen.

EXTRAKAPITEL: GERUCHS- UND GESCHMACKSVERLUST ALS KRANKHEIT WIE COVID-19

„Schwierige Zeiten lassen uns Entschlossenheit und innere Stärke entwickeln."

Dalai Lama

Da ich dieses Buch im Juni 2021 und damit zur aktuellen Covid-19 Pandemie schreibe, möchte ich dem Buch noch ein Extrakapitel über den Geruchs- und Geschmacksverlust bei Krankheiten widmen.

Dieser Geruchs- und Geschmacksverlust zeigt sich in erster Linie in Form eines vollständigen Verlustes der fünf Geschmackssinne auf der Zunge oder durch eine Störung oder ganzheitlichen Verlust des Geruchssinnes.

Menschen, die die fünf Geschmackssinne auf der Zunge z.B. aufgrund einer Krebserkrankung verloren haben, verlieren in der Regel komplett die Lust am Essen und können dadurch ohne Hilfe von außen sogar verhungern. Auf diese spezielle Form des Geschmacksverlustes werde ich in meinem Buch aber nicht weiter eingehen, da diese Krankheit selten vorkommt. Deswegen möchte ich mich in diesem Kapitel rein auf die Krankheiten im Zusammenhang mit unserem Geruchssinn beschränken.

Drei bis fünf Prozent aller Deutschen leiden nach Schätzungen vieler Fachleute an einer Anosmie, dass bedeutet teilweise dem vollständigen Geruchsverlust und damit auch prägend einem Geschmacksverlust. Denn die meisten Betroffenen können in der Folge zwar süß, salzig, bitter, sauer und umami unterscheiden, jedoch keine Aromen mehr wahrnehmen. Zudem sollen ca. 20 Prozent aller Menschen in irgendeiner Form eine Riechstörung haben, die diese Personen jedoch nicht unbedingt selbst bewusst wahrnehmen.

Die Anosmie wird in zwei Teilbereiche unterschieden. Man spricht von einer „sinunasalen" oder „nicht-sinunasalen" Riechstörung. Der Unterschied liegt hier im Grunde an einer Erkrankung oder Veränderung der Nase (z.B. Grippeerkrankung, Entzündung der Nasenschleimhaut oder Heuschnupfen, Verkrümmung der Nasenscheidewand oder Nasenpolypen) und der tatsächlichen Schädigung des Riechapparates an sich (z.B. durch Medikamente, Alter, anderen Nervenerkrankungen und auch eine zeitlich anhaltende Riechstörung als Folge einer Covid-19-Viruserkrankung). Vor allem aktuell im Jahr 2021 (durch die Corona-Erkrankung), kommt es bekanntlich sehr oft (fast 50 Prozent) zu Nebenwirkungen, welche häufig mit einem Geruchs- und Geschmacksverlust einhergehen.

Während der Geschmacksverlust bei herkömmlichen Grippeerkrankungen für gewöhnlich auf eine zugeschwollene Nase zurückzuführen ist, sich diese aber nach überstandener Grippe relativ zügig wieder erholt, verläuft es beispielsweise bei einer Erkrankung durch das Corona-Virus oftmals leider anders. Hierbei klagen Menschen währenddessen, aber auch oftmals nach Genesung über Geruchs- und Geschmacksverlust, obwohl sie durch die Nase sehr gut atmen können.

Das zeigt, dass hier das Virus direkt Einfluss auf unsere Sinneszellen in der Nase nimmt und diese mit befällt und abtötet. Glücklicherweise können sich in diesem System die Sinneszellen wieder erneuern, was jedoch einige Monate dauern kann.
In der Zwischenzeit der Erneuerung kann die Nase jedoch viele Falschgerüche wahrnehmen. Es kommt dann häufig vor, dass die Düfte an Fäkal- oder Abflussgerüche erinnern. Diese Fehldeutung wird im Fachjargon „Parosmie" genannt.

Solche Dinge können für einen Betroffenen belastend sein und sogar in eine Depression oder/und veränderte Essgewohnheiten abgleiten.

Es ist also in dieser Phase wichtig, solchen Dingen entgegenzuwirken. Eine Möglichkeit ist es, ein gezieltes und bewusstes Riechtraining zu betreiben. Wie Sie dieses durchführen können, habe ich Ihnen bereits am Anfang des Buches im Kapitel „Riechtraining" auf Seite 30 geschildert. Sollten Sie an einer akuten Anosmie leiden, empfehle ich Ihnen außerdem natürlich den Besuch bei einem Facharzt.

Führen Sie sich also bewusst morgens und abends Duftstoffe in Form von Gewürzen, Duftölen oder Lebensmittelaromen vor Ihre Nase. Vergessen Sie dabei nicht die Visualisierung in Form von der Vorstellung echter Rosen bei Rosendüften. Wenn Sie möchten, sprechen Sie die Vorstellung gerne laut aus.

Ein weiterer zusätzlicher Behandlungsansatz zum Schutz vor Depressionen könnte eine Einflussnahme auf unser Glückshormon Serotonin sein, welches durch Aminosäure L-Tryptophan in Kombination mit Zink, Magnesium und dem Vitamin B6 und Folsäure im Körper gebildet wird. L-Tryptophan können Sie als Nahrungsergänzungsmittel kaufen. Es ist aber auch in Huhn-, Puten-, Rindfleisch, Eiern, Fisch, Walnüssen, Kürbiskernen und Kakao enthalten. Des Weiteren werden Sie als Nebeneffekt besser schlafen. Denn L-Tryptophan ist zudem für die Melatonin-Produktion im Körper zuständig.

Und ja – Sie haben recht, ich besitze keinen Doktortitel und Sie werden mit L-Tryptophan auch keine neuen Sinneszellen in der Nase bilden können. Mit einem guten Serotonin-Wert werden Sie aber die „graue Zeit" besser überwinden können.

Ich nehme selbst die oben beschriebenen Dinge als Nahrungsergänzung ein, fühle mich damit äußerst glücklich und schlafe wie ein Baby. Selbstverständlich empfehle ich Ihnen ebenfalls, diese Dinge bei Irritation vorab mit Ihrem Arzt oder Heilpraktiker zu besprechen.

Generell wichtiger ist aber ein ständiges Training der Sinneszellen, da man ansonsten eventuelle Fehldeutungen in seinem „sensorischen Gedächtnis" abspeichern könnte. Hier ist ebenfalls eine gezielte Wahrnehmung von Erinnerungen im Umgang mit dem Essen wichtig. Hilfreich könnte es auch sein, die Nase in der Übergangsphase gelegentlich beim Essen verschlossen zu halten (z.B. mit einer Nasenklammer) und die Nahrung nur über die Visualisierungsebene wahrzunehmen.

Nutzen Sie an dieser Stelle auch die Möglichkeit der „Imaginationen", welche ich im Kapitel „Riechtraining" auf Seite 30 bereits vermittelt habe. Kombinieren Sie bei Bedarf eine Imagination eines geliebten Essens mit dem Genuss dieses Lieblingsgerichtes. Kochen Sie z.B. Spaghetti Bolognese und nehmen Sie den Duft des Gerichtes mit all seinen Facetten auf. Gehen Sie nun in den Zustand der Meditation und stellen Sie sich vor, wie Sie dasselbe Gericht an einem besonderen Ort schon einmal gegessen haben. Was haben Sie dabei gespürt? Was haben Sie gerochen? Welche Musik spielte im Hintergrund? Tauchen Sie in das Bild der Erinnerung und genießen Sie nun mit verschlossenen Augen bewusst die Spaghetti aus der Gegenwart.

Versuchen Sie in einem akuten Fall von Anosmie unbedingt gezielte Visualisierungen anzuwenden. Die Kraft der Gedanken kann manchmal unglaublich stark sein und es gibt sogar Berichte von Schlaganfallpatienten, die zusätzlich durch die Kraft ihrer Gedanken und Aktivierung ihres Körpergedächtnisses Lähmungen besiegen konnten.

Richten Sie Ihre Gedanken also auf den Satz „Ich kann normal riechen" und sprechen Sie sich den Satz Tausende Mal selbst vor z.B. bei einem Spaziergang. Vermeiden Sie unbedingt Sätze wie „Ich kann nie mehr riechen". Richten Sie die Kraft Ihrer Gedanken auf das Ziel der Genesung. Selbst wenn nicht direkt die Worte Heilung verschaffen, dann wird es dennoch vor allem die positive Energie sein, die Sie sich selbst in Ihr Unterbewusstsein einprägen.

Auf diese Weise stärken Sie sich und geben Ihrem Körper mehr Kraft, um den Selbstheilungsprozess des Körpers zu aktivieren. Merken Sie sich: Positive Gedanken können niemals von Nachteil sein! Außerdem ist das nicht das Ende der Welt.

Konzentrieren Sie sich auf die Basis-Geschmackssinne auf der Zunge: sauer, scharf, süß, salzig und umami. Da Sie diese Sinne noch spüren und unterscheiden können, haben Sie auch ohne Geruchssinn noch die Möglichkeit, Essen in Feinheiten zu genießen. Spielen Sie mit Salz, Pfeffer und Zitrone. Auch Chili und der dahingehende Schmerz sowie die Konsistenz des Essens mit Ihrem Mundgefühl und Tastsinn können Ihnen weiter die Freude am Essen erhalten. Kochen Sie zudem bewusst mit Dingen, die Taubheit, Kühle, Hitze etc. in Ihrem Mund erzeugen. Probieren Sie langen Pfeffer und bittere Kräuter wie Oregano und Rosmarin aus. Nutzen Sie das Prickeln des Szechuan Pfeffers für besondere Augenblicke. Viele Menschen mit Geruchsverlust lieben Tonic-Wasser. Außerdem geben Ihnen Sojasauce, getrocknete Tomaten, Fischsauce und Fleischfonds Würze in Form von Umami.

Sie merken, dass allein mit der Variation der fünf Geschmackssinne, der Zusatzwahrnehmungen und der Kombination mit Hör- und Tastsinn immer noch viele Möglichkeiten offen stehen.

Selbst wenn Sie ein „Supertaster" ohne Geruchssinn sind, und somit die fünf Geschmackssinne intensiver wahrnehmen, sollten Sie sich nicht nur auf süß konzentrieren. Es liegt an Ihnen, ob Sie ein „offener Supertaster" sind, der Dinge an sich heranlässt, oder ob Sie ein „verschlossener Supertaster" sind, der sich von nun an nur noch mit süß abfindet. Auch hier haben Sie die Wahl – und selbst ein sehr sensibler Geschmackssinn kann sich an neue Dinge gewöhnen. Es ist Ihre Lebensqualität.

Tipp: *Würzen Sie Ihr Essen intensiver!*

Versuchen Sie in einem solchen Fall, auch das Positive in dieser Situation zu sehen. Durch gezieltes Training kann es sein, dass Sie nach der Regeneration sogar einen verbesserten Geschmacks- und Geruchssinn entwickeln. Ganz wichtig sind positive Gedanken.

NACHWORT: ESSEN MACHT GLÜCKLICH UND KLUG

„Sollte dieses Buch nur einem Menschen zu mehr Lebensqualität oder besserer Gesundheit verholfen haben, dann war es das wert, es zu schreiben."

Dirk Schneider

Vergessen Sie nie, dass Sie von den durchschnittlich 80 Jahren Ihres Lebens etwa fünf Jahre allein mit Essen und Trinken verbringen werden. Nehmen Sie diese Zeit achtsam wahr. Schaffen Sie sich das echte und nachhaltige Bewusstsein für eine hochwertige Ernährung mit positiven Glaubenssätzen.

Denn Essen macht vor allem eines: **GLÜCKLICH!**

Ganz nebenbei werden Sie so auch Ihre grauen Zellen trainieren. Denn wer Dinge bewusst wahrnimmt, schärft nicht nur seinen Geschmacks- und Geruchssinn, sondern trainiert gleichzeitig seinen Geist.

Sie werden außerdem mehr und mehr fades Essen ablehnen. Denn wenn man erst mal seinen Sinn geschärft hat, wird das Gehirn von alleine mehr und mehr davon genießen wollen.

Kommen Sie an dieser Stelle ins Handeln. Beginnen Sie heute mit einigen Tipps und Tricks aus diesem Buch. Sie sind selbst dafür verantwortlich, mit Ernährung und Genuss Ihre eigene Lebensqualität zu steigern.

Und selbst, wenn nicht alles sofort perfekt gelingt. Bleiben Sie am Ball und trainieren Sie fleißig weiter und genießen Sie vor allem Ihre neue Leidenschaft.

Beginnen Sie z.B., indem Sie neue Restaurants über „Bewertungsportale" wie TripAdvisor finden. Bedenken Sie hier nur, dass manchmal eher durchschnittliche Restaurants in kleineren Regionen die Topplatzierungen durch Marketing erzielen. Die wahren „Schätze" finden Sie in der Regel ab Position 2,3. Gucken Sie sich also die Bewertungen und die Bewertungszeiträume genau an.

Evtl. lohnt es sich an dieser Stelle, das Buch ein zweites Mal zu lesen und die Hauptthemen tief zu verinnerlichen.

Schaffen Sie sich durch die bewusste Wahrnehmung von Essen und Trinken positive neue Rituale und genießen Sie Ihr neues Leben.

GEBEN SIE DIESE INFORMATIONEN WEITER

An dieser Stelle möchte ich Ihnen Danke sagen. Danke, dass Sie meinen Zeilen bis hierher gefolgt sind, und dass ich Ihr Genuss- und Geschmackscoach sein durfte. Ich hoffe, ich konnte Ihnen etwas beibringen, Sie ein wenig mit meiner Geschichte berühren und Sie zudem mit meinen 49 Rezepten nach Lebensphasen geordnet sowie vielen weiteren Rezeptideen satt und glücklich machen.

Eine Bitte habe ich aber noch an Sie: Geben Sie diese Informationen gerne weiter. Lassen Sie andere Menschen zu einem Kurkumi-Geschmacksexperten werden, denn Teilen von Wissen ist etwas Wunderbares. Verschenken Sie z.B. dieses Buch oder kochen Sie mit Ihren neuen Kenntnissen etwas für Freunde und Familie. Nutzen Sie als Gesprächsthema gerne dieses Buch.

Und denken Sie immer daran:

Gesundheit und bewusste Ernährung ist Ihr Geburtsrecht! Sie verbringen fünf von 80 Jahren in Ihrem Leben mit Essen und Trinken.

Deswegen schenkt Ihnen dieses Buch vor allem eines: **Lebensqualität**.

Teilen Sie Ihre Geschmackserfahrung auch in den sozialen Medien. Nutzen Sie dazu den Hashtag #kurkumi und zeigen Sie darunter gerne Ihre eigenen, neuen Geschmackskreationen.

Vielen Dank!

MEIN PERSÖNLICHER WUNSCH FÜR SIE

Ich möchte mich jetzt von Ihnen verabschieden!

Geschmäcker bleiben verschieden – und das ist auch gut so! Nicht alle meine Thesen mögen mit Ihren persönlichen Werten und Ansichten zu hundert Prozent übereinstimmen. Das muss auch gar nicht sein.

Lassen Sie mich Ihnen noch ein paar persönliche Wünsche mit auf den Weg geben:
- Mögen Sie einen gesunden und vitalen Lebensalltag genießen.
- Mögen Sie jetzt mit geschärften Sinnen die Restaurants dieser Welt entdecken.
- Mögen Sie Ihr Geburtsrecht auf Gesundheit und bewusste Ernährung wahrnehmen.
- Mögen Sie eine höhere Lebensqualität erreichen.

Zudem würde ich mich sehr freuen, wenn durch meine Worte Ihre Kinder oder Enkelkinder zu einem bewussteren Umgang mit Lebensmitteln finden.

Seien Sie stolz auf sich: Sie sind nun ein Kurkumi-Genuss- und Geschmacksexperte! Schreiben Sie mir auch gerne Ihre Erfahrungen mit diesem Buch. Folgen Sie mir dazu auf Facebook oder Instagram unter @Kurkumi.de und teilen Sie dort Ihre Erfahrungen mit dem Hashtag #Kurkumi. Natürlich können Sie mir außerdem gerne eine E-Mail schreiben unter mail@kurkumi.de.

Dazu freue ich mich auch über eine Anmeldung an Josephinas und meinen Rezeptletter: https://www.azafran.de/newsletter.html

Ich freue mich auf ein Wiedersehen und am Ende würzen Sie vielleicht einmal mit Azafran.

Ihr Dirk Schneider

DANKSAGUNG

In erster Linie widme ich dieses Buch meiner kleinen Familie:

Josephina und Lotti

Dazu möchte ich mich aber auch noch bei vielen anderen Menschen bedanken:

Meinem Papa, meiner Mama Barbara und meiner Oma Gilda, dafür dass ihr immer an mich geglaubt habt und meiner Mama ganz besonders, weil sie mich gerade in den Anfangszeiten aufopferungsvoll unterstützt hat.

Dazu auch jedem einzelnen Mitarbeiter der Firma Azafran GmbH. Ohne jedes einzelne Mitglied wäre die Firma nie dort angekommen, wo sie heute steht. Gerade das Marketingteam in Form von Angela, Jussi, Ninja und Christiane haben mir bei der Gestaltung und Korrektur dieses Buches sehr geholfen.

Mein Dank gilt auch der Familie von Josephina: Hier vor allem Sven, der mich immer beratend unterstützt hat. Und auch meinem Freund Malte, der mir zur richtigen Zeit das richtige Buch in die Hand drückte, möchte ich an dieser Stelle noch einmal Danke sagen.

Dazu möchte ich noch meinen Kunden, Lieferanten, Partnern und Freunden der Firma danken – auch durch eure Unterstützung sind die Firma und dieses Buch entstanden.

Danken möchte ich zusätzlich allen Köchen auf dieser Welt, die mein Leben bereichert haben. Viele Inspirationen für dieses Buch verdanke ich zahlreichen Kochbüchern und Interviews mit Spitzenköchen.

Außerdem möchte ich mich bei Harald Wohlfahrt, Anthony Robbins, Bodo Schäfer, Mark Divine, Steven R. Covey, Werner Tiki Küstenmacher, Dr. Ulrich Strunz und Christian Bischoff für sehr inspirierende Bücher, Seminare und Coachings bedanken. Auch viele Ansätze von euch finden sich in meinem Werk wieder.

Ein letzter Dank geht an Nathalie Rieck von RieckDruck, Anika Ackermann und Manuela Herzfeld, die mir mit ihrem Netzwerk geholfen hat, dieses Buch in den Feinheiten herzustellen. Danken möchte ich an dieser Stelle Yinin Got, Maike Doege und Maud Roßdeutscher für das Design, Feinschliff und Lektorat.

MEINE MAMA UND ICH

Rezeptregister

B

Bauernsalat Greek Style _____99
BBQ-Gewürzmischung _____166
Blaubeer-Nicecream _____111
Bolognese-Sauce _____50
Brathähnchen_____53
Bruschetta-Hähnchen _____152
Bruschetta-Salat mit Burrata_____68
Bunter Salat_____147

C

Caesar Salad_____188
Chili con Carne _____72
Chinesische Nudeln_____130

D

Daal-Curry_____196

E

Energy Balls _____138
Erdbeer-Donuts_____159
Erdbeer-Quark_____223

F

Fisch_____169
French Pizza_____71
Frozen Yogurt_____200

G

Gazpacho _____175
Gemüsefond_____177
Gewürzsalz_____166
Gewürzzucker_____166
Goldene Milch_____156
Grüne Suppe _____191
Grünkohl-Eintopf_____219
Gulaschsuppe_____211

H

Hähnchen-Curry in Kokosnussmilch_____49
Hähnchen Süß-Sauer_____137
Hühnerfond _____173
Hühnerfrikassee mit Spargel_____46

K

Käse-Lauch-Suppe mit Hack _____ 148

Köfte _____ 108

Krabbensuppe _____ 212

L

Lasagnesuppe _____ 75

Linsen-Chili _____ 133

O

Omelette _____ 76

One Pot Pasta _____ 79

Orientalische Blumenkohlsuppe _____ 100

Orientalisches Hähnchen _____ 129

Overnight Oats _____ 80

P

Paella _____ 104

Palak Paneer _____ 155

Pebre _____ 103

R

Ratatouille _____ 54

Rinderfond _____ 151

Rinderroulade _____ 216

S

Salatdressing _____ 176

Shakshuka _____ 195

Soljanka _____ 192

Sommerlicher Salat _____ 126

Spinat mit Spiegelei und Blumenkohlpüree _____ 45

Spitzkohlpfanne _____ 199

Steak _____ 168

T

Tomatenmark _____ 172

Tomatenrisotto _____ 107

U

Ungarisches Gulasch _____ 134

V

Vanillekipferl _____ 220

Vanillepudding _____ 57

W

Wirsingroulade mit Gemüsefüllung _____ 215

Wok-Gemüse mit Wok-Sauce _____ 178

NOTIZEN

NOTIZEN

NOTIZEN

NOTIZEN